Melinda Claybaugh _fall 1994_

CLASSIQUES LAROUSSE

Collection fondée en 1933 par FÉLIX GUIRAND
continuée par
LÉON LEJEALLE (1949 à 1968) et JEAN-POL CAPUT (1969 à 1972)
Agrégés des Lettres

LA BRUYÈRE

LES CARACTÈRES

extraits

P9-DGH-362

Chapitres I à IX

avec une Notice biographique, une Notice historique et littéraire,
des Notes explicatives, une Documentation thématique,
des Jugements, un Questionnaire et des Sujets de devoirs,

par

JEAN-PIERRE KAMINKER
Agrégé de l'Université

- _De la cour_
- _De la ville_
- _Des biens de fortune_
- _la République_

LIBRAIRIE LAROUSSE

17, rue du Montparnasse, 75298 PARIS

RÉSUMÉ CHRONOLOGIQUE
DE LA VIE DE LA BRUYÈRE
1645-1696

1645 — **Naissance de Jean de La Bruyère.** Il est baptisé **à Paris,** en l'église Saint-Christophe (7 août).

On a maintenant la preuve que les ancêtres de La Bruyère étaient des *laboureurs* (paysans propriétaires) du Perche, et non, comme on l'a longtemps cru, les riches négociants parisiens, nommés aussi La Bruyère, qui jouèrent un rôle important à la tête de la Ligue, à la fin du XVI° siècle. Son père était contrôleur des rentes sur l'Hôtel de Ville, et son grand-père paternel, Guillaume de La Bruyère, avait été secrétaire de l'archevêque de Paris, avant d'acheter une charge de secrétaire de la Chambre du roi. C'est ce Guillaume qui avait adjoint la particule au nom des Bruyère, sans que la noblesse fût pour autant conférée à la famille. On voit au contraire, par les charges dont les La Bruyère tirent une partie de leurs revenus, qu'il s'agit d'une famille de bourgeoisie moyenne, comparable à des fonctionnaires moyens d'aujourd'hui.

1665 — Après une enfance et une jeunesse sur lesquelles on ne sait rien de certain, il se présente devant les docteurs régents de l'université d'Orléans pour soutenir ses thèses et obtenir le grade de licencié ès deux droits et se fait inscrire comme avocat au barreau de Paris; mais il semble qu'il n'exerça jamais cette profession.

1673 — Connaissant une aisance accrue depuis la mort de son oncle (1671), La Bruyère achète une charge de trésorier général de France au bureau des finances de la généralité de Caen. Les gages sont modestes : 2 350 livres, mais, comme Racine, propriétaire de la même charge à Moulins, La Bruyère peut se dispenser de remplir effectivement ses fonctions; on ne sait pas de façon certaine à quelles protections il doit ce passe-droit.

1674-1683 — Durant dix ans, vivant en famille avec ses frères et sœurs, il mène à Paris une existence de célibataire oisif et retiré. Il lit, et sans doute écrit déjà.

1684 — Par l'entremise de Bossuet, semble-t-il, La Bruyère prend place parmi les maîtres chargés d'**achever l'éducation du jeune Louis de Bourbon** (petit-fils du Grand Condé), alors âgé de seize ans. Il enseigne l'histoire, la géographie, les institutions de la France.

1686 — La Bruyère vend sa charge.

***

1687 — Le Grand Condé étant mort (1686), Louis de Bourbon cesse ses études. La Bruyère demeurera attaché à sa maison, avec le titre de **gentilhomme de Monsieur le Duc.** Une pension de 3 000 francs remplace ses 1 500 francs de gages. La Bruyère est désormais *domestique* d'un grand, et, à ce titre, homme de cour. Il ne s'est jamais senti à l'aise dans ce rôle. C'était, semble-t-il, un homme timide, que les mondains accomplis pouvaient trouver parfois ridicule. Désarmé devant la raillerie et la morgue féroce des grands, il dut en souffrir d'autant plus qu'il était

© *Librairie Larousse,* 1971.   ISBN 2-03-870072-1 très conscient de sa supériorité réelle. On peut donc croire certains de ses contemporains, qui nous montrent en La Bruyère un homme renfermé, réfugié par orgueil dans une attitude austère et froide, mais secrètement désireux de plaire et désolé de ne pas y parvenir. — Boileau écrit à Racine (19 mai) : « Maximilien (La Bruyère) m'est venu voir à Auteuil, et m'a lu quelque chose de son *Théophraste*. »

1688 — Les Caractères de Théophraste traduits du grec, avec les caractères ou les mœurs de ce siècle (première, deuxième et troisième édition). Succès immédiat de l'œuvre.

1689 — Quatrième édition des *Caractères*.

1690 — Cinquième édition des *Caractères*.

1691 — Sixième édition des *Caractères*.

1692 — Septième édition des *Caractères*.

1693 — Réception de La Bruyère à l'Académie française (15 juin). Son discours, publié la même année, provoque de violentes polémiques, La Bruyère ayant pris nettement **parti pour les Anciens** dans la querelle des Anciens et des Modernes.

1694 — Huitième et dernière édition des *Caractères*.

1696 — Il lit le 8 mai à Antoine Bossuet, frère du prélat, ses *Dialogues sur le quiétisme*. C'est un ouvrage de polémique religieuse, fortement inspiré dans sa forme des *Provinciales* de Pascal ; en fidèle ami de Bossuet, La Bruyère y attaquait avec véhémence le mysticisme nouveau auquel Fénelon allait bientôt accorder son patronage. Remaniés et complétés par l'abbé Ellies du Pin, ces dialogues paraîtront en 1698 chez le libraire Osmont. — **Mort subite de La Bruyère à Versailles** (nuit du 10 au 11 mai).

La Bruyère avait dix-huit ans de moins que Bossuet, neuf ans de moins que Boileau, six ans de moins que Racine, deux ans de plus que Bayle, six ans de plus que Fénelon et douze ans de plus que Fontenelle.

LA BRUYÈRE ET SON TEMPS

	la vie et l'œuvre de La Bruyère	le mouvement intellectuel et artistique	les événements historiques
1645	Naissance de La Bruyère à Paris.	Corneille : *Rodogune*. F. Mansart commence la construction du Val-de-Grâce.	Victoire française de Nördlingen sur les Impériaux (guerre de Trente Ans). Réunion du congrès de Westphalie.
1665	Il soutient ses thèses de licence de droit à Orléans.	La Fontaine : *Contes et Nouvelles*. Molière : *Dom Juan*, *l'Amour médecin*. La Rochefoucauld : *Maximes*. Mort de N. Poussin.	Soulèvement populaire. Peste de Londres.
1666	Mort de son père.	Molière : *le Misanthrope*. Boileau : *Satires* (I à VI). Newton réalise la décomposition de la lumière. Fondation de l'Académie des sciences.	Alliance franco-hollandaise contre l'Angleterre. Mort d'Anne d'Autriche. Incendie de Londres.
1671	Mort de son oncle.	Molière : *les Fourberies de Scapin*. Début de la correspondance de Mme de Sévigné avec Mme de Grignan.	Louis XIV prépare la guerre contre la Hollande.
1673	Il achète l'office de trésorier général de France au bureau des finances de la généralité de Caen.	Mort de Molière. Racine : *Mithridate*. Premier grand opéra de Lully : *Cadmus* et *Hermione*.	Conquête de la Hollande. Prise de Maestricht (29 juin).
1684	Il entre chez les Condé comme précepteur du duc de Bourbon.	Mort de Corneille. Réception de La Fontaine à l'Académie : *Discours à Mme de La Sablière*.	Trêve de Ratisbonne : l'Empereur reconnaît l'annexion de Strasbourg.
1685	Mariage de son élève (juillet).	Bossuet : *Oraison funèbre d'Anne de Gonzague, princesse palatine*.	Révocation de l'édit de Nantes. Mort de Charles II d'Angleterre.
1686	La Bruyère revend sa charge de trésorier. Mort du Grand Condé, fin du préceptorat de La Bruyère, qui devient «gentilhomme de Monsieur le Duc» (décembre).	Fontenelle : *Entretien sur la pluralité des mondes*. Jurieu : *Lettres pastorales* (protestation contre la révocation de l'édit de Nantes). Puget : *Alexandre et Diogène*.	Formation de la ligue d'Augsbourg. Interdiction formulée par Louis XIV aux Genevois de recevoir les réfugiés protestants venant de France.

	La Bruyère		Événements
1687	La Bruyère lit son manuscrit à Boileau. En octobre, son libraire obtient un privilège pour les *Caractères*.	Bossuet : *Oraison funèbre du prince de Condé*. Fénelon :. *De l'éducation des filles*. Phase aiguë de la querelle des Anciens et des Modernes. Perrault : *le Siècle de Louis le Grand*. La Fontaine : *Épître à Huet*.	Début de la déportation des huguenots non convertis après la révocation de l'édit de Nantes.
1688	Première édition des *Caractères* (mars), suivie de deux autres identiques.	Bossuet : *Histoire des variations des Églises protestantes*. Ch. Perrault : *Parallèle des Anciens et des Modernes*. Locke : *Lettres sur la tolérance*.	Guillaume d'Orange détrône Jacques II d'Angleterre. Début de la guerre de la ligue d'Augsbourg. L'armée française envahit l'Allemagne.
1689	Quatrième édition, augmentée.	Racine : *Esther*. *Soupirs de la France esclave*, pamphlet protestant. Bossuet : *Avertissements aux protestants*.	Guerre de la ligue d'Augsbourg : campagne du Palatinat. Couronnement de Guillaume III en Angleterre : révolte de l'Irlande.
1690	Cinquième édition, augmentée.	Locke : *Essai sur l'entendement humain*. Denis Papin : *Mémoire sur l'emploi de la vapeur d'eau*.	Bataille de Fleurus. Jacques II perd l'Irlande : défaite de La Boyne.
1691	Sixième édition, augmentée. En novembre, échec de La Bruyère, candidat à l'Académie française.	Racine : *Athalie*. Campistron : *Tiridate*. Purcell : *King Arthur*.	Mort de Louvois. Prise de Nice, invasion du Piémont par les Français.
1692	Septième édition, augmentée.	Dancourt : *les Bourgeoises à la mode*. Purcell : *The Fairy Queen*.	Défaite de la flotte française à La Hougue. Prise de Namur par les Français. Invasion de la Savoie par les forces françaises.
1693	14 mai : élection de La Bruyère à l'Académie française. 15 juin : séance de réception.	Boileau : *Satire contre les femmes. Ode sur la prise de Namur*. Début de la querelle de Bossuet et Fénelon sur le quiétisme.	Famine à Paris. Fénelon adresse à Louis XIV sa *Lettre sur l'état du royaume*. Victoire de Neerwinden sur les Anglais.
1694	Huitième édition, augmentée.	*Dictionnaire de l'Académie*. Boileau : *Réflexions sur Longin*. La Fontaine : *Fables* (livre XII).	Victoire de Jean Bart sur les Hollandais.
1696	Mort de La Bruyère à Versailles (11 mai).	Regnard : *le Joueur*.	Traité de paix signé à Turin entre la France et la Savoie (guerre de la ligue d'Augsbourg).

BIBLIOGRAPHIE SOMMAIRE

ÉDITIONS DES « CARACTÈRES »

L'édition savante des œuvres de La Bruyère (*Grands Écrivains de la France*, Paris, Hachette, 3 vol., 1865-1878), donnée par Gustave Servois, demeure un ouvrage irremplaçable; elle dispense en particulier de recourir aux éditions anciennes avec *clés*.

ÉTUDES

L. Van Delft — *La Bruyère moraliste* (Paris, Droz, 1971).

R. Jasinski — *Deux Accès à La Bruyère* (Paris, Minard, 1971).

A. Stegmann — *« les Caractères » de La Bruyère, bible de l'honnête homme* (Paris, Larousse, 1972).

J. Hellegouarch — *la Phrase dans « les Caractères » de La Bruyère* (Université de Lille-III, 1975).

G. Garapon — *« les Caractères » de La Bruyère. La Bruyère au travail* (Paris, C. D. U. et S. E. D. E. S., 1978).

D. Kirsch — *La Bruyère ou le Style cruel* (Presses de l'Université de Montréal, 1978).

G. Mongrédien — *Recueil des textes et des documents contemporains relatifs à La Bruyère* (Paris, C. N. R. S., 1980).

LES CARACTÈRES
1688-1694

NOTICE

CE QUI SE PASSAIT EN 1688-1694

■ *EN POLITIQUE :* Bien que la France demeure incontestablement la première puissance d'Europe, le règne entre dans sa période sombre. Commencée en 1688, la guerre de la ligue d'Augsbourg va durer neuf années ; elle épuise le pays, aggravant une situation de crise que l'éclat du règne avait pu masquer jusque-là : l'argent est rare, le revenu de la terre est toujours en baisse, les finances royales sont dans un état déplorable, qu'on cherche à pallier en multipliant les charges vénales ; les fermiers généraux, les fournisseurs aux armées bâtissent des fortunes scandaleuses. La misère des villes et des campagnes, les famines suscitent un mécontentement toujours réprimé brutalement.

A cela s'ajoutent les conflits religieux : Louis XIV et Bossuet défendent contre la papauté les libertés de l'Église gallicane. (Ils devront s'incliner en 1693.) A l'intérieur, Bossuet doit faire face à un mysticisme nouveau, le quiétisme, auquel Fénelon va apporter son soutien, et dont la cause est liée d'assez près à celle de l'ultramontanisme. La question protestante a pris un tour assez désastreux : la révocation de l'édit de Nantes est venue couronner en 1685 une politique de répression menée depuis fort longtemps. L'émigration protestante qui s'ensuit appauvrit le royaume par l'exil des capitaux et des hommes.

Louis XIV atteint la cinquantaine en 1688. Veuf, il s'est remarié secrètement avec Mme de Maintenon, qui l'entraîne dans la dévotion. La Cour devient dévote, sans que la corruption des mœurs diminue.

■ *EN LITTÉRATURE :* Au théâtre, Regnard (l'Homme à bonnes fortunes, 1690), Dancourt (le Chevalier à la mode, 1687) annoncent déjà Lesage en substituant la peinture des conditions à celle des caractères. — Le classicisme jette ses derniers feux. Racine donne Esther (1689), Athalie (1691) ; Boileau, la Satire X et les Epîtres X, XI, XII. Les partisans de la tradition doivent défendre l'autorité des Anciens contre l'offensive moderniste : le 27 janvier 1687, Charles Perrault lit à l'Académie son poème le Siècle de Louis le Grand, puis publie les Parallèles des Anciens et des Modernes (1688). Les partisans des

Anciens répondent : Epître de *La Fontaine à Huet (1687),* Discours sur l'Ode de Boileau *(1693),* suivi des neuf premières Réflexions sur Longin *(1694).*

■ *DANS LES SCIENCES : En mathématiques, Leibnitz (1684) et Newton (1692) publient des ouvrages qui fondent le calcul infinitésimal. — En physique, des progrès décisifs sont en train de s'accomplir : Newton a formulé en 1682 la loi de l'attraction universelle. Les travaux sur la lumière sont en cours : Huygens publie en 1690 le* Traité de la lumière. *Une grosse part de l'héritage cartésien se trouve infirmée par ces progrès, mais leur diffusion en France demeure restreinte. La grande querelle des cartésiens et des newtoniens n'est pas encore ouverte. — Les sciences de la nature sont en pleine expansion, après la mise au point du microscope de Leuwenhoeck.*

■ *EN PHILOSOPHIE : Le courant libertin, matérialiste ou déiste continue de s'exprimer plus ou moins clandestinement en France même, et avec éclat autour de Saint-Évremond, toujours exilé à Londres, et dont les œuvres déjà connues partiellement sont répandues par les éditions de 1689-1692. Tandis que la philosophie de Descartes, officiellement condamnée, acquiert de fait droit de cité, elle donne déjà lieu à des applications hardies dans les domaines que Descartes lui-même s'était interdits. La critique biblique, qu'inaugure Richard Simon en 1678, les écrits de Bayle en Hollande et de Fontenelle en France soumettent la religion au tribunal de la raison. L'idée de tolérance, défendue par Bayle, est nettement formulée par l'Anglais Locke; toutefois, elle demeure peu connue en France même.*

Des tentatives ont lieu pour concilier dans un humanisme chrétien l'orthodoxie catholique et les nouveautés en sciences et en philosophie. La plus notable est celle de Malebranche (Entretiens sur la métaphysique, 1688).

■ *DANS LES ARTS : Les artistes qui ont dominé la grande époque de Versailles disparaissent. Lully et Quinault, qui ont donné sa vogue à l'Opéra, meurent, le premier, en 1687 et, le second, en 1688. Le peintre Le Brun, sous la direction de qui travaillaient beaucoup de peintres et de sculpteurs, comme Coysevox et Girardon, meurt en 1690. Mignard, son successeur, n'exercera pas une tutelle aussi pesante que la sienne. La Cour perd le monopole des commandes; les artistes se sentent plus libres.*

LA CARRIÈRE LITTÉRAIRE DE LA BRUYÈRE ET LA COMPOSITION DES « CARACTÈRES »

La Bruyère fit dans la littérature une entrée à la fois fracassante et précautionneuse; dans la première édition des *Caractères,* il affectait d'être avant tout le traducteur de Théophraste, moraliste grec disciple d'Aristote. Aux cent pages de sa traduction, il ajoutait son propre texte, 420 remarques réduites à deux cents pages par l'emploi d'un petit caractère. On a établi qu'en vérité La Bruyère était bien loin d'être un helléniste averti, et que son œuvre personnelle était fort avancée avant qu'il songeât à traduire Théophraste, dont il ne s'inspire pratiquement pas. On peut avancer plusieurs raisons pour expliquer qu'il ait voulu se couvrir en quelque sorte du nom de Théophraste : trac de débutant peut-être, ou précaution propre à faire mieux passer ce qui, dans le livre, pouvait choquer certains, attachement enfin à la doctrine classique de l'imitation.

C'est à l'auteur original, non au traducteur qu'alla le succès. Ce fut pour une part un succès de scandale, car le public se plut à faire des applications de certains passages à des personnalités connues. La Bruyère, qui protesta pour la forme contre ces interprétations, n'allait pourtant pas manquer de les encourager en fait, notamment en multipliant dans les éditions suivantes les portraits, très rares dans la première édition. Bientôt circulèrent des *clés*, c'est-à-dire des recueils de notes qui prétendaient identifier les personnages visés. Après la mort de La Bruyère, il paraîtra des clés imprimées.

Le livre grossissait au fil des éditions successives. Après deux éditions à peu près identiques à la première, et parues la même année, une quatrième édition double presque le nombre des remarques (1689); puis ce sont la cinquième en 1690, la sixième en 1691, la septième en 1692, la huitième en 1694, qui comprend 1 120 remarques en tout.

En 1693, La Bruyère était entré à l'Académie française. Si son élection est un épisode important de la vie littéraire de son temps, elle éclaire aussi le contenu même des *Caractères*. La Bruyère académicien apparaît en effet comme un homme *placé*, un courtisan arrivé. On ne saurait là-dessus tenir aujourd'hui contre La Bruyère le langage injurieux qui fut celui de ses adversaires : en fait, il n'a fait que se plier aux conditions imposées à l'homme de lettres par la société de son temps. Mais il faut constater la situation de protégé qui fut alors la sienne, pour mieux comprendre la façon particulière dont il décrit l'ambition de cour. S'il est très cruel pour les ambitieux, et s'il peint très vivement les tourments et les humiliations inséparables de l'ambition, il semble les traiter le plus souvent comme des maux nécessaires, comme des servitudes auxquelles on n'échappe guère, si ce n'est en se réfugiant dans la solitude.

L'élection s'accompagna de vives polémiques, dont le discours de réception prononcé par La Bruyère fut la cause ou le prétexte. Les académiciens qui se sentirent visés par La Bruyère constituaient, dans la querelle ouverte depuis quelques années, le parti des *Modernes*. Mais pour donner au débat sa portée réelle, il faut se garder de le réduire à une pure et simple affaire de goût littéraire.

S'ils le combattent comme partisan des Anciens et aussi comme contempteur de Corneille (l'opposition entre *cornéliens* et *raciniens* était un prolongement de la querelle des Anciens et des Modernes), les adversaires de La Bruyère l'attaquent aussi comme candidat de la Cour, ou du moins d'un groupe dont l'influence à la Cour était alors prépondérante, et, du même coup, comme dévot. Pont-chartrain, en effet, ministre chargé de la Maison du roi, et, à ce titre, chargé des Affaires académiques, était intervenu en faveur de La Bruyère, son protégé de longue date; d'autre part, Bossuet l'avait soutenu efficacement à la Cour et à l'Académie elle-même.

Ancien, racinien, homme de la Cour, ami de Bossuet, ces quatre motifs d'antagonisme en masquent un autre plus fondamental. Les adversaires de La Bruyère sont les esprits les plus ouverts de son temps, ceux qui par leur liberté, leur audace critique annoncent le grand mouvement philosophique du siècle à venir. Leur chef de file est Fontenelle. Ce qu'ils combattent en La Bruyère, c'est, en fin de compte, l'homme de la tradition et de l'autorité.

MORALE ET SATIRE DANS « LES CARACTÈRES »

La Bruyère doit beaucoup à Montaigne, à Pascal, au chevalier de Méré et aux orateurs chrétiens; davantage encore à La Rochefou-cauld, et, par là même, à toute une tradition mondaine dont les *Maximes* sont l'aboutissement. L'observation psychologique, la mise en définition de la vie de l'âme fournissait en effet la matière privilégiée des conversations dans les cercles les plus raffinés. Cette dette à l'égard des moralistes est particulièrement sensible si l'on considère le livre dans son état primitif. Dans la première édition, la place de loin la plus importante est occupée par des maximes. Ce sont de courtes pensées énonçant sur la vie morale de l'homme une appréciation d'ordre très général. Par exemple : *Un caractère bien fade est de n'en avoir aucun* (« De la société », fragment 1); ou encore : *La moquerie est souvent indigence d'esprit* (fragment 57). Par des pensées telles que celles-ci, La Bruyère appor-tait une dernière et brillante contribution à l'enquête psychologique que le siècle classique a entreprise, et qui entre pour beaucoup dans l'éclat que cette époque conserve encore à nos yeux.

L'originalité de La Bruyère par rapport à ses devanciers n'en est pas moins éclatante, parce qu'un satirique double chez lui le mora-liste et s'affirme plus nettement à mesure que l'œuvre grossit. Le satirique délaisse le général pour le particulier et substitue ou ajoute à l'observation psychologique la description des réalités sociales. La Bruyère n'est d'ailleurs pas le seul à innover en ce sens : il a pu s'inspirer du renouvellement qui s'opère alors dans la comédie. L'œuvre offre un panorama de la société française à la fin du XVIIᵉ siècle; et c'est à ce titre que les *Caractères* annoncent aussi bien les romans de Lesage que les *Lettres persanes* de Mon-tesquieu. Paysans misérables, noblesse campagnarde en pleine décadence, bourgeoisie de province, peuple des villes, haute bourgeoisie parisienne gagnée par le snobisme aristocratique, gens de robe (magistrats en haut, avocats en bas), financiers vautrés dans des richesses acquises par la spoliation, enfin gens de cour et gens de la *bonne compagnie* (c'est-à-dire aristocratie parisienne), tels sont les milieux que La Bruyère évoque, brièvement ou avec insistance. L'ensemble du tableau exprime de façon saisissante l'état de crise dans lequel La France est plongée en cette sombre partie du règne de Louis XIV. En principe, La Bruyère, comme tous les écrivains de son temps, s'interdit de juger les institutions, il n'entend s'en prendre qu'aux usages. Limite un peu mouvante, qu'il lui arrive parfois d'outrepasser lorsqu'il critique ouvertement l'administration de la Justice.

Certaines de ses peintures sont superficielles. On lui a reproché par exemple les sarcasmes faciles dont il couvre les nobles campagnards. Mais il est admirable quand il traite son sujet principal, lorsqu'il peint les courtisans et les mondains. Par le relief et la vie, son art est alors tout proche de celui du romancier. Il faut lire *A la recherche du temps perdu* de Marcel Proust pour trouver, d'une réalité analogue, une peinture qui dépasse celle-ci. Peinture complexe : La Bruyère, jusqu'à un certain point, fait l'éloge de la mondanité; le lieu d'élection de celle-ci, la Cour, offre à ses yeux l'image achevée de la civilisation. Il ne faut pas s'étonner qu'il écrive : *Qui a vu la Cour a vu du monde ce qui est le plus beau, le plus spécieux et le plus orné* (« De la Cour », fragment 100). Pourtant, quelle futilité chez ses mondains, quelle insignifiance, quelle nullité intellectuelle, quel manque de caractère, quel déchaînement d'amour-propre qui les conduit à toutes les formes du snobisme!

Quelle férocité aussi! La Bruyère laisse deviner fréquemment la souffrance et la frayeur qu'il éprouve au milieu de ces hommes qui, par arrivisme ou par orgueil natif, ne songent qu'à prendre les uns sur les autres toute espèce d'avantages et menacent constamment de l'écraser lui-même. (On prendra garde, de ce point de vue, aux comparaisons qu'il tire du monde animal.) Aussi, cette peinture, qui se veut impassible ou amusée, révèle-t-elle en fin de compte une sensibilité frémissante et l'ardente nostalgie d'un monde fraternel, où régneraient la bonté et la sécurité. Sur ce point, Antoine Adam fait un rapprochement inattendu et très éclairant : « Comme le prince Muichkine dans le roman de Dostoïevski, La Bruyère aurait voulu que l'homme devînt humain. »

ORDRE ET STYLE DANS « LES CARACTÈRES »

Les Caractères n'en sont pas moins bien souvent un ouvrage comique. Si l'on en croit les témoignages des contemporains, le livre a fait beaucoup rire. On ne peut douter que La Bruyère ait puisé là sa plus grande satisfaction d'auteur. N'a-t-il pas dit qu'un *bon plaisant est une pièce rare;* ne sait-on pas, par ceux qui l'ont connu, qu'il se sentait l'étoffe d'un amuseur; et n'est-ce pas de lui-même qu'il nous parle lorsqu'il évoque cet *homme d'esprit, qui saurait se tourner en mille manières agréables et réjouissantes, si le dangereux caractère du courtisan ne l'engageait pas à une fort grande retenue?* (« Des Grands », fragment 26). Le comique de La Bruyère est essentiellement visuel. Il a bien écrit : *Un sot n'entre, ni ne s'assied, ni ne se lève, ni ne se tait, ni n'est sur ses jambes, comme un homme d'esprit.* Dans ses portraits, dans ses tableaux, on a vu une application de cette pensée, et on l'a loué, avec juste raison, pour leur vérité. Mais il faut se garder de leur prêter une vérité littérale. Gestes, attitudes, particularités corporelles sont toujours traités de façon théâtrale, en vue du rire, et parfois leur drôlerie tient de bien près à l'absurde. Beaucoup de ses textes pourraient être joués, et doivent être lus un peu comme on lirait les indications d'un metteur en scène. Ainsi, le célèbre portrait de *Ménalque* le distrait (« De l'homme », fragment 7), morceau totalement dénué de vraisemblance, mais étonnante série de *gags,* ainsi qu'on dit en langage cinématographique. La référence au cinéma, et notamment aux maîtres du muet, s'impose en effet au lecteur d'aujourd'hui soucieux de bien *voir* les textes de La Bruyère. Quant aux modèles dont La Bruyère a dû subir l'influence, ce sont les auteurs de la tradition burlesque, fort vivace en France à son époque. On se reportera notamment au *Roman comique* de Scarron, dont bien des pages offrent des ressemblances avec les parties comiques de l'œuvre de La Bruyère.

On s'est étonné à bon droit de cette tendance burlesque chez un auteur aussi manifestement raffiné. Mais on trouve aussi de la préciosité chez ce classique intransigeant. Il faut bien voir que l'art de La Bruyère s'approprie naturellement toute espèce de goût et de style, car l'écrivain n'est pas moins soucieux de variété que de perfection formelle. Tenté d'abord, on l'a vu, par la formule relativement fixe de la *maxime,* il s'est bien gardé de s'y tenir. Il a eu recours à deux autres formes assez nettement individualisées l'une et l'autre : la *réflexion* (par exemple, les dix premiers fragments du premier chapitre) et le *portrait.* Mais outre ces trois formes majeures, on peut, sans être sûr d'être complet, recenser encore dans son œuvre huit variétés de textes différentes : des épigrammes (« De quelques usages », fragment 43); des dialogues supposés avec le lecteur ou avec un tiers; des séries de définitions (« Des jugements », fragment 47); des énumérations de traits de caractères, lorsqu'il s'agit de tracer un modèle idéal (« De la mode », fragment 39); des fragments de conte (« De l'homme », fragment 35) ou de roman (« Des femmes », fragment 81); deux pastiches d'anciens auteurs; des discours d'apparat; une leçon de philosophie à un auditeur supposé; des dissertations littéraires, comprenant, en particulier, des parallèles entre deux auteurs.

Si l'on met un peu à part ces trois dernières variétés, que distingue leur caractère discursif, on peut dire que c'est le style qui donne son unité à ce livre si divers. Choix et disposition des mots, rythmes, structure de la phrase ou du paragraphe tendent constamment à l'effet, et il est bien rare que celui-ci soit manqué. On a pu reprocher à La Bruyère cet excès d'art, voir dans son style une préfiguration de ce qu'on appela, deux siècles plus tard, le *style artiste*. Il est possible de répondre cependant que la recherche de la forme ingénieuse et frappante est ici à sa place, qu'elle découle naturellement du caractère mondain de cette œuvre. L'esprit brillant de la conversation, qui, paraît-il, a manqué à La Bruyère dans la vie, est passé dans son œuvre.

C'est aussi l'allure des conversations mondaines qu'on a évoquée pour expliquer l'extrême liberté de la composition, évidemment remarquable chez un classique. Aucun chapitre n'offre un ordre rigoureux. Tout au plus aperçoit-on souvent un groupement par thèmes plus ou moins nettement circonscrits (par exemple, « De l'homme », fragments 48 à 60). Même à l'intérieur de tels groupements, on ne sent pas de progression, mais un enchaînement qui tient de l'association d'idées. Parfois, ce sont comme des répliques, qui, par la diversité des points de vue sous lesquels elles abordent un même thème, suggèrent une multiplicité d'interlocuteurs (« Du mérite personnel », fragments 10, 11, 12).

L'enchaînement des chapitres ne répond pas non plus à un ordre évident. Il est aisé de montrer que quelques thèmes favoris sont traités de façon voisine dans des chapitres différents (argent et noblesse dans les chapitres « Des biens de fortune » et « De quelques usages »; satire des *directeurs* dans le chapitre « Des femmes » et dans celui « De la mode »).

La Bruyère eut à répondre sur ce point à ses détracteurs. Comme ils le disaient incapable de *rien faire de suivi,* il leur répond dans la Préface de son *Discours* à l'Académie (1693) en dévoilant le *plan* et l'*économie* du livre.

« N'ont-ils pas observé, écrit-il, que, de seize chapitres qui le composent, il y en a quinze qui, s'attachant à découvrir le faux et le ridicule dans les objets des passions et des attachements humains, ne tendent qu'à ruiner tous les obstacles qui affaiblissent d'abord et éteignent ensuite dans tous les hommes la connaissance de Dieu ? »

Explication tardive, qui serait plus convaincante si la Préface qui accompagne les *Caractères* à partir de la quatrième édition (1689) n'était pas exempte de préoccupations comparables. Mais explication qu'on peut admettre en notant que, éclairant le dessein apologétique du livre, elle laisse dans l'ombre son *plan* proprement dit, c'est-à-dire l'ordre des quinze premiers chapitres. Il faut donc parler ici encore d'un groupement par association d'idées (le chapitre IV, « Du cœur », fait une suite assez naturelle au chapitre III, « Des femmes »). On peut relever aussi une certaine progression qui conduit La Bruyère à traiter d'abord ce qui ressortit le plus directement à une expérience personnelle de la vie, pour accéder ensuite à un point de vue plus général. Le chapitre I, « Des ouvrages de l'esprit », est une réflexion sur son métier d'écrivain. On y trouve un exposé vigoureux de l'esthétique classique, qui ne pâlit pas devant l'*Art poétique* de Boileau. Le chapitre II, « Du mérite personnel », répond en quelque sorte au premier en situant l'homme de talent, l'écrivain en particulier, au sein d'une société qui n'accorde pas au mérite personnel ce qui lui est dû. Les chapitres intitulés « Des femmes », « Du cœur », « De la société et de la conversation » présentent une certaine unité : ils peignent surtout la vie des sentiments dans une société dominée par la mondanité. Les chapitres VII, VIII, IX, « De la ville », « De la Cour », « Des grands », présentent un enchaînement évident. Celui qui les précède et celui qui les suit, c'est-à-dire les chapitres « Des biens de fortune » et « Du souverain et de la république », pourraient leur être rattachés. Il s'agit en partie d'un tableau de la société sous l'angle social et politique. Les chapitres XI et XII, « De l'homme » et « Des jugements », sont moins aisés à classer. Si les deux suivants, « De la mode », « De quelques usages », offrent aussi une grande variété, on peut noter la place qu'y occupe la satire de la dévotion de cour et de la piété mondaine. Par là ils acheminent en quelque façon au chapitre « De la chaire », plein des mêmes préoccupations. On débouche alors assez naturellement sur le chapitre proprement apologétique, « Des esprits forts », seizième et dernier.

LES IDÉES DE LA BRUYÈRE

Admirable comme artiste, La Bruyère n'est pas un penseur. Alors que les meilleurs esprits de son temps commencent à tirer parti sur le plan philosophique des progrès faits au cours du siècle par les sciences de la nature, La Bruyère, pour sa part, paraît épouser naïvement une conception de l'homme et de l'univers héritée du Moyen Age. Alors qu'en Hollande Bayle et ses amis amorcent la critique biblique, qu'en France même Fontenelle vulgarise, dans l'*Entretien sur la pluralité des mondes*, le système de Galilée et de Copernic, La Bruyère demeure fidèle pour l'essentiel à l'anthropocentrisme médiéval. Une compréhension étroitement littérale de la Bible fait coïncider l'histoire du monde et celle de l'humanité ; d'autre part, la Terre, parce qu'elle est la demeure de l'homme, est regardée comme le centre de l'univers. Voilà un univers *fait pour l'homme* (« Des esprits forts », fragment 45) ; sur le plan moral, les conséquences sont notables. L'esprit anthropocentriste n'incline pas à expliquer l'homme par ses liens avec le monde physique, à le regarder comme une partie de la nature, il voit plus volontiers en lui la créature privilégiée en raison de laquelle existent les autres créatures, et il se tourne tout naturellement pour rendre compte de la vie morale de l'homme vers les rapports que la créature entretient avec son créateur. C'est pourquoi La Bruyère parle si volontiers d'une *nature humaine,* immuable en dépit d'usages changeants, parce qu'elle a été une fois pour toutes corrompue lors de la chute. Le malheur des hommes, qu'il ressent si vivement et si généreusement, lui apparaît d'ordinaire comme le fruit de leur méchanceté, et par là s'explique et se justifie. La Bruyère semble alors tout à fait étranger à l'idée de progrès, qui allait s'épanouir. On ne s'étonnera pas de le voir avancer sur l'éducation des femmes, sur l'enfance, sur la diversité des croyances des opinions qui sont à l'opposé exact de la pensée moderne et qui font de lui l'adversaire avant la lettre de la philosophie des lumières. On peut regretter, pour la gloire de La Bruyère, qu'il ait cru devoir rivaliser avec Fontenelle sur son propre terrain. Dans le chapitre « Des esprits forts », qui clôt le livre, La Bruyère entend tirer d'une leçon d'astronomie des arguments en faveur de la religion chrétienne; il faut avouer que la démonstration tourne à sa confusion, non seulement parce qu'il fait preuve d'une information scientifique assez légère, mais encore parce que, mélangeant sans fausse honte le système de Ptolémée et celui de Copernic, qui l'avait renversé, il montre qu'il comprend mal la portée philosophique du débat en cours.

En morale, il s'attache à deux idées principales : d'une part, les hommes sont tous et pervers, ils sont gouvernés par les passions, qui sont essentiellement vicieuses (La Bruyère reprend ici à son compte la critique de l'*amour-propre* telle qu'on la trouve chez La Rochefoucauld); d'autre part, la raison dispose d'un pouvoir correcteur (on a parlé à ce propos d'un La Bruyère stoïcien, et l'on a évoqué aussi l'influence cartésienne). Les deux thèmes s'entrelacent de façon assez lâche, sans rien qui rappelle l'émouvante tentative pascalienne pour opérer la synthèse de la *grandeur* et de la *misère* humaines. C'est de la même façon que La Bruyère affirme tour à tour, sans se demander quels rapports les deux idées soutiennent l'une avec l'autre, la relativité des *usages,* leur infinie variété à travers les âges et la constance des *mœurs* (c'est-à-dire de la nature morale de l'homme). Perd-il parfois de vue cette affirmation de principe? On pourrait le croire lorsqu'il lui arrive d'évoquer la pureté des civilisations primitives (voir le « Discours sur Théophraste »), ou lorsqu'il se penche sur les mutilations, les transformations que la vie sociale impose à l'individu, sur ces *vices étrangers* qui viennent masquer le *naturel* (« De l'homme », fragments 15 et 18). Fugitivement, La Bruyère peut alors apparaître comme un précurseur de Rousseau et de Stendhal.

On rapproche volontiers la religion de La Bruyère de celle de Bossuet : même horreur pour toute altération mondaine de la religion traditionnelle, même méfiance à l'égard d'un certain mysticisme moderne, même exigence d'une religion vécue avec simplicité. Ce sont les sentiments religieux de La Bruyère et nullement un esprit de satire antireligieuse qui lui dictent des pages célèbres contre les directeurs, les abbés à bénéfices, les dévots de cour.

Et c'est aussi à ses conceptions religieuses que se subordonnent ses idées sociales. Pour La Bruyère, l'inégalité sociale est d'institution divine. Il est profondément convaincu que la subordination, lorsqu'elle se fonde sur l'idée féodale des droits de la naissance, que la richesse et la pauvreté, lorsqu'elles demeurent dans certaines bornes, sont nécessaires et légitimes, et répondent à un dessein divin. Au nom des mêmes principes religieux, La Bruyère élève contre la misère une protestation généreuse et fustige l'égoïsme inhumain des riches. Il demeure le seul de nos grands classiques qui ait fait une place dans son œuvre à la pitié pour la misère des pauvres gens. Gardons-nous de faire ici de La Bruyère un esprit révolutionnaire. Mais on n'est peut-être pas non plus tout à fait équitable envers lui en se bornant à constater que les prédicateurs avaient à l'égard des riches des mots aussi durs que les siens, et dans les circonstances les plus officielles. Faire passer dans la littérature profane un thème réservé à l'éloquence de la chaire, c'était déjà en modifier la portée. L'orateur chrétien parle au riche en vue de son salut, La Bruyère n'a pas ce motif, en sorte que ce qu'il dit prend davantage valeur de protestation.

On sera particulièrement attentif à la façon dont il traite les financiers (chapitre « Des biens de la fortune »). C'est une satire d'une véhémence admirable, mais auprès de laquelle, par comparaison, ce qu'il dit des fortunes féodales peut paraître bien indulgent. Il a vu avec acuité le pouvoir inhumain de l'argent, mais il n'a à lui opposer que l'ancienne hiérarchie sociale, qu'il juge sans doute, à tort ou à raison, moins meurtrière, et à laquelle, en tout cas, il demeure profondément attaché.

Les idées politiques de La Bruyère offrent les mêmes difficultés d'interprétation. Il est certain qu'il est aussi éloigné que possible de tout sentiment démocratique. Il est de tout son cœur un *sujet,* pénétré de l'idée que l'obéissance est le lot du grand nombre, et l'autorité le privilège des princes et des auxiliaires qu'ils se choisissent. Aussi professe-t-il le culte de la famille royale et se comporte-t-il volontiers en écrivain officiel; on n'admet plus guère de nos jours la thèse selon laquelle ses portraits du roi, de Monsieur, du Grand Condé, ses éloges hyperboliques des princes du sang seraient une pure et simple couverture destinée à mettre le livre à l'abri des poursuites. Quant à la politique royale, il s'en fait souvent le panégyriste, et dans ses aspects les plus désastreux, tels que la révocation de l'édit de Nantes. Lorsqu'il ébauche quelques vues théoriques, dans le chapitre « Du souverain », il le fait encore en partisan de l'absolutisme. Il semble prêt, comme le philosophe anglais Hobbes, à donner pour fondement à l'autorité politique le dérèglement des passions humaines. Portés à se détruire les uns les autres, les hommes ont perdu leur liberté pour acquérir la sécurité : ils se sont remis aux mains d'un maître absolu, dont l'autorité sans partage met fin entre eux à l'état de guerre.

Pourtant, il ne craint pas de polémiquer avec les théoriciens d'un absolutisme outrancier, en rappelant que le roi est tenu d'observer les lois et de respecter les biens de ses sujets. Il lui arrive aussi de parler avec le ton de la nostalgie de cette liberté dont la privation lui apparaît comme un mal nécessaire. C'est le sens de quelques pages du « Discours sur Théophraste », dans lesquelles un Français réfugié en Hollande se plaisait alors à remarquer la *franchise d'un républicain*. On vient de voir pourquoi il ne faut pas aller si loin ; disons seulement que *les Caractères,* dans leur ensemble, exhalent, en matière de politique, comme dans les autres domaines, une vive amertume. Si La Bruyère n'annonce pas la critique de l'absolutisme, telle qu'on la trouvera chez Montesquieu, telle qu'elle s'amorce déjà chez Fénelon, il n'en est pas moins un mécontent. Il est sévère sur deux aspects de l'administration royale : la Justice et les Finances. Il a sur la torture, sur l'exécution publique des sentences de mort des mots qui devancent son temps. Il est surtout sévère pour le personnel politique de la monarchie, dont il peint la corruption, la bassesse, l'incapacité, quitte à ôter beaucoup à sa critique en ajoutant que de tels gens sont indispensables.

Ce qu'il dit des guerres résume les ambiguïtés de sa pensée politique. Il ne manque pas de pages dans lesquelles il se fait le chantre des conquêtes royales, et, lorsqu'il parle de Guillaume d'Orange, c'est sur le ton de la propagande de guerre. Pourtant, il paraît parfois joindre sa voix à celles qui s'élèvent en son temps pour exprimer la grande lassitude de la nation et recommander à Louis XIV une politique pacifique. Surtout, il a sur l'absurdité de la guerre en général, sur le vrai caractère de ce qu'on appelle la « gloire militaire » quelques pages extrêmement vives. Il annonce alors directement l'antimilitarisme roturier d'un Voltaire ; mais, là encore, il ôte lui-même à cette satire beaucoup de sa portée. Fidèle à son parti pris de moraliste, c'est dans la méchanceté des hommes qu'il fait résider la cause des guerres.

LA BRUYÈRE ET NOUS

La Bruyère est, semble-t-il, en train de perdre la place de choix qu'une longue tradition universitaire lui réservait, au même rang que nos plus grands classiques. On peut admettre qu'une telle réévaluation est justifiée par la minceur de son œuvre et de sa pensée elle-même. Mais pour son humour, pour sa vocation d'orfèvre de la prose, pour la cruauté de son regard et pour sa sensibilité à vif, pour le témoignage qu'il donne sur son temps et la protestation poignante qu'il élève contre tout ce qui déshumanise l'homme, il mérite d'échapper encore à l'oubli.

LEXIQUE DES « CARACTÈRES »

I. LE VOCABULAIRE DES CONDITIONS SOCIALES

On a regroupé ici certains termes significatifs, définissant des institutions, des fonctions et des groupes sociaux qui n'existent plus aujourd'hui ou qui seraient désignés par des mots différents de ceux qu'on employait sous l'Ancien Régime. Ces termes sont munis d'un astérisque dans le texte. On n'a toutefois pas « astérisqué » les mots **ville**, **cour** et **grands** chacun respectivement dans les chapitres VIII, IX et X, où ces termes apparaissent presque à chaque fragment, puisqu'ils constituent l'objet même de ces chapitres.*

Abbaye : monastère d'hommes ou de femmes; très peu de monastères élisaient encore en leur sein leur *abbé* ou leur *abbesse*; ce titre, avec les bénéfices qu'il comportait, était généralement *à la nomination du roi*, c'est-à-dire donné par lui à un ecclésiastique de son choix (I, 21; VI, 26; VIII, 26; XIV, 31, 32).

Archidiacre : représentant de l'évêque, comme le *grand vicaire*, mais inférieur en dignité (XIV, 26).

Assesseur : magistrat adjoint comme conseiller à un juge d'épée (V, 50).

Bailli : représentant du pouvoir royal dans la circonscription nommée *bailliage*; sous Louis XIV, ses fonctions sont surtout honorifiques (V, 50).

Bénéfice : tout office ecclésiastique auquel est attaché un revenu, qu'il implique l'exercice d'une fonction comme l'évêché ou la cure, ou qu'il consiste en un simple titre comme l'abbaye (VI, 26; XV, 23; XVI, 26).

Bourgeois : habitant de la ville et notamment de Paris, par opposition aux courtisans et aux villageois (III, 29; VI, 7, 47; VII, 21, 22; XII, 22; XIII, 2) **Bourgeoisie** (V, 75; XI, 130; XII, 99).

Brevet : pièce officielle consacrant une faveur royale (pension, grade militaire, abbaye, etc.) [VIII, 26].

Chambres : subdivisions d'un parlement de justice (VI, 72).

Chancelier : le plus haut dignitaire de la justice, garde des Sceaux (XI, 130).

Chanoine : clerc revêtu ou non de la prêtrise, dont la fonction est de concourir à la célébration du service divin dans les églises collégiales ou cathédrales (V, 50; XI, 7; XIV, 26).

Chantre : un des dignitaires du chapitre d'une église cathédrale ou collégiale (V, 50; XIV, 26).

Chapelain : prêtre qui remplace un chanoine dans ses fonctions au chapitre (V, 50).

Chapitre : ensemble des chanoines d'une église collégiale ou cathédrale (XIV, 26).

Charge : fonction ou dignité officielle, qui est parfois purement honorifique; la vénalité des charges s'est développée à la fin du règne de Louis XIV (II, 12; VI, 15; VII, 15; IX, 50; XII, 118; XVI, 26).

Cheffecier : premier dignitaire d'un chapitre (XIV, 26).

Commis : haut fonctionnaire d'un ministère (XII, 21). **Premier commis** : adjoint du ministre (IX, 50).

Comte : titre nobiliaire (XII, 21, 119).

Confesseur : v. *Directeur*.

Contrat de constitution : pièce garantissant le versement d'une pension (XIV, 68).

Conventions : avantages concédés à la femme par le contrat de mariage (V, 44).

Cour : résidence du souverain et son entourage (II, 11, 28, 39; III, 29; V, 69, 71; VII, 7, 15; chapitre VIII; IX, 53; X, 9, 35; XI, 7; XII, 99, 110, 111; XIII, 27; XVI, 26).

Demoiselle : fille ou femme noble (VIII, 20).

Directeur : expression abrégée pour désigner le *directeur de conscience* (III, 36, 37, 38, 39, 42; XIII, 10, 21) il se distingue du *confesseur* (III, 37, 39, 42) en ce qu'il n'est pas nécessairement habilité à donner l'absolution.

Docteur : expression abrégée qui ne peut désigner qu'un docteur en théologie (II, 28; VI, 16; IX, 50; XII, 11; XIV, 37). Au sens traditionnel : les grands théologiens de l'Eglise chrétienne (XVI, 21, 23).

Domestique (pris comme nom) : celui qui est attaché à la maison d'un grand (IX, 50). Administration de la vie privée, appartements privés (XI, 145; XII, 58). — Au pluriel, gens de service (III, 42; VII, 22).

Douaire : biens garantis par le mari à sa femme pour qu'elle en vive si elle lui survivait (V, 44).

Doyen : président d'un chapitre ecclésiastique (V, 50).

Duc : titre nobiliaire le plus élevé après celui de prince (VI, 1; VIII, 20). **Duc et pair** (II, 38; XI, 7).

Écolâtre : professeur de théologie, membre d'un chapitre (XIV, 26).

Élu : fonctionnaire royal, chargé de la répartition des impôts (V, 50).

États (tenue d') : session des états provinciaux dans les pays d'états (VI, 72).

Gentilhomme : noble de vieille souche (VII, 22; VIII, 20; XI, 130).

Grand : titre donné aux princes du sang et aux nobles du plus haut rang (I, 21, 30; II, 11, 14, 39; III, 42; V, 9; VIII, 16, 53, 58, 74, 78; chapitre IX; X, 24, 35; XI, 96; XII, 111, 113; XIV, 14; XV, 20; XVI, 16, 18).

Légitime : partie de l'héritage qui revient de droit au fils aîné (IV, 71).

Livrée : vêtement du personnel domestique, avec des signes distinctifs de la maison où il sert (VI, 15; VII, 1, 15, 22; VIII, 60, 61; XI, 7; XIV, 3).

Marguillier : administrateur des biens d'une paroisse (VI, 15).

Marquis : titre nobiliaire (après le duc et avant le comte) [XII, 119].

Noblesse : classe sociale qui englobe les privilégiés de la naissance (par opposition à *roture*) [IX, 41; XIV, 3, 15].

Nourritures : convention par laquelle les parents d'un jeune ménage s'engagent à faire vivre chez eux le jeune ménage, durant un temps donné (V, 44).

Nouvelliste : colporteur de nouvelles, et, par suite, rédacteur d'informations manuscrites et de gazettes (I, 33; II, 39).

Office : fonction officielle, qui confère sur le plan administratif, judiciaire, militaire une certaine autorité (VII, 21; XII, 21). **Officier** : celui qui détient un office de quelque catégorie qu'il soit (II, 11; XIV, 53).

Ordre : distinction accordée à des nobles pour services rendus à la royauté (ordre du Saint-Esprit, de Saint-Michel) [II, 26; IX, 50].

Page : jeune homme placé au service d'un seigneur aux temps féodaux (VI, 19).

Pairie : dignité héréditaire, attachée, sous Louis XIV, à certains duchés et à certaines principautés (II, 26).

Parlement : cour de justice (XIV, 64, 65).

Partisan (en abréviation P. T. S.) : financier qui prend à ferme, par une convention appelée *parti,* le recouvrement d'un impôt (VI, 14, 32, 56).

Pénitencier : auxiliaire de l'évêque, institué à l'origine pour donner l'absolution en son nom (XIV, 26).

Pension : gratification annuelle ou régulière accordée par le roi ou par un grand personnage (I, 21 ; VIII, 26 ; XII, 21 ; XIV, 34, 65 ; XVI, 26).

Peuple : ensemble des sujets, par opposition aux *grands* et, d'une façon générale, à ceux qui prétendent former une élite au point de vue social et moral (I, 30 ; V, 71 ; VI, 31, 32 ; IX, 1, 22, 25, 53 ; X, 5, 6, 10, 24, 27, 29, 35 ; XV, 10).

Postillon : celui qui monte sur un des chevaux de l'attelage d'un carrosse pour le diriger (VIII, 61).

Praticien : homme de loi de rang inférieur (huissier, avoué), par opposition au *magistrat* (VII, 21, 22 ; XII, 21).

Prébende : part de revenu d'une église allant à un chanoine ; ensemble des prérogatives attachées à ce titre (XIV, 26).

Prévôt : chanoine chef d'un chapitre (XIV, 26). Fonctionnaire représentant l'administration royale dans une prévôté (circonscription inférieure au bailliage) [XIV, 53].

Primatie : titre de primat, dignité suprême accordée à un évêque (II, 26).

Prince : roi, souverain (VIII, 13, 16, 19, 74 ; IX, 24, 50 ; X, 1, 11, 24, 28, 29, 35 ; XI, 145 ; XII, 22, 77, 106, 118 ; XIII, 24, 27 ; XVI, 28). Titre nobiliaire le plus élevé (II, 42 ; VI, 78 ; X, 24 ; XI, 7, 53, 135 ; XII, 119 ; XIII, 2). **Princes de l'Église** : les plus hauts dignitaires ecclésiastiques, notamment les cardinaux (XIV, 17).

Procureur : avoué (VII, 21).

Qualité (homme de) : homme de naissance noble (VI, 21 ; VIII, 20).

Quartier (de noblesse) : ensemble des ascendants nobles d'un même individu, pris à la même génération (VIII, 20).

Recette : service de perception de certains impôts indirects (VI, 15).

Roture : état de ceux qui n'ont aucun titre de noblesse (XI, 7 ; XII, 21). **Roturier** (VII, 22 ; XI, 7 ; XIV, 1, 3).

Seigneur : titulaire d'un titre de propriété féodal (VI, 1, 19, 21, 26 ; IX, 50 ; XII, 118 ; XIV, 14).

Séparation : expression abrégée pour *séparation de corps* entre époux (le divorce n'existe pas alors) [V, 43].

Sous-ferme : délégation de pouvoir qu'un partisan (ou fermier de l'impôt) accorde à ses adjoints, qui à leur tour confient la perception des taxes à un receveur (v. **Recette**) [VI, 15].

Suisse : domestique qui fait office de portier (VIII, 61).

Survivance : faveur royale qui donne le droit d'exercer une charge du jour où son titulaire actuel sera mort (VIII, 26).

Taille : impôt direct frappant tous les roturiers (VI, 19).

Trésorier : gardien des reliques (le trésor) d'une église (XIV, 26).

Ville : ensemble des bourgeois et des classes sociales qui n'ont pas accès à la *Cour* (II, 28 ; III, 29 ; V, 69 ; VI, 1 ; VII, 15, 21, 22 ; IX, 53 ; XI, 7 ; XII, 110).

II. REMARQUES SUR LE VOCABULAIRE
PSYCHOLOGIQUE ET MORAL

Il ne saurait être ici question de constituer un lexique de tous les termes qui composent le vocabulaire de l'analyse psychologique chez un moraliste comme La Bruyère; on s'est contenté de relever quelques mots qui méritent de retenir l'attention, à cause de leur fréquence ou de la difficulté qu'ils peuvent présenter pour le lecteur moderne.

1° La nature humaine.

Nature. L'idée d'une *nature* permanente occupe une place centrale dans la conception pessimiste de l'homme qui est celle de La Bruyère. Mais le terme désigne tantôt la source des faiblesses humaines (XI, 1 et 69), tantôt un ordre que les artifices de l'amour-propre tendent à troubler (XII, 37). Ainsi se *tirer des règles de la nature* (II, 33) est un signe de grandeur chez les enfants des rois, tandis que *céder à la nature* (XI, 41) est un signe de sagesse. *Nature* désigne encore les dispositions natives de l'individu (III, 4; XI, 18). On trouve quelques emplois au sens du « règne végétal » (I, 10; VII, 21; XII, 107). A noter un emploi ambigu qui semble jouer sur ces deux sens (XII, 110).

L'adjectif **naturel** correspond aux nuances définies ci-dessus. On notera toutefois la prédominance des emplois de *naturel* pour exprimer un idéal à la fois moral et esthétique, alors que *surnaturel* qualifie une vertu que seule une intervention de la grâce rend accessible à l'homme (I, 17, 42, 54; II, 11, 32; III, 2, 42, 49; IV, 29, 59, 85; V, 69; VIII, 41, 74; IX, 50; XI, 57, 113; XVI, 21, 38).

Mêmes remarques sur l'adverbe **naturellement** (I, 14, 47; II, 40; III, 6; VI, 38; VII, 15; X, 28; XI, 3, 113; XII, 34; XIV, 71).

Le **naturel**, substantif, sert fréquemment au même but; mais il paraît aussi dans le sens du mot *caractère* (I, 15, 43; II, 17, 42; III, 4; V, 27; VIII, 74; IX, 17; XII, 56).

Âme figure parfois dans son acception théologique pour désigner le principe pensant et éternel, par opposition à *corps* et *matière* (III, 42; VI, 12; XI, 53; XII, 102; XIII, 2; XVI, 1, 16, 41). Mais plus fréquemment le mot a un sens plus vague et désigne le siège de la sensibilité; il se rapproche alors de *cœur* et se distingue d'*esprit* : *rendre un cœur content, de combler une âme de joie* (IX, 4); *Le peuple n'a guère d'esprit, et les grands n'ont point d'âme* (IX, 25). D'où un sens général qui en fait presque l'équivalent de « caractère » (II, 32; VI, 58, 59; XI, 9, 53, 67, 81, 158; XII, 56, 102, 119; XIV, 20, 71).

Le **cœur** est aussi le siège de la sensibilité et désigne, comme *âme*, la partie profonde et authentique de l'être (I, 51; III, 2; VI, 47; VIII, 2; XI, 123; XII, 28, 67, 85, 118, 119; XIII, 2; XV, 29). Mais le mot implique un élément corporel, sensible notamment dans l'association avec *complexion* (XII, 85) et perceptible même dans l'usage du mot au sens de « courage » (*homme de cœur* [II, 16; XIII, 3]). Le *cœur* est particulièrement le siège des passions et des sentiments tendres; d'où le titre et le sujet du chapitre IV. Bien distinct d'*esprit*, il lui est volontiers associé de façon parfois mécanique pour exprimer le tout de l'homme (IV ,71; VIII, 74; IX, 41; XIII, 3; XIV, 71).

Esprit est le plus employé de ces termes psychologiques. Souvent, il est un équivalent de notre mot *intelligence*, inusité en ce sens (II, 11, 12, 25, 35, 37; III, 2, 27, 49, etc.). Quelquefois, il comporte en outre l'idée d'une faculté créatrice, d'où le titre du chapitre premier « Des ouvrages de l'esprit », et l'emploi du mot au sens d' « inspiration » (I, 54). *Bel esprit*, au sens de « goût pour les lettres », n'est pas ironique, mais il tend à l'être quand il désigne un auteur (V, 75; XI, 67). Dans un sens restrictif, *esprit* désigne une certaine tournure d'intelligence; ainsi l'*esprit du jeu*, que La Bruyère oppose à l'esprit tout court (XII, 56), et l'*esprit de la conversation*, ou, absolument, l'*esprit*, dans le sens moderne de « qualités brillantes » (V, 7; XV, 9).

Comme les deux mots précédents, *esprit* fournit des équivalents de *caractère* (XIV, 20, 71). Mais la composante intellectuelle demeure nettement marquée et renforce l'idée de « responsabilité » (III, 22); de là *bon esprit*, qui signifie « sens du devoir », « piété » (II, 23; III, 42; VI, 38), et *esprits forts* (XIV, 68; chap. XVI).

Au pluriel, le mot paraît comme un rappel des théories physiologiques du temps dans le sens d'« énergie vitale » (I, 34).

Génie est un terme qui unit, dans des proportions variables, l'idée d'« aptitudes naturelles » à celle de « caractère » (I, 65; II, 3, 6, 32; III, 49; VI, 38; VIII, 96; X, 24, 35; XI, 67; XII, 56; XV, 26, 29). Quand l'accent est mis sur les aptitudes intellectuelles, le mot se rapproche beaucoup d'*esprit*, mais semble impliquer plus fortement l'innéité (XVI, 21). On voit que le sens moderne manque, mais on peut en trouver l'amorce en quelques endroits (I, 30, 43).

2° La place de l'individu dans la société.

La situation sociale de l'individu porte l'empreinte des liens de dépendance personnelle, encore si forts dans la société de ce temps. Ces liens, La Bruyère les juge à la fois légitimes et écrasants. (Voyez l'emploi qu'il fait des mots *maître, servir, service, dépendre* et, dans une intention satirique, des équivalents antiques, *esclave, affranchi, client.*) Toute aspiration à un changement de statut social a le visage de l'ambition individuelle et paraît comme une aggravation de dépendance à l'égard des hommes et à l'égard du hasard. Mais La Bruyère n'en formule pas moins les droits de l'*esprit* (l'intelligence) à la considération sociale. Trois mots sont surtout significatifs :

Fortune garde rarement le sens général de « hasard » (II, 32; VIII, 19; IX, 41). Plus souvent, c'est la part du hasard dans une vie, ce qui échappe à la volonté du sujet, notamment la naissance (II, 19, 25; VIII, 80, 83; X, 24; XI, 123, 135; XII, 77). Le mot désigne encore la situation sociale telle qu'elle résulte du hasard et de la volonté de l'individu aux prises avec le destin, ce qu'on appellerait maintenant « réussite » (I, 10, 11, 43; VI, 21, 56, 78; VIII, 2, 23, 58; IX, 50; XI, 53, 96; XII, 14, 67; XIII, 21, 27; XIV, 14). De là le sens d'« ambition réalisée », qui suppose l'enrichissement (IV, 20; VI, 2, 16, 68). On voit s'amorcer, à partir de ce dernier sens, le sens moderne de « richesse » (XIII, 24; XIV, 41);

Heureux (dont on peut rapprocher le nom **bonheur**) n'offre qu'une partie de ses emplois actuels. L'idée de « chance » y est toujours nettement impliquée : il signifie « qui a de la chance » ou « qui est dû à la chance » (I, 37, 54; II, 21; III, 4, 49, 78; IV, 20, 63; V, 24; VI, 12, 47; VIII, 16, 96; IX, 24; X, 24, 35; XI, 7, 82, 123; XII, 28, 113). Il ne s'agit donc jamais d'exprimer un idéal de vie, au sens que le mot *heureux* comportera au XVIIIᵉ siècle. Toutefois, certains emplois acheminent vers le sens moderne, *heureux* signifiant très souvent « riche » et correspondant alors au substantif *fortune* (IV, 63; V, 24; VI, 47; XI, 82; emploi ambigu : IV, 20);

Mérite est dans son sens moderne quand il signifie « critère du jugement moral » (I, 21; II, 41). Mais, dans la plupart de ses emplois, il désigne un ensemble de capacités intellectuelles et de qualités morales qui rendent l'individu digne d'être distingué (I, 3, 59; II, 1, 4, 5, 11, 12, 13, 14, 17, 26, 32, 33, 39; III, 1, 2, 13, 77; V, 8, 43; VI, 2, 56; VII, 15; VIII, 26, 30, 60, 61, 83; IX, 8; XI, 71, 73, 96, 180; XII, 28, 58; XIII, 21). Emploi possible aujourd'hui, mais rare : l'équivalent moderne, *valeur*, fait parfaitement voir une évolution liée à la dissolution des liens de dépendance personnelle.

3° Les valeurs morales.

Le genre qu'il pratique conduit La Bruyère à laïciser constamment le langage de la religion. Les mots *homme de bien, vertueux, vertu* sont à entendre par référence à la morale chrétienne. (On notera cependant des emplois restrictifs de *vertu* dans le sens de « valeur guerrière » [II, 32; IX, 41].) Les emplois fréquents de *sage* comme nom (le *sage guérit de l'ambition par l'ambition même* [II, 43]) rappellent qu'un idéal profane, emprunté aux Anciens se concilie avec le christianisme dans l'esprit de La Bruyère comme chez beaucoup de ses contemporains.

Deux séries de mots méritent l'attention.

a) **Mots à valeur positive.**

Bon, bonté. Un fragment (XI, 9) montre de façon certaine que ces mots ne peuvent pas impliquer, comme ils le font très souvent aujourd'hui, une aptitude à répandre le bonheur. Ils expriment l'absence de mauvais dessein et caractérisent surtout une attitude louable d'un supérieur à l'égard d'un inférieur (II, 42; X, 24; XI, 9; XII, 56, 118; XVI, 19).

Modeste et **modestie,** qui sont souvent pris dans leur sens moderne (absence de vanité ou absence de luxe), sont aussi des synonymes de **modéré** et de **modération;** tous ces termes sont liés à l'idéal d'équilibre qui est celui de La Bruyère.

b) **Termes ambivalents.**

Délicat, délicatesse. Extrêmement fréquents, significatifs du climat des *Caractères*. Même richesse de sens qu'aujourd'hui : « difficile à faire, à exprimer, à comprendre; raffiné à l'extrême ». D'où, au sens moral, une gamme d'emplois laudatifs ou dépréciatifs.

Faible, faiblesse. Termes les plus généraux pour exprimer la finitude et l'infirmité humaine (IX, 53; XI, 158). Sens plus particuliers de *faible* : « peureux » (II, 18); « influençable » (VIII, 78; XVI, 2). Mais, dans quelques cas, *faible* n'a pas une valeur morale et signifie « désarmé devant les puissants »; l'accent est alors celui de la sympathie (II, 11; X, 24).

Fort, force. Termes les plus généraux pour exprimer les qualités de la pensée et de l'expression. Mais *esprits forts* désigne en mauvaise part les « libres penseurs » (voir, XVI, 1, l'explication de la *faiblesse* des *esprits forts*).

Grand, grandeur. Termes essentiellement ambigus, parce qu'ils peuvent viser soit une qualité morale intrinsèque (XII, 16), soit un éclat extérieur (IX, 53) : qualités qui coïncideraient si la société n'était pas malade. De là, l'emploi fréquent de qualificatifs : *fausse, véritable grandeur* (II, 42). Des contaminations avec le substantif *un grand* compliquent encore l'emploi (IX, 50, ligne 193).

Habile, habileté correspondent souvent au sens d'*esprit*, comme équivalents de nos mots *intelligent* et *intelligence,* en parlant des écrivains et des artistes. Dans un sens affaibli (« qui a du savoir-faire »), *habile* est employé comme aujourd'hui (IX, 22; XII, 116). Souvent associé, dans un sens laudatif, à des adjectifs de valeur morale, il entre dans la définition de l'*homme de mérite* (*aux sages, aux habiles et aux vertueux,* IX, 53). Il peut aussi prendre une signification franchement dépréciative.

Honnête, honnêteté sont pris très souvent encore dans leur sens noble, pour exprimer l'idéal moral du siècle classique (III, 13; XII, 30). Mais le mot se vide parfois de contenu moral, l'*honnête homme* devient « le mondain » (II, 41; II, 25). De là des emplois péjoratifs (XIV, 37) et une mise au point demeurée célèbre (XII, 55).

Simple, simplicité sont parmi les mots qui portent l'idéal moral et esthétique de La Bruyère (III, 2). Mais quelques emplois en mauvaise part (XII, 56).

L'index des noms propres se trouve à la fin du second volume.

DISCOURS SUR THÉOPHRASTE

[Une dissertation d'une vingtaine de pages ouvre le livre de La Bruyère. Elle a pour objet principal de présenter la traduction des *Caractères* de Théophraste, qui forme la première partie du volume, et que La Bruyère affecte de regarder comme l'essentiel de son travail. L'auteur expose d'abord diverses raisons pour lesquelles, à son avis, une œuvre qui décrit les mœurs a peu de chances de plaire. Il ajoute :]

Enfin quelle apparence de pouvoir remplir tous les goûts si différents des hommes par un seul ouvrage de morale? Les uns[1] cherchent des définitions, des divisions, des tables, et de la méthode : ils veulent qu'on leur explique ce que c'est que
5 la vertu en général, et cette vertu en particulier; quelle différence se trouve entre la valeur, la force et la magnanimité; les vices extrêmes par le défaut ou par l'excès entre lesquels chaque vertu se trouve placée, et duquel de ces deux extrêmes elle emprunte davantage; toute autre doctrine ne leur plaît
10 pas. Les autres[2], contents que l'on réduise les mœurs aux passions et que l'on explique celles-ci par le mouvement du sang, par celui des fibres et des artères, quittent[3] un auteur de tout le reste.

Il s'en trouve d'un troisième ordre qui, persuadés que toute
15 doctrine[4] des mœurs doit tendre à les réformer, à discerner les bonnes d'avec les mauvaises, et à démêler dans les hommes ce qu'il y a de vain, de faible et de ridicule, d'avec ce qu'ils peuvent avoir de bon, de sain et de louable, se plaisent infiniment dans la lecture des livres qui, supposant[5] les principes
20 physiques et moraux rebattus par les anciens et les modernes, se jettent d'abord dans leur application aux mœurs du temps, corrigent les hommes les uns par les autres, par ces images

---

1. Allusion à des traités édifiants tels que *l'Usage des passions*, du P. Senault (1641); **2.** Allusion à la psychophysiologie cartésienne (*Traité des passions*, 1649); **3.** *Quitter* : tenir quitte; **4.** *Doctrine* : ici, étude; **5.** *Supposer* : sous-entendre, supposer connu.

de choses qui leur sont si familières, et dont néanmoins ils
ne s'avisaient pas de tirer leur instruction. **(1)**

25   Tel est le traité des *Caractères des mœurs* que nous a laissé
Théophraste.

[Suivent quelques indications sur les circonstances dans lesquelles
les *Caractères* de Théophraste ont été composés, et sur leur réputation dans l'Antiquité.]

Mais peut-être que pour relever le mérite de ce traité des
Caractères et en inspirer la lecture, il ne sera pas inutile de dire
quelque chose de celui de leur auteur. Il était d'Érèse, ville
30 de Lesbos, fils d'un foulon[1] ; il eut pour premier maître dans
son pays un certain Leucippe[2], qui était de la même ville que
lui ; de là il passa à l'école de Platon[3], et s'arrêta ensuite à
celle d'Aristote[4], où il se distingua entre tous ses disciples.
Ce nouveau maître, charmé de la facilité de son esprit et de la
35 douceur de son élocution, lui changea son nom, qui était
Tyrtame, en celui d'Euphraste, qui signifie celui qui parle bien ;
et ce nom ne répondant point assez à la haute estime qu'il
avait de la beauté de son génie et de ses expressions, il l'appela
Théophraste, c'est-à-dire un homme dont le langage est divin.
40 Et il semble que Cicéron ait entré[5] dans les sentiments de ce
philosophe, lorsque dans le livre qu'il intitule *Brutus* ou *des*

---

1. *Foulon* : artisan qui dégraissait peaux et tissus ; 2. *Un autre que Leucippe, philosophe célèbre et disciple de Zénon* (note de La Bruyère). Il ne peut s'agir en effet
du fondateur du matérialisme que suivront Démocrite et Épicure ; il a vécu de 460
à 370 av. J.-C. et ne saurait être le maître de Théophraste, qui vécut de 372 à 287 av.
J.-C. Le maître de Théophraste est beaucoup plus obscur ; 3. L'Académie, fondée
par Platon vers 387 av. J.-C., est l'une des grandes écoles de philosophie de l'Antiquité qui subsista jusqu'au début de l'ère chrétienne ; 4. *Aristote* (384-322) fonda
à Athènes, vers 335, une école de philosophie connue sous le nom de *lycée* (du nom
du lieu où Aristote réunissait ses élèves) ; 5. Emploi normal de l'auxiliaire *avoir* avec
certains verbes de mouvement en français classique.

QUESTIONS

1. Les trois façons de concevoir un ouvrage de morale : La Bruyère
use-t-il du même ton et du même vocabulaire pour définir et qualifier
les trois ? — En définissant la troisième sorte d'ouvrages, La Bruyère
songe au sien autant qu'à celui de Théophraste : à quoi voyons-nous
qu'il présente ici ses propres *Caractères* plutôt que ceux du philosophe
antique ? — Qu'y a-t-il de commun, dans les buts et les moyens, avec
la comédie telle que Molière la concevait ? Précisez sur quelles expressions du dernier paragraphe le parallèle peut particulièrement s'appuyer.
Utilisez pour cette démonstration les textes où Molière précise lui-même
sa pensée sur ce point.

Orateurs illustres, il parle ainsi : « Qui est plus fécond et plus abondant que Platon? plus solide et plus ferme qu'Aristote? plus agréable et plus doux que Théophraste? » Et dans quelques-
45 unes de ses épîtres à Atticus[1], on voit que, parlant du même Théophraste, il l'appelle son ami, que la lecture de ses livres lui était familière, et qu'il en faisait ses délices [...]

Il[2] estimait en celui-ci sur toutes choses un caractère de dou-ceur qui régnait également dans ses mœurs et dans son style.
50 L'on raconte que les disciples d'Aristote, voyant leur maître avancé en âge et d'une santé fort affaiblie, le prièrent de leur nommer son successeur; que comme il avait deux hommes dans son école sur qui seuls ce choix pouvait tomber, Méné-dème le Rhodien, et Théophraste d'Érèse, par un esprit de
55 ménagement pour celui qu'il voulait exclure, il se déclara de cette manière : il feignit, peu de temps après que ses disciples lui eurent fait cette prière et en leur présence, que le vin dont il faisait un usage ordinaire lui était nuisible; il se fit apporter des vins de Rhodes et de Lesbos; il goûta de tous les deux,
60 dit qu'ils ne démentaient point leur terroir, et que chacun dans son genre était excellent; que le premier avait de la force, mais que celui de Lesbos avait plus de douceur et qu'il lui donnait la préférence. Quoi qu'il en soit de ce fait, qu'on lit dans Aulu-Gelle[3], il est certain que lorsque Aristote, accusé
65 par Eurymédon, prêtre de Cérès, d'avoir mal parlé des Dieux[4], craignant le destin de Socrate[5], voulut sortir d'Athènes et se retirer à Chalcis, ville d'Eubée, il abandonna son école au Lesbien, lui confia ses écrits à condition de les tenir secrets; et c'est par Théophraste que sont venus jusques à nous les
70 ouvrages de ce grand homme [...] (2)

Diogène Laërce[6] fait l'énumération de plus de deux cents traités différents et sur toutes sortes de sujets qu'il a composés.

---

1. Le plus cher ami de Cicéron, et le destinataire d'un grand nombre de ses lettres; 2. Aristote; 3. *Aulu-Gelle :* érudit latin du IIe siècle apr. J.-C., auteur des *Nuits attiques*, compilation riche en renseignements divers; 4. En 323, Aristote dut quitter Athènes; 5. Une des accusations qui motivèrent la condamnation de Socrate stipulait qu'il avait honoré d'autres dieux que ceux de la cité; 6. *Diogène Laërce :* érudit grec du IIIe siècle apr. J.-C., auteur de dix livres sur les *Vies des philosophes illustres*, source précieuse de renseignements.

QUESTIONS

2. Pourquoi cette longue histoire de Théophraste? Sur quel aspect de sa biographie La Bruyère met-il l'accent? — Pourquoi La Bruyère inclut-il notamment l'anecdote des lignes 50-63, dont il met lui-même en doute l'authenticité?

La plus grande partie s'est perdue par le malheur des temps,
et l'autre se réduit à vingt traités, qui sont recueillis dans le
75 volume de ses œuvres. L'on y voit neuf livres de l'histoire des
plantes, six livres de leurs causes[1]. Il a écrit des vents, du feu,
des pierres, du miel, des signes du beau temps, des signes de la
pluie, des signes de la tempête, des odeurs, de la sueur, du
vertige, de la lassitude, du relâchement des nerfs, de la défail-
80 lance, des poissons qui vivent hors de l'eau, des animaux qui
changent de couleur, des animaux qui naissent subitement,
des animaux sujets à l'envie, des caractères des mœurs. Voilà
ce qui nous reste de ses écrits, entre lesquels ce dernier seul,
dont on donne la traduction, peut répondre non seulement
85 de la beauté de ceux que l'on vient de déduire[2], mais encore
du mérite d'un nombre infini d'autres qui ne sont point venus
jusqu'à nous. (3)

Que si[3] quelques-uns se refroidissaient pour cet ouvrage
moral par les choses qu'ils y voient, qui sont du temps auquel
90 il a été écrit, et qui ne sont point selon leurs mœurs, que peuvent-
ils faire de plus utile et de plus agréable pour eux que de se
défaire de cette prévention pour leurs coutumes et leurs manières,
qui, sans autre discussion, non seulement les leur fait trouver
les meilleures de toutes, mais leur fait presque décider que
95 tout ce qui n'y est pas conforme est méprisable, et qui les
prive, dans la lecture des livres des anciens, du plaisir et de
l'instruction qu'ils en doivent attendre? (4)

Nous, qui sommes si modernes, serons anciens dans quelques
siècles. Alors l'histoire du nôtre fera goûter à la postérité la
100 vénalité des charges[4], c'est-à-dire le pouvoir de protéger l'inno-
cence, de punir le crime, et de faire justice à tout le monde,

---

1. *Histoire des plantes* et *Sur les causes des plantes*, deux traités de botanique;
2. *Déduire :* énumérer; **3.** *Que si :* et si; **4.** Pour remédier au déficit financier, le gouvernement de Louis XIV à son déclin avait encore étendu l'usage de mettre en vente
les fonctions publiques et créait même des charges inutiles pour enrichir le Trésor.

───── **QUESTIONS** ─────

3. L'œuvre de Théophraste : sa variété est-elle exceptionnelle dans
les œuvres scientifiques léguées par les auteurs de l'Antiquité?

4. Dégagez les deux idées essentielles de ce paragraphe (lignes 88-97) :
comment La Bruyère arrive-t-il à concilier deux points de vue qu'on
pourrait considérer comme contradictoires? — Le style de cette phrase :
son ampleur et sa complexité sont-elles habituelles à La Bruyère?

acheté à deniers comptants comme une métairie; la splendeur
des partisans, gens si méprisés chez les Hébreux et chez les
Grecs. L'on entendra parler d'une capitale d'un grand royaume
105 où il n'y avait ni places publiques, ni bains, ni fontaines, ni
amphithéâtres, ni galeries, ni portiques, ni promenoirs, qui
était pourtant une ville merveilleuse. L'on dira que tout le
cours de la vie s'y passait presque à sortir de sa maison pour
aller se renfermer dans celle d'un autre; que d'honnêtes femmes,
110 qui n'étaient ni marchandes ni hôtelières, avaient leurs maisons ouvertes à ceux qui payaient pour y entrer; que l'on avait
à choisir des dés, des cartes et de tous les jeux¹; que l'on man-
geait dans ces maisons, et qu'elles étaient commodes à tout
commerce². L'on saura que le peuple ne paraissait dans la
115 ville que pour y passer avec précipitation : nul entretien, nulle
familiarité; que tout y était farouche³ et comme alarmé par
le bruit des chars qu'il fallait éviter, et qui s'abandonnaient⁴
au milieu des rues, comme on fait dans une lice⁵ pour rempor-
ter le prix de la course. L'on apprendra sans étonnement qu'en
120 pleine paix et dans une tranquillité publique, des citoyens
entraient dans les temples⁶, allaient voir des femmes, ou visi-
taient leurs amis avec des armes offensives, et qu'il n'y avait
presque personne qui n'eût à son côté de quoi pouvoir d'un
seul coup en tuer un autre (5). Ou si ceux qui viendront après
125 nous, rebutés par des mœurs si étranges et si différentes des
leurs, se dégoûtent par là de nos mémoires, de nos poésies,
de notre comique et de nos satires, pouvons-nous ne les pas

---

1. Entre les dés, les cartes et tous les jeux. Le jeu étant officiellement interdit,
des femmes du monde transformaient leurs salons en maisons de jeux. Bien des
auteurs (Lesage, Montesquieu) critiqueront ce scandale; 2. *Commerce* : relations.
Expression volontairement générale, qui comporte les sous-entendus les plus déso-
bligeants; 3. *Farouche* : sauvage, violent; 4. *S'abandonner* : se laisser aller sans aucune
discipline; 5. *Lice* : piste de course; 6. *Temple* : église.

QUESTIONS

5. Comparez le style de ce morceau (lignes 98-124) à celui du précédent
(lignes 88-97). A quelle modification de contenu répond ici ce passage
d'un style à l'autre? — Analysez le procédé satirique utilisé ici par La
Bruyère : vous chercherez dans le chapitre VIII, « De la cour », un autre
exemple du même procédé. Dans quelle mesure Montesquieu usera-t-il
du même artifice en écrivant les *Lettres persanes?* — Le contenu de la
critique sociale : quels sont, aux yeux de La Bruyère, les usages les plus
significatifs des mœurs de son temps? Ne se rattachent-ils pas tous à
deux vices fondamentaux?

plaindre par avance de se priver eux-mêmes, par cette fausse
délicatesse, de la lecture de si beaux ouvrages, si travaillés,
130 si réguliers, et de la connaissance du plus beau règne dont
jamais l'histoire ait été embellie? **(6)**

Ayons donc pour les livres des anciens cette même indulgence
que nous espérons nous-mêmes de la postérité, persuadés que
les hommes n'ont point d'usages ni de coutumes qui soient
135 de tous les siècles, qu'elles changent avec les temps, que nous
sommes trop éloignés de celles qui ont passé, et trop proches
de celles qui règnent encore, pour être dans la distance qu'il
faut pour faire des unes et des autres un juste discernement[1].
Alors, ni ce que nous appelons la politesse de nos mœurs, ni
140 la bienséance de nos coutumes, ni notre faste, ni notre magnificence ne nous préviendront[2] pas davantage contre la vie
simple des Athéniens que contre celle des premiers hommes,
grands par eux-mêmes, et indépendamment de mille choses
extérieures qui ont été depuis inventées pour suppléer peut-
145 être à cette véritable grandeur qui n'est plus. **(7)**

La nature se montrait en eux[3] dans toute sa pureté et sa
dignité, et n'était point encore souillée par la vanité, par le
luxe, et par la sotte ambition. Un homme n'était honoré sur
la terre qu'à cause de sa force ou de sa vertu; il n'était point
150 riche par des charges ou des pensions, mais par son champ,
par ses troupeaux, par ses enfants et ses serviteurs; sa nourriture était saine et naturelle, les fruits de la terre, le lait de ses
animaux et de ses brebis; ses vêtements simples et uniformes,
leurs laines, leurs toisons; ses plaisirs innocents, une grande
155 récolte, le mariage de ses enfants, l'union avec ses voisins, la

---

1. Pour porter sur les unes et les autres une juste appréciation; 2. *Prévenir :* rendre
partial, communiquer un préjugé; 3. C'est-à-dire dans les premiers hommes.

QUESTIONS
---

6. Pour ne pas tomber dans l'erreur évoquée ici, de quel sentiment
devront faire preuve *ceux qui viendront après*, c'est-à-dire de la postérité? —
Faut-il prendre ironiquement les expressions qui terminent ce paragraphe
(lignes 129-131)?

7. Appréciez la valeur de l'argument qui permet à La Bruyère de
justifier l'intérêt pour les œuvres des Anciens; comment le moraliste
prouve-t-il la relativité des mœurs selon les temps et selon les pays? L'ex-
tension du raisonnement aux *premiers hommes* (ligne 142) vous paraît-
elle d'une logique rigoureuse?

paix dans sa famille (**8**). Rien n'est plus opposé à nos mœurs
que toutes ces choses; mais l'éloignement des temps nous les
fait goûter, ainsi que la distance des lieux nous fait recevoir
tout ce que les diverses relations ou les livres de voyages nous
160 apprennent des pays lointains et des nations étrangères.

Ils racontent une religion, une police[1], une manière de se
nourrir, de s'habiller, de bâtir et de faire la guerre, qu'on ne
savait point, des mœurs que l'on ignorait. Celles qui approchent
des nôtres nous touchent, celles qui s'en éloignent nous étonnent;
165 mais toutes nous amusent. Moins rebutés par la barbarie
des manières et des coutumes de peuples si éloignés, qu'instruits et même réjouis par leur nouveauté, il nous suffit que
ceux dont il s'agit soient Siamois, Chinois, Nègres ou Abyssins[2]. (**9**)

170 Or ceux dont Théophraste nous peint les mœurs dans ses
Caractères étaient Athéniens, et nous sommes Français; et si
nous joignons à la diversité des lieux et du climat le long intervalle des temps, et que nous considérions que ce livre a pu
être écrit la dernière année de la CXV[e] olympiade[3], trois cent
175 quatorze ans avant l'ère chrétienne, et qu'ainsi il y a deux
mille ans accomplis que vivait ce peuple d'Athènes dont il
fait la peinture, nous admirerons de nous y reconnaître
nous-mêmes, nos amis, nos ennemis, ceux avec qui nous vivons,
et que cette ressemblance avec des hommes séparés par tant

---

1. *Police* : organisation politique; 2. La mode se répandait des récits de voyage :
notamment les *Mémoires* de Bernier (1670), comprenant la description de l'Inde et de
l'Abyssinie, et le *Voyage en Perse* de Chardin (1686). Montesquieu consultera encore
ces deux voyages pour écrire ses *Lettres persanes* (1721); 3. L'*olympiade* est la période
de quatre ans qui s'étend d'une célébration à l'autre des jeux olympiques. Dans la
Grèce classique, on comptait les dates à partir de la première célébration des Jeux
(qui correspond à la date de 776 av. J.-C.). La Bruyère commet une légère erreur,
la date de 314 av. J.-C. tombant en réalité dans la seconde moitié de la 116e olympiade.

———— QUESTIONS ————

8. L'humanité primitive selon La Bruyère : quels traits nous suggèrent
que la Bible est la source de cette vision? — Voit-on à travers les lignes 148-151 la *société idéale* telle que la conçoit La Bruyère? Est-il traditionaliste
ou révolutionnaire? — L'importance de l'idée exprimée ici : citez, parmi
les œuvres de la fin du XVIIe siècle et parmi celles du XVIIIe siècle, des
passages où d'autres écrivains évoquent, de façon plus ou moins idyllique,
l'humanité primitive. Comparez leurs idées à celles de La Bruyère.
9. Quel effet le moraliste attend-il de cette connaissance des mœurs
étrangères? Semble-t-il en tirer tout le profit qu'on attendait? — Que
reste-t-il ici de la tradition de Montaigne et de Pascal, en ce qui concerne
l'expérience morale à dégager de cette connaissance des autres civilisations?

180 de siècles soit si entière. En effet, les hommes n'ont point
changé selon le cœur et selon les passions; ils sont encore tels
qu'ils étaient alors et qu'ils sont marqués dans Théophraste :
vains, dissimulés, flatteurs, intéressés, effrontés, importuns,
défiants, médisants, querelleux, superstitieux. **(10)**

185　Il est vrai, Athènes était libre; c'était le centre d'une république; ses citoyens étaient égaux; ils ne rougissaient point
l'un de l'autre; ils marchaient presque seuls et à pied dans une
ville propre, paisible et spacieuse, entraient dans les boutiques
et dans les marchés, achetaient eux-mêmes les choses néces-
190 saires; l'émulation d'une cour ne les faisait point sortir d'une
vie commune; ils réservaient leurs esclaves pour les bains, pour
les repas, pour le service intérieur des maisons, pour les voyages;
ils passaient une partie de leur vie dans les places, dans les
temples, aux amphithéâtres, sur un port, sous des portiques,
195 et au milieu d'une ville dont ils étaient également¹ les maîtres.
Là le peuple s'assemblait pour délibérer des affaires publiques;
ici il s'entretenait avec les étrangers; ailleurs les philosophes
tantôt enseignaient leur doctrine, tantôt conféraient avec leurs
disciples. Ces lieux étaient tout à la fois la scène des plaisirs
200 et des affaires. Il y avait dans ces mœurs quelque chose de
simple et de populaire, et qui ressemble peu aux nôtres, je
l'avoue; mais cependant quels hommes en général que les
Athéniens, et quelle ville qu'Athènes! quelles lois! quelle
police²! quelle valeur³! quelle discipline! quelle perfection
205 dans toutes les sciences et dans tous les arts! mais quelle politesse dans le commerce⁴ ordinaire et dans le langage! **(11)**

---

1. Tous au même titre; 2. *Police :* voir page 32, note 1; 3. *Valeur :* bravoure militaire; 4. *Commerce :* relations sociales.

QUESTIONS
---

10. Importance de ce paragraphe pour la suite de la démonstration :
quelle surprise La Bruyère réserve-t-il à son lecteur? Y a-t-il contradiction entre les deux idées fondamentales de ce paragraphe? Montrez
qu'en fait tout ce qui précède a contribué à préparer cette double perspective?

11. Comparez ce tableau d'Athènes au tableau de Paris (lignes 104-124).
— L'ironie consiste ici à présenter cet éloge des Athéniens sur le ton
d'une défense; quels sont les mots qui contribuent à cet effet? — Vous
vous reporterez aux lignes 124-131 et à la question 6 : vous direz s'il y a
concordance entre les deux passages. Dites notamment si les sentiments
que La Bruyère montre ici pour Athènes sont les mêmes que ceux qu'il
affectait de demander à la postérité pour le Paris de son temps.

Théophraste, le même Théophraste dont l'on vient de dire de si grandes choses, ce parleur agréable, cet homme qui s'exprimait divinement, fut reconnu étranger et appelé de ce nom
210 par une simple femme de qui il achetait des herbes[1] au marché, et qui reconnut, par je ne sais quoi d'attique qui lui manquait et que les Romains ont depuis appelé urbanité[2], qu'il n'était pas Athénien; et Cicéron rapporte[3] que ce grand personnage demeura étonné de voir qu'ayant vieilli dans Athènes,
215 possédant si parfaitement le langage attique et en ayant acquis l'accent par une habitude de tant d'années, il ne s'était pu donner ce que le simple peuple avait naturellement et sans nulle peine. Que si l'on ne laisse pas de lire[4] quelquefois, dans ce traité des *Caractères*, de certaines mœurs qu'on ne peut
220 excuser et qui nous paraissent ridicules, il faut se souvenir qu'elles ont paru telles à Théophraste, qu'il les a regardées comme des vices dont il a fait une peinture naïve[5], qui fit honte aux Athéniens et qui servit à les corriger. **(12) (13)**

[La Bruyère présente ensuite au lecteur l'ouvrage qu'il a mis à la suite de sa traduction. Il en définit l'originalité par rapport à l'ouvrage ancien, puis par rapport aux *Pensées* de Pascal et aux *Maximes* de La Rochefoucauld. Il revient pour finir à sa traduction, sur laquelle il donne quelques précisions d'ordre technique.]

_____

1. Des légumes; 2. *Urbanité :* ensemble des qualités qui révèlent le vrai Romain (celui de l'Urbs), par opposition au provincial ou à l'étranger; 3. Cicéron, *Brutus*, XLVI, 172; 4. Et si néanmoins on lit; 5. *Naïf :* spontané, naturel.

——————— **QUESTIONS** ———————

12. Pourquoi citer ici cette anecdote sur Théophraste (lignes 206-218)? Comment faut-il la transposer pour dégager le rôle de La Bruyère face à ses contemporains? — Les procédés oratoires dans cette dernière partie du paragraphe (lignes 218-224).

13. SUR L'ENSEMBLE DE L'EXTRAIT DU « DISCOURS SUR THÉOPHRASTE ». — La composition et la suite des idées : y a-t-il ici une démonstration logiquement menée? Essayez de dégager les moyens par lesquels La Bruyère cherche à convaincre son lecteur.
— Les deux idées fondamentales : permanence de la nature humaine (situez le passage décisif sur ce point); la relativité des usages (situez les passages). La Bruyère se préoccupe-t-il de concilier ces deux points de vue?
— Un idéal de vie se dégage de l'ensemble. Définissez-le en montrant qu'il a un aspect *populaire*, mais moyennant certaines réserves.
— Les styles dans cette suite d'extraits.

LES CARACTÈRES

Nous reproduisons le texte de l'édition G. Servois, conforme
à la 9ᵉ édition (1696). Les abréviations (Éd. 4) (Éd. 5) signifient que le texte qui suit a paru pour la première fois dans
la quatrième ou dans la cinquième édition.

CHAPITRE PREMIER

DES OUVRAGES DE L'ESPRIT

1 *(Éd. 1)*. Tout est dit, et l'on vient trop tard depuis plus
de sept mille ans[1] qu'il y a des hommes et qui pensent. Sur
ce qui concerne les mœurs, le plus beau et le meilleur est enlevé;
l'on ne fait que glaner après les anciens et les habiles d'entre
5 les modernes. **(1)**

3 *(Éd. 1)*. C'est un métier que de faire un livre, comme de
faire une pendule : il faut plus que de l'esprit pour être auteur.
Un magistrat allait par son mérite à la première dignité, il
était homme délié[2] et pratique dans les affaires : il a fait impri-
10 mer un ouvrage moral, qui est rare par le ridicule[3].

4 *(Éd. 1)*. Il n'est pas si aisé de se faire un nom par un ouvrage
parfait, que d'en faire valoir un médiocre[4] par le nom qu'on
s'est déjà acquis.

---

1. Date retenue par l'une des chronologies en usage du temps de La Bruyère
pour la création du monde; La Bruyère traite celle-ci comme un fait historique, ce
qui est ordinaire en son temps (voir *Discours sur l'histoire universelle* de Bossuet), et
il fait coïncider la création du monde et la naissance de l'humanité parce qu'il suit la
donnée biblique; **2.** *Délié* : adroit; **3.** Toutes les clés désignent un conseiller d'État
du nom de Poncet de La Rivière, auteur d'un livre *Sur les avantages de la vieillesse*
(1677); **4.** *Médiocre* : assez bon.

--- **QUESTIONS** ---

1. FRAGMENT 1. Comment ces premiers mots du livre situent-ils
La Bruyère par rapport aux esprits modernes, tels que Fontenelle? Toutefois, pour ne pas déformer sa pensée, montrez l'importance de la pré-
cision contenue dans l'expression *Sur ce qui concerne les mœurs* (ligne 3).

5 *(Éd. 1).* Un ouvrage satirique ou qui contient des faits[1],
15 qui est donné en feuilles sous le manteau aux conditions d'être
rendu de même, s'il est médiocre[2], passe pour merveilleux;
l'impression[3] est l'écueil. **(2)**

7 *(Éd. 1).* Il y a de certaines choses dont la médiocrité est
insupportable : la poésie[4], la musique, la peinture, le discours
20 public.

Quel supplice que celui d'entendre déclamer pompeusement
un froid discours, ou prononcer[5] de médiocres vers avec toute
l'emphase d'un mauvais poète!

10 *(Éd. 1).* Il y a dans l'art un point de perfection, comme
25 de bonté[6] ou de maturité dans la nature. Celui qui le sent et
qui l'aime a le goût parfait; celui qui ne le sent pas, et qui
aime en deçà ou au delà, a le goût défectueux. Il y a donc un
bon et un mauvais goût, et l'on dispute[7] des goûts avec fondement. **(3)**

---

1. Des anecdotes plus ou moins scandaleuses, touchant la vie privée de personnes
en vue; 2. Même s'il est médiocre; 3. *L'impression :* la mise sous presse; la publica-
tion sous forme de livre imprimé; 4. Lieu commun. Voir notamment Horace, *Art
poétique* (vers 372-373), et Boileau, *l'Art poétique* (chant IV, vers 29 et suivants).
Mais La Bruyère élargit l'idée à trois autres domaines; 5. *Prononcer :* dire en public.
A l'inverse de La Bruyère, on dirait plutôt aujourd'hui : « déclamer des vers » et
« prononcer un discours », ce dernier terme désignant toute œuvre en prose rhétorique; 6. *Bonté :* qualité achevée. On disait *la bonté d'une terre,* ou *la bonté d'un
cheval,* et c'est à des exemples de cette sorte que pense La Bruyère; 7. *Disputer :*
discuter.

━━━━━━ **QUESTIONS** ━━━━━━

2. FRAGMENTS 3, 4, 5. En rassemblant les idées contenues dans
ces trois fragments, dites quelles difficultés La Bruyère pense avoir à
surmonter pour donner un ouvrage *moral,* qui soit *parfait.* Comparez
le fragment 3 aux vers 26-28 du chant IV de *l'Art poétique* de Boileau. —
Précisez l'idée du fragment 5 : comment s'explique le fait que La Bruyère
se contente ici d'énoncer? — Dans quelle mesure toutes ces remarques
attirent-elles indirectement l'attention du lecteur sur la difficulté de la
tâche entreprise par La Bruyère?

3. FRAGMENTS 7, 10. C'est un grand mérite des classiques, et de La
Bruyère en particulier, d'avoir affirmé la validité des jugements de valeur
en matière artistique; mais pour suivre La Bruyère sur ce point, vous
paraît-il indispensable de faire un parallèle entre l'œuvre d'art et la nature
(lignes 24-25)? Pourquoi l'idée d'un point de perfection renferme-t-elle
un danger d'étroitesse du goût, et peut-elle être un frein à l'invention?
— Précisez l'importance de la formule finale (lignes 27-29) : à quelle
conception traditionnelle du goût s'oppose ici La Bruyère?

30 **13** *(Éd. 1)*. Amas d'épithètes, mauvaises louanges : ce sont les faits qui louent, et la manière de les raconter.

14 *(Éd. 1)*. Tout l'esprit d'un auteur consiste à bien définir et à bien peindre. MOÏSE[1], HOMÈRE, PLATON, VIRGILE, HORACE
35 ne sont au-dessus des autres écrivains que par leurs expressions et par leurs images : il faut exprimer le vrai pour écrire naturellement, fortement, délicatement. **(4)**

15 *(Éd. 5)*. On a dû[2] faire du style ce qu'on a fait de l'architecture. On a entièrement abandonné l'ordre gothique[3], que
40 la barbarie avait introduit pour les palais et pour les temples; on a rappelé le dorique, l'ionique et le corinthien[4] : ce qu'on ne voyait plus que dans les ruines de l'ancienne Rome et de la vieille Grèce, devenu moderne, éclate dans nos portiques et dans nos péristyles. De même, on ne saurait en écrivant
45 rencontrer le parfait, et s'il se peut, surpasser les anciens que par leur imitation.

(Éd. 1). Combien de siècles se sont écoulés avant que les hommes, dans les sciences et dans les arts, aient pu revenir au goût des anciens et reprendre enfin le simple et le naturel. **(5)**

50 *(Éd. 4)*. On se nourrit des anciens et des habiles[5] modernes, on les presse, on en tire le plus que l'on peut, on en renfle ses ouvrages; et quand enfin l'on est auteur, et que l'on croit marcher tout seul, on s'élève contre eux, on les maltraite,

---

1. *Quand même on ne le considère que comme un homme qui a écrit* (note de La Bruyère). Moïse était regardé comme auteur unique du *Pentateuque*, cinq premiers livres de l'Ancien Testament; 2. Il a fallu; 3. L'architecture médiévale, appelée *gothique* péjorativement (proprement, datant des Invasions barbares); 4. Les trois ordres de l'architecture grecque classique, distingués par la forme des colonnes et des chapiteaux; 5. *Habile :* compétent (sans nuance péjorative).

─────── **QUESTIONS** ───────

4. FRAGMENTS 13, 14. Comment se trouve ici précisée l'idée exprimée dans le fragment 1? Précisez le rapport entre le vrai et le beau en littérature d'après La Bruyère? — En quoi suit-il ici la tradition du classicisme de l'époque 1660?

5. FRAGMENT 15. Défendre la doctrine de l'imitation, ce n'est pas aux yeux de La Bruyère se tourner vers le passé, c'est, au contraire, défendre une conquête récente de l'esprit humain. Relevez les expressions qui en font foi. — Il paraît évident à La Bruyère que le goût des Anciens est fondé sur le *simple* et le *naturel;* définissez ce qu'il entend par ces qualités et comment il les découvre dans les œuvres de l'Antiquité. Peut-on suivre La Bruyère dans cette appréciation?

semblable à ces enfants drus et forts d'un bon lait qu'ils ont
55 sucé, qui battent leur nourrice.

(Éd. 4). Un auteur moderne prouve ordinairement que les
anciens nous sont inférieurs en deux manières, par raison et
par exemple : il tire la raison de son goût particulier, et l'exemple
de ses ouvrages.

60 *(Éd. 4)*. Il avoue que les anciens, quelque inégaux et peu
corrects qu'ils soient, ont de beaux traits; il les cite, et ils sont
si beaux qu'ils font lire sa critique.

(Éd. 4). Quelques habiles[1] prononcent[2] en faveur des anciens
contre les modernes; mais ils sont suspects et semblent juger
65 en leur propre cause, tant leurs ouvrages sont faits sur le goût
de l'antiquité : on les récuse. **(6)**

16 *(Éd. 1)*. L'on devrait aimer à lire ses ouvrages à ceux
qui en savent assez pour les corriger et les estimer.

(Éd. 4). Ne vouloir être ni conseillé ni corrigé sur son ouvrage
70 est un pédantisme.

(Éd. 4). Il faut qu'un auteur reçoive avec une égale modestie[3] les éloges et la critique que l'on fait de ses ouvrages. **(7)**

17 *(Éd. 1)*. Entre toutes les différentes expressions qui peuvent
rendre une seule de nos pensées, il n'y en a qu'une qui soit
75 la bonne. On ne la rencontre pas toujours en parlant ou en
écrivant; il est vrai néanmoins qu'elle existe, que tout ce qui
ne l'est point est faible, et ne satisfait point un homme d'esprit
qui veut se faire entendre[4].

(Éd. 1). Un bon auteur, et qui écrit avec soin, éprouve sou-
80 vent que l'expression qu'il cherchait depuis longtemps sans la

---

1. *Habile* : voir page 37, note 5; 2. *Prononcer* : se déclarer publiquement; 3. *Modestie* : modération; 4. *Entendre* : comprendre.

───── **QUESTIONS** ─────

6. Vous montrerez que les quatre additions de la quatrième édition
visent les mêmes adversaires. A l'aide de la Notice, précisez quels sont
les auteurs et, à cette date, les écrits mis en cause. — Le ton de ces quatre
additions : analysez les procédés utilisés par La Bruyère polémiste pour
attaquer ses ennemis. — La juxtaposition des additions de la quatrième
édition aux deux premiers paragraphes ne crée-t-elle pas de la disparate à
l'intérieur de ce fragment 15? Tirez de ce procédé de composition quelques
conclusions sur la méthode de La Bruyère.

7. FRAGMENT 16. Énumérez les qualités morales essentielles à l'écrivain selon La Bruyère. — Comparez ces maximes à deux passages de
l'*Art poétique* de Boileau : I, 183-207 et IV, 59-84.

connaître, et qu'il a enfin trouvée, est celle qui était la plus simple, la plus naturelle, qui semblait devoir se présenter d'abord et sans effort.

(Éd. 1). Ceux qui écrivent par humeur[1] sont sujets à retou-
85 cher à leurs ouvrages : comme elle n'est pas toujours fixe, et qu'elle varie en eux selon les occasions, ils se refroidissent bientôt pour les expressions et les termes qu'ils ont le plus aimés. **(8)**

21 *(Éd. 1).* Bien des gens vont jusques à sentir le mérite
90 d'un manuscrit qu'on leur lit, qui ne peuvent se déclarer en sa faveur, jusques à ce qu'ils aient vu le cours qu'il aura dans le monde par l'impression[2], ou quel sera son sort parmi les habiles[3] : ils ne hasardent point leurs suffrages, et ils veulent être portés par la foule et entraînés par la multitude. Ils disent
95 alors qu'ils ont les premiers approuvé cet ouvrage, et que le public est de leur avis.

(Éd. 6). Ces gens laissent échapper les plus belles occasions de nous convaincre qu'ils ont de la capacité et des lumières, qu'ils savent juger, trouver bon ce qui est bon, et meilleur
100 ce qui est meilleur. Un bel ouvrage tombe entre leurs mains, c'est un premier ouvrage, l'auteur ne s'est pas encore fait un grand nom, il n'a rien qui prévienne en sa faveur, il ne s'agit point de faire sa cour ou de flatter les grands* en applaudissant à ses écrits; on ne vous demande pas, *Zélotes*[4], de vous
105 récrier : *C'est un chef-d'œuvre de l'esprit; l'humanité ne va pas plus loin; c'est jusqu'où la parole humaine peut s'élever; on ne jugera à l'avenir du goût de quelqu'un qu'à proportion qu'il en*[5] *aura pour cette pièce;* phrases outrées, dégoûtantes[6], qui sentent la pension* ou l'abbaye[7]*, nuisibles à cela même
110 qui est louable et qu'on veut louer. Que ne disiez-vous seulement : « Voilà un bon livre »? Vous le dites, il est vrai, avec

---

1. *Humeur :* inspiration du moment; 2. *Impression :* voir page 36, note 2; 3. *Habile :* voir page 37, note 5; 4. *Zélotes :* l'Envieux (transcription d'un mot grec); 5. *En :* c'est-à-dire du goût; 6. *Dégoûtant :* déplaisant; 7. La rente ou le bénéfice ecclésiastique.

———— QUESTIONS ————

8. FRAGMENT 17. Rapprochez ces remarques sur le travail du style de *l'Art poétique* de Boileau (I, 155-174). La Bruyère ne renchérit-il pas encore sur la rigueur de Boileau? — Comment la recherche du bon style et l'effort pour y parvenir rejoignent-ils le simple et le naturel? — A quelle objection répond le troisième paragraphe?

toute la France, avec les étrangers comme avec vos compa-
triotes, quand il est imprimé par toute l'Europe et qu'il est
traduit en plusieurs langues : il n'est plus temps. **(9)**

115 **23** (*Éd. 4*). « Que dites-vous du livre d'*Hermodore?* — Qu'il
est mauvais, répond *Anthime*. — Qu'il est mauvais? — Qu'il
est tel, continue-t-il, que ce n'est pas un livre, ou qui mérite
du moins que le monde en parle. — Mais l'avez-vous lu?
— Non », dit Anthime. Que n'ajoute-t-il que *Fulvie* et *Mélanie*
120 l'ont condamné sans l'avoir lu, et qu'il est ami de Fulvie et
de Mélanie? **(10)**

25 (*Éd. 6*). *Théocrine* sait des choses assez inutiles; il a des
sentiments[1] toujours singuliers; il est moins profond que
méthodique; il n'exerce que sa mémoire; il est abstrait[2], dédai-
125 gneux, et il semble toujours rire en lui-même de ceux qu'il
croit ne le valoir pas. Le hasard fait que je lui lis mon
ouvrage, il l'écoute. Est-il lu, il me parle du sien. « Et du vôtre,
me direz-vous, qu'en pense-t-il? » — Je vous l'ai déjà dit, il
me parle du sien. **(11)**

130 **26** (*Éd. 4*). Il n'y a point d'ouvrage si accompli qui ne fondît
tout entier au milieu de la critique[3], si son auteur voulait en

---

1. *Sentiments* : opinions; 2. *Abstrait* : distrait; 3. *Critique* : examen malveillant.

──────── **QUESTIONS** ────────

9. Fragment 21. Étudiez la composition de ce fragment : comment
le développement s'anime-t-il progressivement? A travers cette accélé-
ration du rythme, quels sentiments du moraliste se révèlent à l'égard
de certains critiques? — Précisez dans quelle perspective La Bruyère
définit ici le rôle du critique. A-t-il raison de faire intervenir le courage
(quels mots impliquent cette idée)? dans les jugements portés sur l'ouvrage d'un inconnu? — Connaissez-vous des œuvres célèbres qui aient
commencé par être dédaignées de gens avertis?

10. Fragment 23. Ce fragment n'entre ni dans la catégorie des maximes,
ni dans celle des réflexions, ni dans celle des portraits. Définissez le procédé et cherchez-en l'application dans d'autres fragments. — Le défaut
d'Anthime s'explique-t-il seulement dans une société mondaine et aristocratique, ou bien garde-t-il encore pour nous son actualité?

11. Fragment 25. Les clés indiquent toutes un certain abbé de Dan-
geau. Quels sont, dans ces quelques lignes, les mots qui invitent à chercher un modèle particulier, au lieu d'y voir seulement le portrait de l'auteur vaniteux en général? — Ce personnage peut-il être comparé à l'Oronte
ou au Trissotin de Molière, ou encore à certain poète évoqué par Boileau
(*l'Art poétique*, I, 208-222)? Montrez que La Bruyère fait un portrait
plus nuancé.

croire tous les censeurs qui ôtent chacun l'endroit qui leur
plaît le moins. **(12)**

30 *(Éd. 4).* Quelle prodigieuse distance entre un bel ouvrage
135 et un ouvrage parfait ou régulier! Je ne sais s'il s'en est encore
trouvé de ce dernier genre. Il est peut-être moins difficile aux
rares génies de rencontrer le grand et le sublime, que d'éviter
toute sorte de fautes. *Le Cid* n'a eu qu'une voix pour lui à
sa naissance, qui a été celle de l'admiration; il s'est vu plus
140 fort que l'autorité et la politique[1], qui ont tenté vainement de
le détruire[2]; il a réuni en sa faveur des esprits toujours par-
tagés d'opinions et de sentiments, les grands* et le peuple* : ils
s'accordent tous à le savoir de mémoire, et à prévenir[3] au
théâtre les acteurs qui le récitent. *Le Cid* enfin est l'un des
145 plus beaux poèmes que l'on puisse faire; et l'une des meilleures critiques qui aient été faites sur aucun sujet est celle
du *Cid*[4].

31 *(Éd. 8).* Quand une lecture vous élève l'esprit, et qu'elle
vous inspire des sentiments nobles et courageux, ne cherchez
150 pas une autre règle pour juger l'ouvrage; il est bon, et fait
de main d'ouvrier. **(13)**

33 *(Éd. 4).* Le devoir du nouvelliste* est de dire : « Il y a
un tel livre qui court, et qui est imprimé chez Cramoisy[5] en
tel caractère, il est bien relié en beau papier, il se vend tant »;
155 il doit savoir jusques à l'enseigne du libraire qui le débite :
sa folie est d'en vouloir faire la critique.

---

1. *La politique :* l'intrigue; **2.** Allusion à la querelle du *Cid;* **3.** *Prévenir :* devan-
cer; **4.** Les *Sentiments de l'Académie sur le « Cid »;* **5.** *Cramoisy :* nom d'une famille
d'imprimeurs alors très connus.

--- **QUESTIONS** ---

12. FRAGMENTS 21, 23, 25, 26. Reprenez l'ensemble des idées exprimées
par La Bruyère sur le rôle de la critique et sur les critères dont elle doit se
réclamer. Quelles qualités doit avoir celui qui juge les œuvres d'autrui?
— La Bruyère imagine-t-il la critique comme une profession exercée
régulièrement dans le domaine des lettres?

13. FRAGMENTS 30, 31. Comment ces deux fragments se complètent-
ils? La Bruyère fait-il une distinction entre un *bel* ouvrage (ligne 134)
et un *bon* ouvrage (ligne 150)? Sur quelles valeurs fonde-t-il ce genre de
supériorité? — La Bruyère met-il la même échelle de valeurs le *bon*
ouvrage et l'ouvrage *parfait* ou *régulier?* A-t-il raison de faire l'éloge des
Sentiments de l'Académie sur « le Cid » (lignes 145-147)? — Le jugement de
La Bruyère sur *le Cid :* quel témoignage avons-nous ici sur la renommée
du *Cid* plus de cinquante ans après sa création?

(Éd. 4). Le sublime du nouvelliste est le raisonnement creux sur la politique.

(Éd. 4). Le nouvelliste se couche le soir tranquillement sur
160 une nouvelle qui se corrompt[1] la nuit, et qu'il est obligé d'abandonner le matin à son réveil. **(14)**

34 *(Éd. 4).* Le philosophe consume sa vie à observer les hommes, et il use ses esprits[2] à en démêler les vices et le ridicule; s'il donne quelque tour[3] à ses pensées, c'est moins par
165 une vanité d'auteur, que pour mettre une vérité qu'il a trouvée dans tout le jour nécessaire pour faire l'impression qui doit servir à son dessein. Quelques lecteurs croient néanmoins le payer avec usure, s'ils disent magistralement qu'ils ont lu son livre, et qu'il y a de l'esprit; mais il leur renvoie tous leurs
170 éloges, qu'il n'a pas cherchés par son travail et par ses veilles. Il porte plus haut ses projets et agit pour une fin plus relevée : il demande des hommes un plus grand et un plus rare succès que les louanges, et même que les récompenses, qui est de les rendre meilleurs. **(15)**

175 **37** *(Éd. 4).* Je ne sais si l'on pourra jamais mettre dans des lettres plus d'esprit, plus de tour[3], plus d'agrément et plus de style que l'on en voit dans celles de BALZAC et de VOITURE; elles sont vides de sentiments qui n'ont régné que depuis leur temps, et qui doivent aux femmes leur naissance. Ce sexe va

---

1. Se gâte, en parlant d'une denrée alimentaire, à laquelle La Bruyère assimile de façon burlesque la nouvelle; **2.** *Ses esprits :* son énergie. Sens bien distinct de celui qui a le même mot au singulier (ligne 169); **3.** *Tour :* élégance.

━━━━━━ **QUESTIONS** ━━━━━━

14. FRAGMENT 33. Pourquoi l'opinion de La Bruyère sur les nouvellistes est-elle si dure? Montrez d'où lui vient son dédain pour cette profession. — Dans le monde actuel, où les journalistes tiennent une place combien plus importante que leurs ancêtres les nouvellistes, la pensée de La Bruyère garde-t-elle encore une part de sa valeur?

15. FRAGMENT 34. Analysez la composition de ce fragment : comment la pensée progresse-t-elle à travers les trois phrases qui le composent? — Étudiez le vocabulaire : ne pourrait-on classer les termes en deux catégories, ceux qui définissent et qualifient le *philosophe*, ceux qui se rapportent à l'idée que les autres se font de lui. — Qualifiez le ton : à quoi voit-on que La Bruyère pense à lui-même? — Le *philosophe* peut-il être considéré comme un écrivain semblable aux autres? Qu'a-t-il de commun avec eux? — Cherchez dans le « Discours sur Théophraste » deux passages où La Bruyère insistait déjà sur le rôle du moraliste.

180 plus loin que le nôtre dans ce genre d'écrire[1]. Elles trouvent
sous leur plume des tours et des expressions qui souvent en
nous ne sont l'effet que d'un long travail et d'une pénible
recherche; elles sont heureuses dans le choix des termes, qu'elles
placent si juste, que tout connus qu'ils sont, ils ont le charme
185 de la nouveauté, semblent être faits seulement pour l'usage où
elles les mettent; il n'appartient qu'à elles de faire lire dans
un seul mot tout un sentiment, et de rendre délicatement une
pensée qui est délicate; elles ont un enchaînement de discours
inimitable, qui se suit naturellement, et qui n'est lié que par
190 le sens. Si les femmes étaient toujours correctes[2], j'oserais dire
que les lettres de quelques-unes d'entre elles[3] seraient peut-
être ce que nous avons dans notre langue de mieux écrit. **(16)**

38 *(Éd. 4).* Il n'a manqué à TERENCE[4] que d'être moins froid :
quelle pureté, quelle exactitude[5], quelle politesse[6], quelle élé-
195 gance, quels caractères! Il n'a manqué à MOLIÈRE que d'éviter
le jargon et le barbarisme[7], et d'écrire purement : quel feu,
quelle naïveté[8], quelle source de la bonne plaisanterie, quelle
imitation des mœurs, quelles images[9], et quel fléau du ridicule!
Mais quel homme on aurait pu faire de ces deux comiques! **(17)**

1. Le genre épistolaire; 2. Si elles usaient toujours d'une langue correcte; 3. La
Bruyère songe à Mme de Sévigné, dont certaines lettres circulaient alors dans les
salons (elles ne seront éditées que beaucoup plus tard), et à d'autres épistolières
dont la gloire est demeurée moindre : Mme de Sablé (1598-1678), la marquise de
Villars (1627-1708), par exemple; 4. *Térence :* un des deux poètes comiques latins
(190-159 av. J.-C.), l'autre étant Plaute. Il était de bon goût de préférer Térence à
Plaute, jugé trop grossier et vulgaire; 5. *Exactitude :* perfection; 6. *Politesse :* distinction; 7. *Barbarisme* est une addition de l'édition posthume. La phrase demeure
susceptible de deux interprétations : La Bruyère peut viser la langue de Molière
dans son ensemble, ou lui reprocher seulement d'avoir mis sur le théâtre le parler
des paysans et des gens incultes; 8. *Naïveté :* spontanéité; 9. *Images :* inventions.

──────── **QUESTIONS** ────────

16. FRAGMENT 37. Est-il surprenant que La Bruyère associe dans
un même éloge Guez de Balzac et Voiture, dont les lettres ont pourtant
des caractères si différents? — Énumérez les qualités accordées par La
Bruyère aux lettres écrites par les femmes. Les qualités que La Bruyère
exalte chez les épistolières sont-elles à ses yeux le privilège exclusif des
femmes ou croit-il plutôt qu'elles sont nécessaires à tout artiste, mais que
les femmes en sont plus généreusement douées? Appuyez votre réponse
sur d'autres textes tirés du premier chapitre.

17. FRAGMENT 38. Sur quel point précis La Bruyère critique-t-il Molière?
— Comparez ce jugement à celui de Boileau dans *l'Art poétique* (III,
393-400) : bien que La Bruyère semble moins sévère que Boileau, sa
critique ne revient-elle pas au même? Peut-on dissocier le style de Molière
et sa force comique?

200 **41** *(Éd. 5).* MAROT, par son tour et par son style, semble avoir écrit depuis RONSARD : il n'y a guère, entre ce premier et nous, que la différence de quelques mots[1].

42 *(Éd. 5).* RONSARD et les auteurs ses contemporains ont plus nui au style qu'ils ne lui ont servi : ils l'ont retardé dans **205** le chemin de la perfection; ils l'ont exposé à la manquer pour toujours et à n'y plus revenir. Il est étonnant que les ouvrages de Marot, si naturels et si faciles, n'aient su faire de Ronsard, d'ailleurs plein de verve et d'enthousiasme, un plus grand poète que Ronsard et que Marot, et, au contraire, que Bel- **210** leau, Jodelle, et du Bartas[2], aient été sitôt suivis d'un RACAN[3] et d'un Malherbe, et que notre langue, à peine corrompue, se soit vue réparée. **(18)**

43 *(Éd. 5).* MAROT[4] et RABELAIS sont inexcusables d'avoir semé l'ordre dans leurs écrits : tous deux avaient assez de génie et **215** de naturel[5] pour pouvoir s'en passer, même à l'égard de ceux qui cherchent moins à admirer qu'à rire dans un auteur. Rabe- lais surtout est incompréhensible : son livre est une énigme, quoi qu'on veuille dire, inexplicable; c'est une chimère[6], c'est le visage d'une belle femme avec des pieds et une queue de **220** serpent, ou de quelque autre bête plus difforme; c'est un mons- trueux assemblage d'une morale fine et ingénieuse, et d'une sale corruption. Où il est mauvais, il passe bien loin au-delà

---

1. Longtemps encore après La Bruyère, les poètes useront volontiers du langage marotique pour leurs pièces fugitives; 2. *Belleau* et *Jodelle*, amis de Ronsard, sont des poètes de la Pléiade. *Du Bartas* (1544-1590), poète protestant, auteur du poème biblique *la Semaine*, appartient à l'époque baroque et conserve, à la fin du XVIe siècle, certaines audaces de la Pléiade. La Bruyère avait d'abord, dans les éditions 5 à 8, placé ici le nom de Saint-Gelais. Sans doute lui a-t-il substitué Du Bartas quand on lui eut fait remarquer que Mellin de Saint-Gelais était disciple de Marot; 3. *Racan* (1589-1670), disciple de Malherbe, est peut-être encore plus apprécié que son maître grâce à ses *Bergeries* et à ses poésies, moins raides que celles de Malherbe; 4. Marot était particulièrement connu au temps de La Bruyère pour ses épigrammes lestes, qui sont assez dans le goût des *Contes* de La Fontaine; 3. De talent naturel, de faci- lité; 6. *Chimère :* animal fabuleux, à tête de lion et à queue de serpent; toute la des- cription qui suit est calquée sur Horace (*Art poétique*, vers 3).

QUESTIONS

18. FRAGMENTS 41, 42. La hiérarchie des poètes selon La Bruyère; juge-t-il leur valeur d'après la richesse de leur inspiration? Quel est son seul critère? — Comment s'est effectuée la marche vers la *perfection* (ligne 205)? Y a-t-il un progrès continu? Comment La Bruyère, étant donné ses idées générales sur l'histoire de la littérature, peut-il concevoir l'évolution de la poésie? — Comparez les idées de La Bruyère à celles de Boileau (*l'Art poétique*, I, 119-134).

du pire, c'est le charme[1] de la canaille; où il est bon, il va
jusques à l'exquis et à l'excellent, il peut être le mets des plus
225 délicats. **(19)**

47 *(Éd. 4).* L'on voit bien que *l'Opéra*[2] est l'ébauche d'un
grand spectacle; il en donne l'idée.

Je ne sais pas comment *l'Opéra*, avec une musique si parfaite et une dépense toute royale, a pu réussir à m'ennuyer.

230 Il y a des endroits dans *l'Opéra* qui laissent en désirer d'autres;
il échappe quelquefois de souhaiter la fin de tout le spectacle :
c'est faute de théâtre, d'action et de choses qui intéressent.

L'Opéra jusques à ce jour n'est pas un poème, ce sont des
vers; ni un spectacle, depuis que les machines ont disparu
235 par le bon ménage[3] *d'Amphion* et de sa race[4] : c'est un concert,
ou ce sont des voix soutenues par des instruments. C'est prendre
le change, et cultiver un mauvais goût, que de dire, comme
l'on fait, que la machine[5] n'est qu'un amusement d'enfants,
et qui ne convient qu'aux Marionnettes[6]; elle augmente et
240 embellit la fiction, soutient dans les spectateurs cette douce
illusion qui est tout le plaisir du théâtre, où elle jette encore le
merveilleux. Il ne faut point de vols, ni de chars, ni de changements aux *Bérénices* et à *Pénélope*[7]; il en faut aux *Opéras*,

---

1. *Charme :* régal; 2. L'opéra, dont la mode venait d'Italie, avait été introduit
en France en 1668, quand l'abbé Perrin avait obtenu le privilège de faire jouer et
chanter des opéras de langue française. Mais la mise en scène très coûteuse (machines
et décors) avait condamné à l'échec cette première tentative. Le vrai fondateur de
l'opéra fut Lully, qui obtint en 1671 le privilège abandonné par Perrin et fournit,
en collaboration avec le poète Quinault, les premières pièces de ce répertoire;
3. *Ménage :* administration; 4. Allusion à Lully et à sa famille; pour éviter les déboires
qu'avait connus Perrin, Lully avait fait des économies sur la mise en scène; 5. *Machine:*
machinerie; 6. Le farceur Brioché s'était rendu célèbre par son théâtre de marionnettes; 7. *Bérénice :* tragédie de Racine (1670); le pluriel qu'utilise La Bruyère semble
étendre l'allusion à la tragédie de *Tite et Bérénice* de Corneille, jouée en même temps
que la pièce de Racine. *Pénélope :* tragédie de l'abbé Genest (1684).

QUESTIONS

19. FRAGMENT 43. Pourquoi associer Marot à Rabelais dans une même
réprobation? Rappelez à ce sujet comment le XVIIe siècle jugeait la Renais-
sance. — Analysez le jugement sur Rabelais : relevez tous les mots expres-
sifs qui constituent une condamnation et déterminez le défaut dominant
de Rabelais aux yeux de La Bruyère. — L'éloge compense-t-il les reproches?
Les passages *délicats* de Rabelais peuvent-ils être appréciés dans un tel
ensemble? — Tout en étant aujourd'hui inacceptable, ce jugement est-il
complètement faux? En quoi la critique de La Bruyère est-elle méritoire,
par comparaison avec le silence à peu près total que son siècle garde sur
l'œuvre de Rabelais?

et le propre de ce spectacle est de tenir les esprits, les yeux
245 et les oreilles dans un égal enchantement. **(20)**

51 *(Éd. 6)*. Le poème tragique vous serre le cœur dès son
commencement, vous laisse à peine dans tout son progrès la
liberté de respirer et le temps de vous remettre, ou s'il vous
donne quelque relâche, c'est pour vous replonger dans de
250 nouveaux abîmes et dans de nouvelles alarmes. Il vous conduit
à la terreur par la pitié, ou réciproquement à la pitié par le
terrible, vous mène par les larmes, par les sanglots, par l'incertitude, par l'espérance, par la crainte, par les surprises et
par l'horreur jusqu'à la catastrophe[1] **(21)**. Ce n'est donc pas
255 un tissu de jolis sentiments, de déclarations tendres, d'entretiens galants, de portraits agréables, de mots *doucereux*, ou
quelquefois assez plaisants pour faire rire, suivi à la vérité
d'une dernière scène où les mutins n'entendent aucune raison,
et où, pour la bienséance, il y a enfin du sang répandu, et quelque
260 malheureux à qui il en coûte la vie. **(22)**

54 *(Éd. 1)*. CORNEILLE ne peut être égalé dans les endroits où
il excelle : il a pour lors un caractère original et inimitable ;
mais il est inégal. Ses premières comédies[2] sont sèches, lan-
guissantes, et ne laissaient pas espérer qu'il dût ensuite aller
265 si loin ; comme ses dernières font qu'on s'étonne qu'il ait pu
tomber de si haut. Dans quelques-unes de ses meilleures pièces,
il y a des fautes inexcusables contre les mœurs[3], un style de
déclamateur qui arrête l'action et la fait languir, des négli-

---

1. *Catastrophe :* dénouement, en parlant d'une tragédie ; 2. *Comédie :* ici, au sens
général de « pièce de théâtre », quel qu'en soit le genre ; 3. *Les mœurs.* C'est ici ce que
nous appellerions *vérité psychologique.*

■ QUESTIONS ■

20. FRAGMENT 47. D'après ce que vous savez de l'opéra en ce temps,
et des goûts littéraires de La Bruyère, comment expliquez-vous ce jugement sur les charmes propres de l'opéra, si différents de ceux que procure
la tragédie ?

21. FRAGMENT 51. Montrez que La Bruyère reprend à son compte
la définition de la tragédie « régulière » telle qu'elle se définit après 1640.
Quelles idées soutenues par Racine dans ses Préfaces se retrouvent ici,
mais énoncées au moins partiellement, du point de vue du spectateur ?
Une telle définition laisse-t-elle place à la conception cornélienne de la
tragédie ?

22. La Bruyère vise particulièrement les tragédies romanesques de
Quinault (mort en 1688). Appréciez la façon dont il manie ici le sous-
entendu. — Définissez quelle différence il établit entre vraie et fausse
tragédie, notamment du point de vue de leur construction. Lui donnez-
vous raison ?

gences dans les vers et dans l'expression qu'on ne peut
270 comprendre en un si grand homme. Ce qu'il y a eu en lui de
plus éminent, c'est l'esprit[1], qu'il avait sublime, auquel il a
été redevable de certains vers, les plus heureux qu'on ait jamais
lus ailleurs, de la conduite de son théâtre, qu'il a quelquefois
hasardée contre les règles des anciens, et enfin de ses dénoue-
275 ments; car il ne s'est pas toujours assujetti au goût des Grecs
et à leur grande simplicité : il a aimé au contraire à charger
la scène d'événements dont il est presque toujours sorti avec
succès; admirable surtout par l'extrême variété et le peu de
rapport qui se trouve pour le dessein entre un si grand nombre
280 de poèmes qu'il a composés (23). Il semble qu'il y ait plus
de ressemblance dans ceux de RACINE, et qu'ils tendent un
peu plus à une même chose; mais il est égal, soutenu, toujours le même partout, soit pour le dessein et la conduite de
ses pièces, qui sont justes, régulières, prises dans le bon sens[2]
285 et dans la nature, soit pour la versification, qui est correcte,
riche dans ses rimes, élégante, nombreuse[3], harmonieuse :
exact imitateur des anciens, dont il a suivi scrupuleusement
la netteté et la simplicité de l'action; à qui le grand et le merveilleux n'ont pas même manqué, ainsi qu'à Corneille, ni le
290 touchant ni le pathétique (24). Quelle plus grande tendresse
que celle qui est répandue dans tout *le Cid*, dans *Polyeucte* et
dans *les Horaces?* Quelle grandeur ne se remarque point en
Mithridate, en Porus et en Burrhus[4]? Ces passions encore[5]
favorites des anciens, que les tragiques aimaient à exciter sur

---

1. *Esprit* : faculté d'invention; 2. Fournies par le *bon sens*, c'est-à-dire exemptes
d'extravagances; 3. *Nombreux* : d'une belle cadence; 4. Personnages de trois tragédies de Racine : *Mithridate, Alexandre, Britannicus;* 5. *Encore* : en outre, d'autre
part.

─────── **QUESTIONS** ───────

23. FRAGMENT 54. Faites le bilan de ce jugement sur Corneille : défauts
et qualités. — En vous rappelant à quelle génération appartenait La
Bruyère, justifiez l'image qu'il donne de la carrière de Corneille (lignes 263-
266). Montrez que l'on retrouve aussi sous sa plume les griefs que les
« doctes » avaient adressés à Corneille; dans quelle mesure s'y ajoutent
les accusations des partisans des Anciens? — Jugez également les qualités reconnues à Corneille : par comparaison avec le fragment 30, appréciez les éloges qui tiennent à une admiration sincère. En rapprochant
ce texte de la Préface de *Nicomède*, dégagez les louanges empruntées par
La Bruyère à Corneille lui-même.

24. Comment est composé ce jugement sur Racine? Comparez-le
terme à terme avec ce qui a été dit de Corneille (lignes 261-280) : quelle
conclusion se dégage spontanément de cette comparaison? Jugez
notamment la dernière remarque (lignes 288-290).

295 les théâtres, et qu'on nomme la terreur et la pitié, ont été
connues de ces deux poètes. Oreste, dans l'*Andromaque* de
Racine, et *Phèdre* du même auteur, comme l'*Œdipe* et *les
Horaces* de Corneille, en sont la preuve. Si cependant il est
permis de faire entre eux quelque comparaison, et les marquer
300 l'un et l'autre par ce qu'ils ont eu de plus propre et par ce
qui éclate le plus ordinairement dans leurs ouvrages, peut-
être qu'on pourrait parler ainsi (**25**) : « Corneille nous assu-
jettit à ses caractères et à ses idées, Racine se conforme aux
nôtres; celui-là peint les hommes comme ils devraient être,
305 celui-ci les peint tels qu'ils sont. Il y a plus dans le premier
de ce que l'on admire, et de ce que l'on doit même imiter;
il y a plus dans le second de ce que l'on reconnaît dans les
autres, ou de ce que l'on éprouve dans soi-même. L'un élève,
étonne, maîtrise, instruit; l'autre plaît, remue, touche, pénètre.
310 Ce qu'il y a de plus beau, de plus noble et de plus impérieux
dans la raison, est manié par le premier; et par l'autre, ce
qu'il y a de plus flatteur[1] et de plus délicat dans la passion.
Ce sont dans celui-là des maximes, des règles, des préceptes;
et dans celui-ci, du goût et des sentiments. L'on est plus occupé
315 aux pièces de Corneille; l'on est plus ébranlé et plus attendri
à celles de Racine. Corneille est plus moral, Racine plus naturel. Il semble que l'un imite SOPHOCLE, et que l'autre doit
plus à EURIPIDE[2]. » (**26**) (**27**)

---

1. *Flatteur :* séduisant; 2. Les deux derniers en date des grands tragiques grecs
du Ve siècle av. J.-C. Racine a imité Euripide dans *Iphigénie* et *Phèdre ;* mais on
comprend moins le rapprochement entre Corneille et Sophocle.

──────── **QUESTIONS** ────────

25. Quelle impression se dégage de cette partie centrale du parallèle?
Pourquoi, après avoir opposé les deux poètes, La Bruyère les représente-
t-il comme ayant des qualités « interchangeables »?

26. Analysez en détail ce parallèle : montrez que, sous une feinte impar-
tialité, La Bruyère laisse apparaître sa préférence pour Racine. — Pourquoi a-t-on pu interpréter à tort la fameuse formule des lignes 304-305
comme un éloge de Corneille? En quoi le contexte permet-il de préciser
l'opinion réelle de La Bruyère?

27. SUR L'ENSEMBLE DU FRAGMENT 54. — En vous aidant des fragments 30
et 51, essayez de dégager l'ensemble des opinions et des sentiments inspi-
rés à La Bruyère par l'œuvre de Corneille et par celle de Racine. —
En 1688, Racine, retiré du théâtre depuis 1677, était fort bien en cour;
Corneille était mort depuis quatre ans. Ces circonstances ont-elles pu
influer sur le jugement de La Bruyère, ou bien est-il déterminé par des
motifs purement littéraires? — Dans quelle mesure votre avis personnel
s'écarte-t-il de celui de La Bruyère?

57 *(Éd. 4).* L'on n'écrit que pour être entendu[1]; mais il
320 faut du moins en écrivant faire entendre de belles choses. L'on
doit avoir une diction[2] pure, et user de termes qui soient propres,
il est vrai; mais il faut que ces termes si propres expriment
des pensées nobles, vives, solides, et qui renferment un très
beau sens. C'est faire de la pureté et de la clarté du discours
325 un mauvais usage que de les faire servir à une matière aride,
infructueuse, qui est sans sel, sans utilité, sans nouveauté.
Que sert aux lecteurs de comprendre aisément et sans peine
des choses frivoles et puériles, quelquefois fades et communes,
et d'être moins incertains de la pensée d'un auteur qu'ennuyés
330 de son ouvrage?

(Éd. 4). Si l'on jette quelque profondeur dans certains écrits,
si l'on affecte une finesse de tour, et quelquefois une trop
grande délicatesse, ce n'est que par la bonne opinion qu'on
a de ses lecteurs. **(28)**

335 **59** *(Éd. 7).* La gloire ou le mérite de certains hommes est
de bien écrire; et de quelques autres, c'est de n'écrire point. **(29)**

60 *(Éd. 4).* L'on écrit régulièrement depuis vingt années;
l'on est esclave de la construction; l'on a enrichi la langue
de nouveaux mots, secoué le joug du latinisme, et réduit le
340 style à la phrase purement française; l'on a presque retrouvé
le nombre que MALHERBE et BALZAC avaient les premiers ren-
contré, et que tant d'auteurs depuis eux ont laissé perdre; l'on
a mis enfin dans le discours[3] tout l'ordre et toute la netteté
dont il est capable : cela conduit insensiblement à y mettre
345 de l'esprit. **(30)**

65 *(Éd. 1).* Un homme né chrétien et Français se trouve
contraint dans la satire; les grands sujets lui sont défendus : il

---

1. *Entendre :* comprendre; 2. *Diction :* style; 3. *Discours :* style de la prose.

──────── **QUESTIONS** ────────

28. FRAGMENT 57. Rapprochez ce fragment du fragment 17 : comment
s'établit, d'après ces deux textes, le rapport entre l'idée et l'expression?
— La vérité exprimée ici ne nous apparaît-elle pas, malgré la recherche
du vocabulaire et du style, d'une assez grande banalité? Semblait-elle
aussi plate aux contemporains de La Bruyère?

29. FRAGMENT 59. Quelle idée ce fragment a-t-il en commun avec le
fragment 3? Quel mot se trouve dans l'un comme dans l'autre?

30. FRAGMENT 60. Tradition et nouveauté dans ces remarques de La
Bruyère sur la langue et le style de sa génération.

les entame quelquefois, et se détourne ensuite sur de petites choses, qu'il relève par la beauté de son génie[1] et de son style. (31)

350 **69** *(Éd. 1)*. Horace ou Despréaux[2] l'a dit avant vous. — Je le crois sur votre parole; mais je l'ai dit comme mien. Ne puis-je pas penser après eux une chose vraie, et que d'autres encore penseront après moi? (32) (33)

CHAPITRE II

DU MÉRITE PERSONNEL

1 *(Éd. 1)*. Qui peut, avec les plus rares talents et le plus excellent mérite, n'être pas convaincu de son inutilité, quand il considère qu'il laisse en mourant un monde qui ne se sent pas de sa perte, et où tant de gens se trouvent pour le remplacer?

---

1. *Génie :* dons naturels; 2. *Despréaux :* second nom du poète Boileau, ainsi nommé à cause de prairies attenant à sa propriété de Crosne.

—— **QUESTIONS** ——

31. Fragment 65. Comment le fait d'être chrétien s'oppose-t-il aux yeux de La Bruyère à la vocation satirique? — Pensez-vous que La Bruyère s'applique à lui-même ces quelques lignes?

32. Fragment 69. Rapprochez du fragment 1 cette réflexion, qui est effectivement la dernière du chapitre, et faites la comparaison.

33. Sur l'ensemble du chapitre premier. — Y a-t-il un plan rigoureux dans ce chapitre? Comment se groupent les thèmes?

— Dans ce chapitre de critique littéraire, La Bruyère demeure un satirique. Il attaque tout ce qui porte tort à la doctrine classique et aux œuvres qui l'illustrent, dont la sienne. Dressez une liste des cibles (personnalités, groupes, façons de penser, etc.) qu'il essaie d'atteindre.

— En vous référant aux passages de *l'Art poétique,* cités dans les questions, comparez les idées de La Bruyère à celles de Boileau sur l'histoire littéraire du XVIe et du XVIIe siècle.

— Ce chapitre étudie aussi les rapports entre le lecteur et l'auteur, entre le critique et l'auteur : regroupez les éléments de cette étude. Précisez la part de la vanité dans la psychologie du lecteur et du critique telle que la peint La Bruyère.

5 **2** *(Éd. 1)*. De bien des gens il n'y a que le nom qui vale[1] quelque chose. Quand vous les voyez de fort près, c'est moins que rien; de loin ils imposent[2].

3 *(Éd. 6)*. Tout persuadé que je suis[3] que ceux que l'on choisit pour de différents emplois, chacun selon son génie[4]
10 et sa profession, font bien, je me hasarde de dire qu'il se peut faire qu'il y ait au monde plusieurs personnes, connues ou inconnues, que l'on n'emploie pas, qui feraient très bien; et je suis induit à ce sentiment par le merveilleux succès de certaines gens que le hasard seul a placés, et de qui jusques alors
15 on n'avait pas attendu de fort grandes choses. **(1)**
(Éd. 1). Combien d'hommes admirables, et qui avaient de très beaux génies, sont morts sans qu'on en ait parlé! Combien vivent encore dont on ne parle point, et dont on ne parlera jamais! **(2)**

20 **4** *(Éd. 1)*. Quelle horrible peine a un homme qui est sans prôneurs et sans cabale[5], qui n'est engagé dans aucun corps[6], mais qui est seul, et qui n'a que beaucoup de mérite pour toute recommandation, de se faire jour à travers l'obscurité où il se trouve, et de venir au niveau d'un fat[7] qui est en crédit!

25 **5** *(Éd. 1)*. Personne presque ne s'avise de lui-même du mérite d'un autre.
(Éd. 1). Les hommes sont trop occupés d'eux-mêmes pour avoir le loisir de pénétrer ou de discerner les autres; de là vient

---

1. Forme classique pour *qui vaille* ; 2. *Imposer :* tromper; 3. Variante de la 8e édition : La Bruyère avait d'abord écrit *sois*. L'indicatif est seul correct aujourd'hui; 4. *Génie :* voir page 50, note 1; 5. *Cabale :* groupe d'amis intrigants, mettant en commun leur influence; 6. Qui ne fait partie d'aucune association, d'aucune organisation constituée; 7. *Fat :* sot et prétentieux. « Un fat est celui que les sots croient un homme de mérite. » (Chap. XII, « Des jugements », fragment 45.)

QUESTIONS

---

1. FRAGMENT 3. Analysez l'ironie de ce paragraphe : comment progresse le raisonnement? — Montrez que le style (tournure et rythme des phrases) traduit l'ironie de la pensée. — La Bruyère pense-t-il vraiment que les gens placés au hasard s'acquittent bien de leurs tâches? Cherchez dans le même chapitre des textes où La Bruyère a précisé cette idée.

2. FRAGMENTS 1, 2, 3. Dégagez la première impression que laisse ce début de chapitre. Quelles idées traditionnelles relatives au mérite sont ici mises en question? — A quels mots est liée la notion du vrai mérite selon La Bruyère? Pourquoi était-il utile de le rappeler à la société de son temps?

qu'avec un grand mérite et une plus grande modestie l'on
30 peut être longtemps ignoré. (3)

6 *(Éd. 1)*. Le génie et les grands talents manquent souvent,
quelquefois aussi les seules occasions : tels peuvent être loués
de ce qu'ils ont fait, et tels de ce qu'ils auraient fait. (4)

9 *(Éd. 1)*. Il n'y a point au monde un si pénible métier que
35 celui de se faire un grand nom : la vie s'achève que l'on a à
peine ébauché son ouvrage. (5)

10 *(Éd. 5)*. Que faire d'*Égésippe*, qui demande un emploi?
Le mettra-t-on dans les finances, ou dans les troupes? Cela
est indifférent, et il faut que ce soit l'intérêt seul[1] qui en décide;
40 car il est aussi capable de manier de l'argent, ou de dresser
des comptes, que de porter les armes (6). « Il est propre à tout »,
disent ses amis, ce qui signifie toujours qu'il n'a pas plus de
talent pour une chose que pour une autre, ou en d'autres termes,
qu'il n'est propre à rien. Ainsi la plupart des hommes occupés
45 d'eux seuls dans leur jeunesse, corrompus par la paresse ou
par le plaisir, croient faussement dans un âge plus avancé
qu'il leur suffit d'être inutiles[2] ou dans l'indigence, afin que
la république[3] soit engagée à les placer ou à les secourir; et
ils profitent rarement de cette leçon si importante, que les
50 hommes devraient employer les premières années de leur vie
à devenir tels par leurs études et par leur travail que la répu-

---

1. Il s'agit non de l'intérêt d'Égésippe, dont les aptitudes sont universelles, mais
de l'intérêt de l'État; 2. *Inutile :* sans emploi; 3. *La république :* l'État.

─────── **QUESTIONS** ───────

3. FRAGMENTS 4, 5. Expliquez la nature des deux obstacles qui s'opposent, selon chacun de ces deux fragments, au mérite « personnel »;
ne sont-ils pas les deux aspects d'un même égoisme? — Pouvez-vous citer
un des corps auxquels songe La Bruyère (ligne 21)? — Dans le fragment 5, relevez la formule qui renferme l'idée d' « amour-propre », au
sens où le prennent Pascal, La Rochefoucauld et tous les moralistes du
XVIIe siècle.

4. FRAGMENT 6. Comparez cette formule à la maxime 153 de La Rochefoucauld : « La nature fait le mérite; et la fortune le met en œuvre. »
Cette rencontre des deux moralistes est-elle dictée par la même intention?

5. FRAGMENT 9. Expliquez la valeur que prend l'expression *se faire
un grand nom* dans la société française de l'Ancien Régime.

6. FRAGMENT 10. La Bruyère soigne particulièrement ses débuts,
dont voici un exemple parfaitement réussi. Définissez pour le moins
deux des procédés qui concourent à cette réussite.

blique elle-même eût besoin de leur industrie[1] et de leurs lumières,
qu'ils fussent comme une pièce nécessaire à tout son édifice,
et qu'elle se trouvât portée par ses propres avantages à faire
55 leur fortune ou à l'embellir. **(7)**

(Éd. 5). Nous devons travailler à nous rendre très dignes de
quelque emploi : le reste ne nous regarde point, c'est l'affaire
des autres. **(8) (9)**

11 *(Éd. 7)*. Se faire valoir par des choses qui ne dépendent
60 point des autres, mais de soi seul, ou renoncer à se faire valoir :
maxime inestimable et d'une ressource infinie dans la pratique, utile aux faibles, aux vertueux, à ceux qui ont de l'esprit,
qu'elle rend maîtres de leur fortune ou de leur repos : perni-
cieuse pour les grands*, qui diminuerait leur cour*, ou plutôt
65 le nombre de leurs esclaves, qui ferait tomber leur morgue
avec une partie de leur autorité, et les réduirait presque à leurs
entremets et à leurs équipages; qui les priverait du plaisir
qu'ils sentent à se faire prier, presser, solliciter, à faire attendre
ou à refuser, à promettre et à ne pas donner; qui les traver-
70 serait[2] dans le goût qu'ils ont quelquefois à mettre les sots
en vue et à anéantir le mérite quand il leur arrive de le discerner; qui bannirait des cours* les brigues, les cabales[3], les mauvais
offices, la bassesse, la flatterie, la fourberie; qui ferait d'une
cour* orageuse, pleine de mouvements[4] et d'intrigues, comme

---

1. *Industrie* : activité, habileté; 2. *Traverser* : contrarier; 3. *Cabale* : voir page 51, note 5; 4. *Mouvement* : agitation.

──────── **QUESTIONS** ────────

7. Les lignes 44-55 sont caractéristiques du style périodique; précisez
la structure de cette période. Quelle allure donne-t-elle à ce fragment,
par comparaison avec le début du texte? — Quelle leçon le moraliste
donne-t-il à ses contemporains sur les devoirs à l'égard de l'État? —
Est-il aisé de reconnaître la classe sociale qui est visée ici? Est-ce par prudence que La Bruyère ne précise pas davantage qui sont ces *hommes*
(ligne 44)?

8. On a parlé du stoïcisme de La Bruyère. Comment peut-on dire qu'il
apparaît dans les lignes 56-58?

9. Sur l'ensemble du fragment 10. — La structure de ce fragment :
par quelles étapes le moraliste cherche-t-il à fonder sur des bases morales
une institution qui pouvait sembler garantie par la tradition d'une certaine société? — A quels préjugés de la noblesse s'attaque-t-il en recom-
mandant de faire l'apprentissage des fonctions qu'on exerce? — Pourquoi La Bruyère donne-t-il cependant une portée générale à sa leçon
morale? Relevez les tournures qui donnent à ce fragment cette valeur
universelle.

Homme de qualité au théâtre de l'Opéra.

Gravure de Jean-Dieu de Saint-Jean (XVIIe siècle). Bibliothèque des Arts décoratifs.

Monseigneur le Duc d'Anguyen

ille de Rocroy

Thionuile

ROY DE

« On l'a regardé comme un homme incapable de céder à l'ennemi. »
(Page 62.)

Le Grand Condé annonce au jeune Louis XIV la victoire de Rocroi. B. N. Cabinet des Estampes.

75 une pièce comique ou même tragique, dont les sages ne seraient
que les spectateurs; qui remettrait de la dignité dans les différentes conditions des hommes, de la sérénité sur leurs visages;
qui étendrait leur liberté; qui réveillerait en eux, avec les talents
naturels, l'habitude du travail et de l'exercice[1]; qui les exci-
80 terait à l'émulation, au désir de la gloire, à l'amour de la vertu;
qui, au lieu de courtisans vils, inquiets[2], inutiles, souvent
onéreux[3] à la république, en ferait ou de sages économes[4],
ou d'excellents pères de famille, ou des juges intègres, ou de
bons officiers[5]*, ou de grands capitaines, ou des orateurs, ou
85 des philosophes[6]; et qui ne leur attirerait à tous nul autre
inconvénient, que celui peut-être de laisser à leurs héritiers
moins de trésors que de bons exemples. **(10)**

12 *(Éd. 1).* Il faut en France beaucoup de fermeté et une
grande étendue d'esprit pour se passer des charges* et des emplois,
90 et consentir ainsi à demeurer chez soi, et à ne rien faire. Personne presque n'a assez de mérite pour jouer ce rôle avec
dignité, ni assez de fonds[7] pour remplir le vide du temps, sans
ce que le vulgaire appelle des affaires. Il ne manque cependant
à l'oisiveté du sage qu'un meilleur nom, et que méditer, parler,
95 lire, et être tranquille s'appelât travailler. **(11)**

---

1. *Exercice :* occupation habituelle; 2. *Inquiet :* agité, intrigant; 3. *Onéreux :* qui est à charge, nuisible; 4. *Économe :* administrateur; 5. *Officier :* fonctionnaire pourvu d'un office, d'une charge civile ou militaire; 6. *Philosophe :* celui qui s'inté- resse aux activités intellectuelles (science, morale, logique, métaphysique); 7. *Fonds :* ressources.

QUESTIONS

---

10. FRAGMENT 11. Les lignes 59-60 constituent-elles une définition du *mérite personnel* selon La Bruyère? Pourquoi le moraliste juxtapose-t-il les *faibles* et les *vertueux* (ligne 62)? — La diatribe contre les grands : quel effet de style est employé à partir de la ligne 63? Comment ce mouve- ment traduit-il les sentiments du moraliste? Étudiez en détail les pro- cédés mis en œuvre et la variété dans l'accumulation et la gradation. — Vous relèverez les détails qui donnent au texte l'accent d'une rêverie, qui dégage peu à peu la société idéale de l'image déprimante de la réalité. — A quelle conception morale et sociale répond l'exigence de *la dignité dans les différentes conditions des hommes* (lignes 76-77)? Trouvez d'autres fragments des *Caractères* où la même idée s'exprime avec plus d'insis- tance. — Faut-il considérer que les critiques de La Bruyère sont plus hardies que celles des autres moralistes (au sens large du terme) du XVIIᵉ siècle, de Pascal à Bossuet en passant par La Fontaine?

11. FRAGMENTS 10, 11, 12. Ils roulent tous les trois sur l'ambition, mais le thème est abordé chaque fois de façon différente. — Précisez les trois phases successives de la pensée en replaçant les trois textes dans leur ordre de parution, indiqué par les numéros d'éditions.

13 *(Éd. 1)*. Un homme de mérite, et qui est en place, n'est jamais incommode[1] par sa vanité; il s'étourdit moins du poste qu'il occupe qu'il n'est humilié par un plus grand qu'il ne remplit pas et dont il se croit digne : plus capable d'inquiétude[2] que de fierté ou de mépris pour les autres, il ne pèse qu'à soi-même.

14 *(Éd. 4)*. Il coûte à un homme de mérite de faire assidûment sa cour, mais par une raison bien opposée à celle que l'on pourrait croire : il n'est point tel[3] sans une grande modestie, qui l'éloigne de penser qu'il fasse le moindre plaisir aux princes s'il se trouve sur leur passage, se poste devant leurs yeux, et leur montre son visage : il est plus proche de se persuader qu'il les importune, et il a besoin de toutes les raisons tirées de l'usage et de son devoir pour se résoudre à se montrer. Celui au contraire qui a bonne opinion de soi, et que le vulgaire appelle un glorieux, a du goût à se faire voir, et il fait sa cour avec d'autant plus de confiance qu'il est incapable de s'imaginer que les grands* dont il est vu pensent autrement de sa personne qu'il fait lui-même. **(12)**

16 *(Éd. 1)*. Si j'osais faire une comparaison entre deux conditions tout à fait inégales, je dirais qu'un homme de cœur[4] pense à remplir ses devoirs à peu près comme le couvreur songe à couvrir : ni l'un ni l'autre ne cherchent à exposer leur vie, ni ne sont détournés par le péril; la mort pour eux est un inconvénient dans le métier, et jamais un obstacle. Le premier aussi n'est guère plus vain d'avoir paru à la tranchée, emporté un ouvrage ou forcé un retranchement, que celui-ci d'avoir monté sur de hauts combles ou sur la pointe d'un clocher. Ils ne sont tous deux appliqués qu'à bien faire, pendant que le fanfaron travaille à ce que l'on dise de lui qu'il a bien fait. **(13)**

---

1. *Incommode :* gênant; 2. *Inquiétude :* insatisfaction. Il y a une légère nuance de sens par rapport à celui de l'adjectif *inquiets* dans le fragment 11 (ligne 81); 3. Il n'est point homme de mérite; 4. *Un homme de cœur :* un brave (*cœur* est synonyme de « courage »).

--------- **QUESTIONS** ---------

12. FRAGMENTS 13, 14. Définissez la *modestie* de l'homme de mérite d'après ces deux passages; ne s'accompagne-t-elle pas d'un certain orgueil, sous prétexte d'échapper à la vanité? — Pensez-vous que La Bruyère songe ici à lui-même?

13. FRAGMENT 16. En quoi l'*homme de cœur* s'identifie-t-il à l'homme de mérite? — Est-ce la première fois que La Bruyère fait appel à une comparaison avec le travail de l'artisan? Cherchez dans le chapitre premier des comparaisons du même ordre. Qu'en conclure sur l'esprit de La Bruyère?

17 (*Éd. 8*). La modestie est au mérite ce que les ombres sont aux figures dans un tableau : elle lui donne de la force et du relief.

(*Éd. 8*). Un extérieur simple est l'habit des hommes vul-
130 gaires[1], il est taillé pour eux et sur leur mesure; mais c'est une parure pour ceux qui ont rempli leur vie de grandes actions : je les compare à une beauté négligée[2], mais plus piquante.

(*Éd. 8*). Certains hommes, contents d'eux-mêmes, de quelque action ou de quelque ouvrage qui ne leur a pas mal réussi,
135 et ayant ouï dire que la modestie sied bien aux grands hommes, osent être modestes, contrefont les simples et les naturels : semblables à ces gens d'une taille médiocre qui se baissent aux portes, de peur de se heurter. **(14)**

19 (*Éd. 4*). Il ne faut regarder dans ses amis que la seule
140 vertu qui nous attache à eux, sans aucun examen de leur bonne ou de leur mauvaise fortune; et quand on se sent capable de les suivre dans leur disgrâce, il faut les cultiver hardiment et avec confiance jusque dans leur plus grande prospérité. **(15)**

20 (*Éd. 4*). S'il est ordinaire d'être vivement touché des
145 choses rares, pourquoi le sommes-nous si peu de la vertu?

21 (*Éd. 4*). S'il est heureux d'avoir de la naissance, il ne l'est pas moins d'être tel qu'on ne s'informe plus si vous en avez. **(16)**

23 (*Éd. 4*). Le bon esprit nous découvre notre devoir, notre

---

1. *Vulgaire :* ordinaire; 2. Une femme en tenue d'intérieur, sans parure.

───────── **QUESTIONS** ─────────

14. FRAGMENT 17. Recherchez dans les autres fragments de ce cha-pitre les passages où *mérite* et *modestie* sont associés. Comment se précise ici la relation de ces deux termes? — En quel sens faut-il prendre les mots *extérieur* et *habit* (ligne 129)? — La modestie est-elle une garantie certaine du mérite? A quoi, en définitive, se reconnaît celui-ci? — Appré-ciez la valeur de l'image qui termine ce fragment.

15. FRAGMENT 19. La Rochefoucauld avait dit (*Maximes*, 235) : « Nous nous consolons aisément des disgrâces [*malheurs*] de nos amis lorsqu'elles servent à signaler notre tendresse pour eux. » Comment La Bruyère complète-t-il cette idée?

16. FRAGMENTS 20, 21. A quel style appartiennent ces deux pensées? N'y a-t-il entre elles qu'un certain parallélisme de forme? Quelle défi-nition commune du mérite supposent-elles?

150 engagement[1] à le faire, et s'il y a du péril, avec péril : il inspire le courage, ou il y supplée. **(17)**

24 *(Éd. 1)*. Quand on excelle dans son art, et qu'on lui donne toute la perfection dont il est capable, l'on en sort en quelque manière, et l'on s'égale à ce qu'il y a de plus noble et de plus
155 relevé[2]. V** est un peintre, C** un musicien, et l'auteur de *Pyrame* est un poète[3]; mais MIGNARD est MIGNARD, LULLI est LULLI[4], et CORNEILLE est CORNEILLE. **(18)**

25 *(Éd. 1)*. Un homme libre, et qui n'a point de femme, s'il a quelque esprit, peut s'élever au-dessus de sa fortune, se mêler
160 dans le monde, et aller de pair avec les plus honnêtes gens. Cela est moins facile à celui qui est engagé[5] : il semble que le mariage met tout le monde dans son ordre[6]. **(19)**

26 *(Éd. 4)*. Après le mérite personnel, il faut l'avouer, ce sont les éminentes dignités et les grands titres dont les hommes
165 tirent plus[7] de distinction et plus d'éclat; et qui ne sait être un ÉRASME doit penser à être évêque. Quelques-uns, pour étendre leur renommée, entassent sur leurs personnes des pairies*, des colliers d'ordre*, des primaties*, la pourpre[8], et

---

1. L'obligation où nous sommes de le faire; 2. *Relevé :* sublime; 3. Les contemporains ont cru reconnaître en V** le peintre Claude François Vignon (1633-1703), qui travailla à la décoration de Versailles; en C** le musicien Pascal Collasse, disciple de Lully, et successeur de celui-ci comme maître de la musique du roi. Quant à l'*auteur de Pyrame*, c'est sans doute Pradon (1632-1698), qui fit jouer *Pyrame et Thisbé* en 1674; 4. *Pierre Mignard* (1612-1695) fut, avec Le Brun, un des peintres officiels du règne de Louis XIV, tandis que *Lully* (1632-1687) en fut le musicien officiel et le plus apprécié; 5. *Engagé :* lié par le mariage; 6. L'adjectif possessif renvoie à *tout le monde*, et non au sujet *mariage ;* 7. Le plus de; 8. Couleur symbolique de la dignité de cardinal.

--- **QUESTIONS** ---

17. FRAGMENT 23. En quel sens faut-il entendre *bon esprit?* Pourquoi La Bruyère considère-t-il que les qualités de courage et de volonté ne sont pas les seules sources de l'action morale?

18. FRAGMENT 24. A qui La Bruyère pense-t-il en disant *ce qu'il y a de plus noble et de plus relevé?* Sur quelle hiérarchie calque-t-il le monde des artistes? Citez d'autres passages des *Caractères* et d'autres œuvres de l'époque classique où est ainsi affirmée la dignité de l'artiste. — Comment s'ébauche ici la définition de l'homme de génie?

19. FRAGMENT 25. Faut-il ne voir dans cette maxime que la boutade d'un célibataire? En quoi le mariage lie-t-il davantage un homme à sa *fortune?* — Comment ce problème concerne-t-il le mérite personnel?

L'esthétique — le contexte définit le texte.

l'esthétique dépend moins du spectateur que sur la personne qui la consomme

ils auraient besoin d'une tiare; mais quel besoin a *Trophime*
170 d'être cardinal? **(20)**

27 *(Éd. 5).* L'or éclate, dites-vous, sur les habits de *Philémon.* — Il éclate de même chez les marchands. — Il est habillé
des plus belles étoffes. — Le sont-elles moins toutes déployées
dans les boutiques et à la pièce? — Mais la broderie et les
175 ornements y ajoutent encore la magnificence. — Je loue donc
le travail de l'ouvrier. — Si on lui demande quelle heure il
est, il tire une montre qui est un chef-d'œuvre; la garde de
son épée est un onyx; il a au doigt un gros diamant qu'il fait
briller aux yeux, et qui est parfait; il ne lui manque aucune de
180 ces curieuses bagatelles que l'on porte sur soi autant pour la
vanité que pour l'usage, et il ne se plaint[1] non plus[2] toute sorte
de parure qu'un jeune homme qui a épousé une riche vieille. —
Vous m'inspirez enfin de la curiosité; il faut voir du moins
des choses si précieuses : envoyez-moi cet habit et ces bijoux
185 de Philémon; je vous quitte[3] de la personne. **(21)**

(Éd. 1). Tu te trompes, Philémon, si avec ce carrosse brillant, ce grand nombre de coquins qui te suivent, et ces six
bêtes qui te traînent, tu penses que l'on t'en estime davantage : l'on écarte tout cet attirail qui t'est étranger, pour péné-
190 trer jusques à toi, qui n'es qu'un fat[4]. **(22)**

(Éd. 1). Ce n'est pas qu'il faut[5] quelquefois pardonner à
celui qui, avec un grand cortège, un habit riche et un magnifique équipage, s'en croit plus de naissance et plus d'esprit : il

---

1. Il ne se refuse; **2.** Pas davantage; **3.** *Quitter :* ici, tenir quitte de; **4.** *Fat :* voir
page 51, note 7; **5.** Tour elliptique; *ce n'est pas que* n'introduit pas *il faut*, qui est
ici verbe principal. La locution a pris une valeur adverbiale et équivaut à *cependant.*

━━━ QUESTIONS ━━━

20. Fragment 26. Mettez en relief l'intention élogieuse de ce fragment
qui a fait reconnaître en Trophime Bossuet, le protecteur et l'ami de La
Bruyère.

21. Fragment 27. Étudiez la technique du portrait dialogué : montrez
qu'il est tout entier organisé en vue du trait final. Peut-on dire, d'ailleurs,
que Philémon lui-même ait beaucoup de place dans ce portrait?

22. Les lignes 186-190 faisaient d'abord partie du chapitre « Des biens
de la fortune ». La Bruyère les a déplacées quand il a introduit ici le portrait de Philémon. Vous montrerez qu'elles en font une suite parfaite
par l'identité de l'idée (relevez les mots qui l'établissent). Vous montrerez aussi que, d'un passage à l'autre, le choix des détails diffère, de
sorte qu'ils offrent deux évocations différentes du même personnage.

lit cela dans la contenance et dans les yeux de ceux qui lui
195 parlent. (23)

28 *(Éd. 1).* Un homme à la cour* et souvent à la ville* qui a
un long manteau de soie ou de drap de Hollande, une ceinture
large et placée haut sur l'estomac, le soulier de maroquin, la
calotte de même, d'un beau grain, un collet[1] bien fait et bien
200 empesé, les cheveux arrangés et le teint vermeil, qui avec cela
se souvient de quelques distinctions métaphysiques, explique
ce que c'est que la lumière de gloire[2], et sait précisément comment l'on voit Dieu, cela s'appelle un docteur*. Une personne
humble, qui est ensevelie dans le cabinet, qui a médité, cher-
205 ché, consulté, confronté, lu ou écrit pendant toute sa vie, est
un homme docte. (24)

29 *(Éd. 1).* Chez nous le soldat est brave, et l'homme de robe
est savant; nous n'allons pas plus loin. Chez les Romains
l'homme de robe était brave, et le soldat était savant : un
210 Romain était tout ensemble et le soldat et l'homme de robe.

30 *(Éd. 1).* Il semble que le héros est d'un seul métier, qui
est celui de la guerre, et que le grand homme est de tous les
métiers, ou de la robe, ou de l'épée, ou du cabinet, ou de la
cour : l'un et l'autre mis ensemble ne pèsent pas un homme
215 de bien.

31 *(Éd. 1).* Dans la guerre, la distinction entre le héros et le
grand homme est délicate : toutes les vertus militaires font
l'un et l'autre. Il semble néanmoins que le premier soit jeune,
entreprenant, d'une haute valeur, ferme dans les périls, intré-
220 pide; que l'autre excelle par un grand sens, par une vaste

---

1. La *calotte* et le petit *collet* entrent dans la mise des ecclésiastiques; 2. Les théologiens nommaient ainsi un secours que Dieu donne aux âmes des bienheureux, afin
qu'elles puissent le contempler face à face.

———— **QUESTIONS** ————

23. Les lignes 191-195 sont-elles en contradiction avec ce qui précède?
D'où vient le malentendu entre Philémon et ceux qui le regardent?

24. FRAGMENT 28. Étudiez la dissymétrie de composition dans ce fragment. Quel genre de contraste veut créer ici le moraliste? — Expliquez
docte (ligne 206) et précisez la nuance que prend ici le mot face au terme
de *docteur*. — Cherchez dans ce chapitre d'autres passages où La Bruyère
affirme la dignité de l'homme d'étude et de l'artiste et son mérite personnel dans une société où le mérite a trop souvent des sources fre-
latées.

prévoyance, par une haute capacité, et par une longue expérience. Peut-être qu'ALEXANDRE n'était qu'un héros, et que CÉSAR était un grand homme. **(25)**

32 *(Éd. 7). Émile*[1] était né ce que les plus grands hommes
225 ne deviennent qu'à force de règles, de méditation et d'exercice. Il n'a eu dans ses premières années qu'à remplir[2] des talents qui étaient naturels, et qu'à se livrer à son génie. Il a fait, il a agi, avant que de savoir, ou plutôt il a su ce qu'il n'avait jamais appris. Dirai-je que les jeux de son enfance ont été plusieurs
230 victoires? Une vie accompagnée d'un extrême bonheur[3] joint à une longue expérience serait illustre par les seules actions qu'il avait achevées dès sa jeunesse[4]. Toutes les occasions de vaincre qui se sont depuis offertes, il les a embrassées; et celles qui n'étaient pas, sa vertu et son étoile les ont fait naître :
235 admirable même et par les choses qu'il a faites, et par celles qu'il aurait pu faire. On l'a regardé comme un homme incapable de céder à l'ennemi, de plier sous le nombre ou sous les obstacles; comme une âme du premier ordre, pleine de ressources et de lumières, et qui voyait encore où personne ne
240 voyait plus; comme celui qui, à la tête des légions, était pour elles un présage de la victoire, et qui valait seul plusieurs légions; qui était grand dans la prospérité, plus grand quand la fortune lui a été contraire (la levée d'un siège[5], une retraite, l'ont plus ennobli que ses triomphes; l'on ne met qu'après les batailles
245 gagnées et les villes prises); qui était rempli de gloire et de modestie; on lui a entendu dire : *Je fuyais*, avec la même grâce qu'il disait : *Nous les battîmes;* un homme dévoué à l'État, à sa famille, au chef de sa famille[6]; sincère pour Dieu et pour les hommes, autant admirateur du mérite que s'il lui eût été moins

---

1. Le Grand Condé (1621-1686) a toujours été considéré comme la « clé » de ce portrait; **2.** *Remplir :* mettre en œuvre; **3.** *Extrême bonheur :* chance heureuse; **4.** Condé a vingt-deux ans lorsqu'il commande en chef l'armée du Nord et bat les Espagnols à Rocroi (1643). L'année suivante, il remporte avec Turenne un succès à Fribourg et triomphe en 1645 à Nördlingen; **5.** Allusion à certains échecs de Condé, comme le siège de Lérida, en Catalogne (1647); **6.** Périphrase désignant Louis XIV.

QUESTIONS

---

25. FRAGMENTS 29, 30, 31. Précisez, d'après les définitions données ici, la hiérarchie établie par La Bruyère entre l'héroïsme militaire, les qualités du grand homme et les formes supérieures de la vertu. — Le moraliste apprécie-t-il la valeur qui n'est fondée que sur le courage physique et la volonté? — Trouvez d'autres passages des *Caractères* qui confirment l'échelle des valeurs morales qui est fixée ici.

250 propre et moins familier; un homme vrai, simple, magnanime,
à qui il n'a manqué que les moindres vertus. **(26)**

33 *(Éd. 1).* Les enfants des Dieux[1], pour ainsi dire, se tirent
des règles[2] de la nature, et en sont comme l'exception. Ils
n'attendent presque rien du temps et des années. Le mérite
255 chez eux devance l'âge. Ils naissent instruits, et ils sont plus
tôt des hommes parfaits que le commun des hommes ne sort
de l'enfance. **(27)**

37 *(Éd. 1).* Il n'y a rien de si délié[3], de si simple et de si
imperceptible, où il n'entre des manières qui nous décèlent.
260 Un sot ni n'entre, ni ne sort, ni ne s'assied, ni ne se lève, ni
ne se tait, ni n'est sur ses jambes, comme un homme d'esprit. **(28)**

38 *(Éd. 5).* Je connais *Mopse* d'une visite qu'il m'a rendue
sans me connaître; il prie des gens qu'il ne connaît point de
le mener chez d'autres dont il n'est pas connu; il écrit à des
265 femmes qu'il connaît de vue. Il s'insinue dans un cercle de
personnes respectables, et qui ne savent quel il est, et là, sans
attendre qu'on l'interroge, ni sans sentir qu'il interrompt, il
parle, et souvent, et ridiculement. Il entre une autre fois dans

---

1. Note de La Bruyère : *Fils, petit-fils, issus de rois;* **2.** Se soustraient aux règles;
3. *Délié :* fin.

———— QUESTIONS ————

26. FRAGMENT 32. Analysez la composition de ce portrait : comment
se développe et progresse l'éloge d'Émile? — Étudiez le rythme des
phrases et le vocabulaire; montrez à quelle impression d'ensemble ils
concourent. — Après avoir relu tous les fragments de ce chapitre qui
précèdent ce portrait (1 à 31) ainsi que le fragment 33, démontrez qu'Émile
possède toutes les qualités qui, aux yeux de La Bruyère, constituent le
mérite personnel sous la forme exceptionnelle du génie. — Si Émile a pour
modèle le Grand Condé, protecteur de La Bruyère, faut-il en conclure
que le moraliste est sorti par courtisanerie de la réserve et de l'objectivité
dont il se réclame? La dernière proposition (ligne 251) suffit-elle à elle
seule à compenser tout le reste?

27. FRAGMENT 33. Comparez cette pensée à certains passages du fragment 10; y a-t-il contradiction? Face aux nobles, qui prétendaient n'avoir
rien à apprendre, à quelles distinctions le moraliste a-t-il recours? Résout-il
nettement la question?

28. FRAGMENT 37. L'importance de l'idée exprimée ici, si on l'applique
à quelques-uns des portraits qui ont tant contribué à la réputation des
Caractères. Définissez les rapports entre le comportement et le caractère
selon La Bruyère. — Les six actions citées lignes 260-261 sont choisies en
raison d'une particularité qu'elles ont en commun; laquelle? — Comment
ces idées se rattachent-elles à la morale du « mérite personnel »?

une assemblée, se place[1] où il se trouve, sans nulle attention
270 aux autres, ni à soi-même; on l'ôte d'une place destinée à
un ministre, il s'assied à celle du duc* et pair; il est là précisément celui dont la multitude rit, et qui seul est grave et ne rit
point. Chassez un chien du fauteuil du Roi, il grimpe à la
chaire du prédicateur; il regarde le monde indifféremment[2],
275 sans embarras, sans pudeur; il n'a pas, non plus que le sot,
de quoi rougir. (29)

39 *(Éd. 7)*. *Celse* est d'un rang médiocre[3], mais des grands* le
souffrent; il n'est pas savant, il a relation avec des savants;
il a peu de mérite, mais il connaît des gens qui en ont beau-
280 coup; il n'est pas habile, mais il a une langue qui peut servir
de truchement, et des pieds qui peuvent le porter d'un lieu à
un autre. C'est un homme né pour les allées et venues, pour
écouter des propositions et les rapporter, pour en faire d'office[4],
pour aller plus loin que sa commission[5] et en être désavoué,
285 pour réconcilier des gens qui se querellent à leur première
entrevue; pour réussir dans une affaire et en manquer mille,
pour se donner toute la gloire de la réussite, et pour détourner
sur les autres la haine d'un mauvais succès[6]. Il sait les bruits
communs, les historiettes de la ville; il ne fait rien, il dit ou il
290 écoute ce que les autres font, il est nouvelliste*; il sait même le
secret des familles : il entre dans de plus hauts mystères : il
vous dit pourquoi celui-ci est exilé, et pourquoi on rappelle
cet autre; il connaît le fond et les causes de la brouillerie des
deux frères, et de la rupture des deux ministres. N'a-t-il pas
295 prédit aux premiers les tristes suites de leur mésintelligence?

---

1. Il s'assiëd; **2.** *Indifféremment* : avec indifférence; **3.** *Médiocre* : moyen, ordinaire; **4.** *D'office* : de son propre mouvement; **5.** *Commission* : mission; **6.** *Succès* :
résultat (sans aucune nuance particulière, d'où la présence du qualificatif *mauvais*
pour préciser qu'il s'agit d'un échec).

--- **QUESTIONS** ---

29. FRAGMENT 38. La composition de ce portrait : sur quel procédé
est fondée la progression? Quel mot vient couronner ce portrait? Toutes
les clés reconnaissent en Mopse l'abbé de Saint-Pierre, dont le rang à
la Cour était comparable à celui de La Bruyère (il était aumônier de
la duchesse d'Orléans) : vous montrerez que Mopse est, par plusieurs
traits de caractère, l'exact opposé de La Bruyère, tel du moins qu'il apparaît à travers son œuvre. — Vous vous documenterez d'autre part sur
l'abbé de Saint-Pierre, esprit hardiment novateur, qui était un ami de
Fontenelle; l'hostilité, très vive, de La Bruyère à son égard s'éclaire-
t-elle à la lumière de ces renseignements?

N'a-t-il pas dit de ceux-ci que leur union ne serait pas longue?
N'était-il pas présent à de certaines paroles qui furent dites?
N'entra-t-il pas dans une espèce de négociation? Le voulut-on
croire? fut-il écouté? A qui parlez-vous de ces choses? Qui
300 a eu plus de part que Celse à toutes ces intrigues de cour*?
Et si cela n'était ainsi, s'il ne l'avait du moins ou rêvé ou imaginé, songerait-il à vous le faire croire? aurait-il l'air important et mystérieux d'un homme revenu d'une ambassade?

40 (*Éd. 7*). *Ménippe* est l'oiseau paré de divers plumages qui
305 ne sont pas à lui. Il ne parle pas, il ne sent pas; il répète des
sentiments et des discours, se sert même si naturellement de
l'esprit des autres qu'il y est le premier trompé, et qu'il croit
souvent dire son goût ou expliquer sa pensée, lorsqu'il n'est
que l'écho de quelqu'un qu'il vient de quitter. C'est un homme
310 qui est de mise[1] un quart d'heure de suite, qui le moment
d'après baisse, dégénère, perd le peu de lustre qu'un peu de
mémoire lui donnait, et montre la corde. Lui seul ignore combien
il est au-dessous du sublime et de l'héroïque[2]; et, incapable
de savoir jusqu'où l'on peut avoir de l'esprit, il croit naïve-
315 ment que ce qu'il en a est tout ce que les hommes en sauraient
avoir : aussi a-t-il l'air et le maintien de celui qui n'a rien à
désirer sur ce chapitre, et qui ne porte envie à personne. Il
se parle souvent à soi-même, et il ne s'en cache pas, ceux qui
passent le voient, et qu'il semble[3] toujours prendre un parti,
320 ou décider qu'une telle chose est sans réplique. Si vous le saluez
quelquefois, c'est le jeter dans l'embarras de savoir s'il doit
rendre le salut ou non; et pendant qu'il délibère, vous êtes
déjà hors de portée. Sa vanité l'a fait honnête homme, l'a mis
au-dessus de lui-même, l'a fait devenir ce qu'il n'était pas.
325 L'on juge, en le voyant, qu'il n'est occupé que de sa personne;
qu'il sait que tout lui sied bien, et que sa parure est assortie;
qu'il croit que tous les yeux sont ouverts sur lui, et que les
hommes se relaient pour le contempler. **(30)**

---

1. Présentable; 2. *L'héroïque* : le surhumain, c'est-à-dire ici un degré surhumain
en matière d'esprit; 3. Ceux qui passent voient qu'il se parle souvent à lui-même et
qu'il semble...

─────── **QUESTIONS** ───────

30. FRAGMENTS 39, 40. Comparez les portraits de Celse et de Ménippe :
en quoi leur vanité se ressemble-t-elle? En quoi diffère-t-elle? Montrez
que la condition et le rang de chacun des deux personnages expliquent
la façon dont se traduit le sentiment de leur importance.

41 (*Éd. 4*). Celui qui, logé chez soi dans un palais, avec deux
330 appartements pour les deux saisons, vient coucher au Louvre[1]
dans un entresol[2] n'en use pas ainsi par modestie ; cet autre
qui, pour conserver une taille fine, s'abstient du vin et ne fait
qu'un seul repas n'est ni sobre ni tempérant ; et d'un troisième qui, importuné d'un ami pauvre, lui donne enfin quelque
335 secours, l'on dit qu'il achète son repos, et nullement qu'il est
libéral. Le motif seul fait le mérite des actions des hommes,
et le désintéressement y met la perfection. **(31)**

42 (*Éd. 4*). La fausse grandeur est farouche[3] et inaccessible :
comme elle sent son faible[4], elle se cache, ou du moins ne se
340 montre pas de front, et ne se fait voir qu'autant qu'il faut pour
imposer[5] et ne paraître point ce qu'elle est, je veux dire une
vraie petitesse. La véritable grandeur est libre[6], douce, familière, populaire[7] ; elle se laisse toucher et manier, elle ne perd
rien à être vue de près ; plus on la connaît, plus on l'admire.
345 Elle se courbe par bonté vers ses inférieurs, et revient sans effort
dans son naturel ; elle s'abandonne quelquefois, se néglige,
se relâche de ses avantages, toujours en pouvoir de les reprendre
et de les faire valoir ; elle rit, joue et badine, mais avec dignité ;
on l'approche tout ensemble avec liberté et avec retenue. Son
350 caractère est noble et facile, inspire le respect et la confiance,
et fait que les princes* nous paraissent grands et très grands,
sans nous faire sentir que nous sommes petits. **(32)**

---

1. A la date des *Caractères* (1688), c'est plutôt à Versailles, où Louis XIV réside
en permanence, que les grands seigneurs viennent se loger pour rester auprès du
monarque ; 2. *Entresol :* étage, très bas de plafond, entre le rez-de-chaussée et le
premier étage ; les courtisans y étaient effectivement logés à Versailles ; peu luxueux,
ces entresols avaient au moins l'avantage d'être faciles à chauffer ; 3. *Farouche :*
peu aimable ; 4. Son point faible ; 5. *Imposer :* voir page 51, note 2 ; 6. *Libre :* spontané ; 7. *Populaire :* accessible à tous.

——— QUESTIONS ———

31. FRAGMENT 41. Quelle idée traditionnelle de la morale chrétienne
La Bruyère traduit-il ici par des exemples ? — Appréciez les trois exemples
choisis par le moraliste pour sa démonstration : est-il toujours aussi
facile de découvrir le motif qui détermine les actions méritoires ? Qu'en
conclure sur la solidité de la démonstration ?

32. FRAGMENT 42. Les deux termes de cette définition : comment
s'explique leur dissymétrie ? — De quelle *grandeur* s'agit-il ici ? Montrez
que La Bruyère pense à une classe sociale bien déterminée. — Comment interpréter ce texte ? Faut-il penser que le moraliste oppose la morgue
du parvenu à la vraie noblesse du prince ? ou bien oppose-t-il un idéal
irréalisable de grandeur à la *vraie petitesse*, qui caractérise les gens puissants, sans distinction de naissance ?

43 *(Éd. 4).* Le sage guérit de l'ambition par l'ambition même; il tend à de si grandes choses, qu'il ne peut se borner à ce qu'on
355 appelle des trésors, des postes, la fortune et la faveur : il ne voit rien dans de si faibles avantages qui soit assez bon et assez solide pour remplir son cœur, et pour mériter ses soins[1] et ses désirs; il a même besoin d'efforts pour ne les pas trop dédaigner. Le seul bien capable de le tenter est cette sorte de
360 gloire qui devrait naître de la vertu toute pure et toute simple; mais les hommes ne l'accordent guère, et il s'en passe.

44 *(Éd. 4).* Celui-là est bon qui fait du bien aux autres; s'il souffre pour le bien qu'il fait, il est très bon; s'il souffre de ceux à qui il a fait ce bien, il a une si grande bonté qu'elle ne
365 peut être augmentée que dans le cas où ses souffrances viendraient à croître; et s'il en meurt, sa vertu ne saurait aller plus loin : elle est héroïque, elle est parfaite. **(33) (34)**

---

1. *Soins ;* préoccupations.

QUESTIONS

33. FRAGMENTS 43, 44. L'importance de ces deux fragments placés par La Bruyère à la fin de ce chapitre. — Comparez l'idéal de sagesse (fragment 43) à la définition du philosophe donnée chapitre premier (« Des ouvrages de l'esprit »), fragment 34. — L'idéal de bonté (fragment 44) s'harmonise-t-il avec l'idéal de sagesse? Quel est, en fin de compte, l'attitude de La Bruyère face à une société qui méconnaît les véritables valeurs du mérite personnel? Est-ce révolte, simple résignation ou un autre sentiment? — Stoïcisme et christianisme dans ces deux fragments.

34. SUR L'ENSEMBLE DU CHAPITRE II. — Parmi les additions introduites dans la quatrième édition et dans les suivantes, quelles sont celles qui vous paraissent avoir particulièrement modifié la physionomie de ce chapitre?

— Dans quelle mesure les observations faites par La Bruyère au sujet du « mérite personnel » sont-elles liées à la structure sociale et aux institutions de son temps? Que reste-t-il d'actuel dans ses considérations? Pourquoi?

— Rassemblez les textes du chapitre qui seraient particulièrement à retenir pour tracer un portrait de La Bruyère. Son attitude à l'égard de la société qu'il côtoie : la part de l'amertume, celle de la résignation et de la soumission.

— L'idéal de La Bruyère : sur quelles valeurs se fondent ses définitions du mérite et de l'estime qu'on doit au mérite?

CHAPITRE III

DES FEMMES

1 *(Éd. 1).* Les hommes et les femmes conviennent[1] rarement sur le mérite d'une femme : leurs intérêts sont trop différents. Les femmes ne se plaisent point les unes les autres par les mêmes agréments qu'elles plaisent aux hommes : mille manières
5 qui allument dans ceux-ci les grandes passions, forment entre elles l'aversion et l'antipathie. **(1)**

2 *(Éd. 1).* Il y a dans quelques femmes une grandeur artificielle, attachée au mouvement des yeux, à un air de tête, aux façons de marcher, et qui ne va pas plus loin; un esprit éblouis-
10 sant qui impose[2], et que l'on n'estime que parce qu'il n'est pas approfondi. Il y a dans quelques autres une grandeur simple, naturelle, indépendante du geste et de la démarche, qui a sa source dans le cœur, et qui est comme une suite de leur haute naissance; un mérite paisible, mais solide, accompagné de
15 mille vertus qu'elles ne peuvent couvrir de toute leur modestie, qui échappent[3], et qui se montrent à ceux qui ont des yeux. **(2)**

4 *(Éd. 4).* Quelques jeunes personnes ne connaissent point assez les avantages d'une heureuse nature, et combien il leur

---

1. *Convenir :* être d'accord; 2. *Imposer :* voir page 51, note 2; 3. Qui leur échappent, c'est-à-dire qui se montrent malgré elles.

--- **QUESTIONS** ---

1. Fragment 1. Dans quelle mesure ce fragment fait-il transition avec le chapitre précédent? Comment se trouve justifiée l'intention du moraliste, qui consacre un chapitre particulier aux femmes, comme si elles constituaient un aspect particulier de la nature humaine?

2. Fragment 2. Cette distinction entre deux grandeurs en rappelle une autre, assez semblable, dans le chapitre précédent : situez-la. Comment vous expliquez-vous l'insistance de La Bruyère sur ce thème? — Expliquez l'expression *un mérite paisible, mais solide* (ligne 14). Tâchez de lui donner un contenu concret.

serait utile de s'y abandonner; elles affaiblissent ces dons du
20 ciel, si rares et si fragiles, par des manières affectées et par une
mauvaise imitation : leur son de voix et leur démarche sont
empruntés; elles se composent[1], elles se recherchent, regardent
dans un miroir si elles s'éloignent assez de leur naturel. Ce
n'est pas sans peine qu'elles plaisent moins.

25 **5** *(Éd. 7)*. Chez les femmes, se parer et se farder n'est pas, je
l'avoue, parler contre sa pensée; c'est plus aussi que le traves-
tissement et la mascarade, où l'on ne se donne point pour ce
que l'on paraît être, mais où l'on pense seulement à se cacher
et à se faire ignorer : c'est chercher à imposer[2] aux yeux, et
30 vouloir paraître selon l'extérieur contre la vérité; c'est une
espèce de menterie.
(Éd. 7). Il faut juger des femmes depuis la chaussure jusqu'à
la coiffure exclusivement, à peu près comme on mesure le
poisson entre queue et tête.

35 **6** *(Éd. 5)*. Si les femmes veulent seulement être belles à leurs
propres yeux et se plaire à elles-mêmes, elles peuvent sans
doute, dans la manière de s'embellir, dans le choix des ajustements[3] et de la parure, suivre leur goût et leur caprice; mais
si c'est aux hommes qu'elles désirent de plaire, si c'est pour
40 eux qu'elles se fardent ou qu'elles s'enluminent[4], j'ai recueilli
les voix, et je leur prononce[5], de la part de tous les hommes
ou de la plus grande partie, que le blanc et le rouge les rend
affreuses et dégoûtantes; que le rouge seul les vieillit et les
déguise; qu'ils haïssent autant à les voir avec de la céruse[6]
45 sur le visage, qu'avec de fausses dents en la bouche, et des
boules de cire dans les mâchoires[7]; qu'ils protestent sérieusement contre tout l'artifice dont elles usent pour se rendre laides;
et que, bien loin d'en répondre devant Dieu, il semble au
contraire qu'il leur ait réservé ce dernier et infaillible moyen
50 de guérir des femmes[8].

---

1. *Se composer* : arranger son expression, son maintien; **2.** *Imposer* : voir page 51,
note 2; **3.** *Ajustements* : habillement; **4.** *S'enluminer* : se colorier; ce verbe, utilisé
à propos des images, des cartes, se disait aussi couramment des femmes qui se far-
daient; **5.** *Prononcer* : déclarer publiquement; **6.** *Céruse* : poudre blanche utilisée
comme fond de teint; **7.** Les femmes essayaient de masquer le creux de leurs joues
(provoqué par la chute des dents) en se mettant des boules de cire dans la bouche;
8. Bien loin d'être responsables de la coquetterie des femmes (parce qu'ils encoura-
geraient chez elles un péché par lequel elles leur plairaient), les hommes sont amenés
par le maquillage des femmes à *guérir des femmes* (c'est-à-dire à ne plus les aimer).

(Éd. 4). Si les femmes étaient telles naturellement qu'elles le deviennent par un artifice, qu'elles perdissent en un moment toute la fraîcheur de leur teint, qu'elles eussent le visage aussi allumé et aussi plombé qu'elles se le font par le rouge et par
55 la peinture dont elles se fardent, elles seraient inconsolables. **(3)**

8 *(Éd. 7). Lise* entend dire d'une autre coquette qu'elle se moque de se piquer[1] de jeunesse, et de vouloir user d'ajustements[2] qui ne conviennent plus à une femme de quarante ans. Lise les a accomplis[3]; mais les années pour elle ont moins de
60 douze mois, et ne la vieillissent point : elle le croit ainsi, et pendant qu'elle se regarde au miroir, qu'elle met du rouge sur son visage et qu'elle place des mouches[4], elle convient qu'il n'est pas permis à un certain âge de faire la jeune, et que *Clarice* en effet, avec ses mouches et son rouge, est ridi-
65 cule. **(4)**

10 *(Éd. 1).* Un beau visage est le plus beau de tous les spectacles; et l'harmonie la plus douce est le son de voix de celle que l'on aime. **(5)**

13 *(Éd. 1).* Une belle femme qui a les qualités d'un honnête
70 homme est ce qu'il y a au monde d'un commerce plus

---

1. *De se piquer* n'est pas complément indirect de *se moque*, employé ici absolument. Comprendre : « elle n'est pas sérieuse quand elle se pique de jeunesse » (se vante d'être jeune); **2.** *Ajustements* : voir page 69, note 2; **3.** A quarante ans accomplis; **4.** *Mouche* : petite pastille de tissu noir collée sur le visage, par coquetterie; la mode en était venue d'Italie, au XVIe siècle.

─────── **QUESTIONS** ───────

3. FRAGMENTS 4, 5, 6. Dégagez le thème commun à ces trois fragments. Comment le reproche fait aux artifices de la toilette et de l'attitude se rattache-t-il aux principes fondamentaux de la morale chère à La Bruyère? — Les différents arguments employés par La Bruyère pour convaincre les femmes de leurs erreurs sont-ils d'ordre purement moral? — Toutes ces remarques gardent-elles leur actualité? Y a-t-il encore des moralistes pour reprocher aux femmes les artifices de leur toilette? Peuvent-ils user des mêmes raisonnements que La Bruyère?

4. FRAGMENT 8. Quel thème traditionnel est mis ici en œuvre? Comparez ce fragment à la lettre 52 des *Lettres persanes*. Quelle différence de procédé entre La Bruyère et Montesquieu?

5. FRAGMENT 10. En quoi ces lignes peuvent-elles définir la sensibilité de La Bruyère? Précisez l'intention exacte du moraliste après avoir relu les fragments 4, 5 et 6 du même chapitre.

délicieux[1] : l'on trouve en elle tout le mérite des deux sexes. **(6)**

20 *(Éd. 4).* Il semble que la galanterie dans une femme ajoute à la coquetterie[2]. Un homme coquet au contraire est quelque chose de pire qu'un homme galant. L'homme coquet et la
75 femme galante vont assez de pair.

22 *(Éd. 5).* Une femme galante veut qu'on l'aime; il suffit à une coquette d'être trouvée aimable et de passer pour belle. Celle-là cherche à engager[3]; celle-ci se contente de plaire. La première passe successivement d'un engagement à un autre;
80 la seconde a plusieurs amusements tout à la fois. Ce qui domine dans l'une, c'est la passion et le plaisir; et dans l'autre, c'est la vanité et la légèreté. La galanterie est un faible du cœur, ou peut-être un vice de la complexion[4]; la coquetterie est un dérèglement de l'esprit. La femme galante se fait craindre et
85 la coquette se fait haïr. L'on peut tirer de ces deux caractères de quoi en faire un troisième, le pire de tous. **(7)**

27 *(Éd. 1).* A juger de cette femme par sa beauté, sa jeunesse, sa fierté et ses dédains, il n'y a personne qui doute que ce ne soit un héros qui doive un jour la charmer. Son choix est fait :
90 c'est un petit monstre qui manque d'esprit. **(8)**

29 *(Éd. 4).* Le rebut de la cour[5]* est reçu à la ville* dans une ruelle[6], où il défait[7] le magistrat, même en cravate et en habit

---

1. Est de la fréquentation la plus délicieuse qu'il y ait au monde; **2.** Aggrave la coquetterie; **3.** *Engager* dans une liaison amoureuse; **4.** *Complexion* : tempérament; **5.** Les gens de cour qui s'y sont discrédités; **6.** *Ruelle* : partie de la chambre à coucher où certaines femmes du monde recevaient leurs invités; **7.** *Défaire* : éclipser.

——— **QUESTIONS** ———

6. FRAGMENT 13. Quelles qualités La Bruyère rêve-t-il de voir réunies en une même personne? Croit-il lui-même que cet idéal puisse se réaliser? — Doit-on dire qu'une telle maxime a une véritable portée morale? ou n'est-ce qu'un jeu de l'esprit? Le fragment 55 (page 77) éclaire-t-il l'idée exprimée ici?

7. FRAGMENTS 20, 22. Le *Dictionnaire de l'Académie*, dans son édition de 1694, disait seulement, à l'article *galant* : « On dit d'une femme coquette qu'elle est galante. » L'effort fait par La Bruyère pour distinguer le sens des deux mots serait-il artificiel? — Dans quelle catégorie rangeriez-vous la Célimène de Molière *(le Misanthrope)*?

8. FRAGMENT 27. Ces quatre lignes offrent un aspect particulièrement brillant de l'art de La Bruyère; faites-en l'étude stylistique détaillée. Par quel moyen le moraliste traduit-il l'illusion que peut donner une femme dont le mérite est fondé sur des valeurs mensongères?

gris¹, ainsi que le bourgeois* en baudrier², les écarte et devient
maître de la place : il est écouté, il est aimé; on ne tient guère
95 plus d'un moment contre une écharpe d'or³ et une plume
blanche, contre un homme qui *parle au Roi et voit les ministres.*
Il fait des jaloux et des jalouses : on l'admire, il fait envie :
à quatre lieues de là, il fait pitié.

31 *(Éd. 1).* A un homme vain, indiscret, qui est grand parleur
100 et mauvais plaisant⁴, qui parle de soi avec confiance et des
autres avec mépris, impétueux, altier, entreprenant, sans mœurs
ni probité, de nul jugement et d'une imagination très libre⁵,
il ne lui manque plus, pour être adoré de bien des femmes,
que de beaux traits et la taille belle. **(9)**

105 **36** *(Éd. 7).* Qu'est-ce qu'une femme que l'on dirige? Est-ce
une femme plus complaisante pour son mari, plus douce pour
ses domestiques, plus appliquée à sa famille et à ses affaires,
plus ardente et plus sincère pour ses amis; qui soit moins esclave
de son humeur, moins attachée à ses intérêts; qui aime moins
110 les commodités de la vie; je ne dis pas qui fasse des largesses
à ses enfants qui sont déjà riches, mais qui, opulente elle-même
et accablée du superflu, leur fournisse le nécessaire, et leur rende
au moins la justice qu'elle leur doit; qui soit plus exempte
d'amour de soi-même et d'éloignement pour les autres; qui
115 soit plus libre de tous attachements humains? « Non, dites-
vous, ce n'est rien de toutes ces choses. » J'insiste, et je vous
demande : « Qu'est-ce donc qu'une femme que l'on dirige? »
Je vous entends, c'est une femme qui a un directeur*. **(10)**

---

1. C'est-à-dire dans un costume de fantaisie, contrairement à un édit de 1684,
qui prescrivait aux magistrats le port d'un habit noir; 2. C'est-à-dire « accoutré
comme un homme d'épée »; 3. Les officiers de la Maison du roi portaient seuls des
étoffes d'or; 4. Qui dit des choses plaisantes, mais de mauvais goût; 5. *Libre :* indécent.

——— **QUESTIONS** ———

9. FRAGMENTS 29, 31. En quoi ces deux fragments présentent-ils sous
une autre perspective l'idée déjà exposée au fragment 27? — Les deux
images de l'homme à bonnes fortunes : d'où vient, dans l'un et l'autre
cas, son prestige sur les femmes? Montrez que, dans les deux portraits,
il n'y a nulle place pour le mérite personnel; qu'en conclure sur le jugement des femmes?

10. FRAGMENT 36. Le procédé de composition de ce fragment : cherchez dans d'autres fragments la même dissymétrie. Quel en est l'effet? —
L'idéal de l'« honnête femme » d'après ce morceau : comment l'attaque
contre les directeurs de conscience en devient-elle plus mordante?

37 *(Éd. 1).* Si le confesseur* et le directeur* ne conviennent[1]
point sur une règle de conduite, qui sera le tiers qu'une femme
prendra pour surarbitre?

38 *(Éd. 1).* Le capital[2] pour une femme n'est pas d'avoir un
directeur*, mais de vivre si uniment qu'elle s'en puisse passer.

39 *(Éd. 1).* Si une femme pouvait dire à son confesseur*, avec
ses autres faiblesses, celles qu'elle a pour son directeur*, et le
temps qu'elle perd dans son entretien, peut-être lui serait-il
donné pour pénitence d'y renoncer. **(11)**

42 *(Éd. 6).* J'ai différé à le dire, et j'en ai souffert; mais enfin
il[3] m'échappe, et j'espère même que ma franchise sera utile
à celles qui n'ayant pas assez d'un confesseur* pour leur conduite,
n'usent d'aucun discernement dans le choix de leurs directeurs*. Je ne sors pas d'admiration[4] et d'étonnement à la vue
de certains personnages que je ne nomme point; j'ouvre de
fort grands yeux sur eux; je les contemple : ils parlent, je prête
l'oreille; je m'informe, on me dit des faits[5], je les recueille; et
je ne comprends pas comment des gens en qui je crois voir
toutes choses diamétralement opposées au bon esprit, au sens
droit, à l'expérience des affaires du monde, à la connaissance
de l'homme, à la science de la religion et des mœurs, pré-
sument que Dieu doive renouveler en nos jours la merveille
de l'apostolat[6], et faire un miracle en leurs personnes, en les
rendant capables, tout simples et petits esprits qu'ils sont, du
ministère des âmes, celui de tous le plus délicat et le plus sublime;
et si au contraire ils se croient nés pour un emploi si relevé,
si difficile, et accordé à si peu de personnes, et qu'ils se per-
suadent de ne faire en cela qu'exercer leurs talents naturels
et suivre une vocation ordinaire, je le comprends encore moins.
(Éd. 6). Je vois bien que le goût qu'il y a à devenir le déposi-
taire du secret des familles, à se rendre nécessaire pour les

---

1. *Convenir* : être d'accord; **2.** *Le capital* : l'important; **3.** *Il* : cela; **4.** *Admiration* :
surprise; **5.** Des anecdotes plus ou moins scandaleuses; **6.** Le prodige du ministère
des apôtres, qui ont converti tant de païens.

─────── **QUESTIONS** ───────

11. FRAGMENTS 37, 38, 39. Le rôle du confesseur et celui du directeur
de conscience selon La Bruyère. Pourquoi le moraliste chrétien considère-
t-il l'un comme indispensable et l'autre comme inutile? — Qu'entend La
Bruyère par vivre *uniment* (ligne 123)? Quel aspect de son idéal moral,
maintes fois affirmé, reparaît ici?

150 réconciliations, à procurer des commissions[1] ou à placer des
domestiques*, à trouver toutes les portes ouvertes dans les maisons des grands*, à manger souvent à de bonnes tables, à se
promener en carrosse dans une grande ville, et à faire de déli-
cieuses retraites à la campagne, à voir plusieurs personnes de
155 nom et de distinction s'intéresser à sa vie et à sa santé, et à
ménager pour les autres et pour soi-même tous les intérêts
humains, je vois bien, encore une fois, que cela seul a fait
imaginer le spécieux et irrépréhensible prétexte du soin des
âmes, et semé dans le monde cette pépinière intarissable de
160 directeurs*. (12) (13)

43 *(Éd. 6)*. La dévotion[2] vient à quelques-uns, et surtout
aux femmes, comme une passion, ou comme le faible[3] d'un
certain âge, ou comme une mode qu'il faut suivre (14). Elles
comptaient autrefois une semaine par les jours de jeu, de spec-
165 tacle, de concert, de mascarade, ou d'un joli sermon : elles
allaient le lundi perdre leur argent chez *Ismène*, le mardi leur
temps chez *Climène*, et le mercredi leur réputation chez *Célimène* ; elles savaient dès la veille toute la joie qu'elles devaient

---

1. Faire obtenir des places; 2. Apparu dans la sixième édition, ce morceau se
trouvait d'abord au chapitre « De la mode ». On lisait une note de La Bruyère au
mot *dévotion :* « fausse dévotion »; 3. *Faible :* point faible, faiblesse.

───────── **QUESTIONS** ─────────

12. Fragment 42. Analysez la composition de cette diatribe contre
les directeurs de conscience : comment se développe l'argumentation ? —
Quel est le point fondamental sur lequel La Bruyère fait reposer toute sa
démonstration ? A quoi voit-on qu'il songe à se prémunir contre certaines
objections, qui pourraient venir de certaines parties du clergé ? — Le rôle
et la vie des directeurs de conscience selon La Bruyère : comment se précisent les griefs à mesure que se développe le texte ? Quelles accusations
restent exprimées par simple allusion ? — A propos de quels termes
retrouve-t-on l'image du Tartuffe de Molière ?

13. Sur l'ensemble des fragments 36, 37, 38, 39, 42. — En examinant
à quelle édition des *Caractères* appartient chacun de ces fragments, vous
montrerez comment a évolué sinon l'opinion de La Bruyère, du moins
la façon dont il l'exprime. Peut-on imaginer les motifs de cette évolution ?

14. Fragment 43. Appréciez les trois motifs qui déterminent la dévotion : quel est celui qui est traditionnellement invoqué par les auteurs
satiriques ? D'autre part, quel est l'autre chapitre des *Caractères* où La
Bruyère a montré que la dévotion, à partir d'un certain moment du règne,
est devenue affaire de mode pour les mondains ? — En songeant à l'idéal
moral de La Bruyère, expliquez pourquoi les trois sources de la dévotion
sont également condamnables à ses yeux.

avoir le jour d'après et le lendemain; elles jouissaient tout à
170 la fois du plaisir présent et de celui qui ne leur pouvait manquer; elles auraient souhaité de les pouvoir rassembler tous
en un seul jour : c'était alors leur unique inquiétude[1] et tout
le sujet de leurs distractions[2] : et si elles se trouvaient quelquefois à l'*Opéra*[3], elles y regrettaient la comédie **(15)**. Autres
175 temps, autres mœurs : elles outrent l'austérité et la retraite;
elles n'ouvrent plus les yeux qui leur sont donnés pour voir;
elles ne mettent plus leurs sens à aucun usage; et chose
incroyable! elles parlent peu; elles pensent encore, et assez
bien d'elles-mêmes, comme assez mal des autres; il y a chez
180 elles une émulation de vertu et de réforme[4] qui tient quelque
chose de la jalousie; elles ne haïssent pas de primer dans ce
nouveau genre de vie, comme elles faisaient dans celui qu'elles
viennent de quitter par politique[5] ou par dégoût. Elles se perdaient[6] gaiement par la galanterie, par la bonne chère et par
185 l'oisiveté; et elles se perdent tristement par la présomption et
par l'envie. **(16) (17)**

49 (*Éd. 7*). Pourquoi s'en prendre aux hommes de ce que les
femmes ne sont pas savantes? Par quelles lois, par quels édits,
par quels rescrits[7] leur a-t-on défendu d'ouvrir les yeux et
190 de lire, de retenir ce qu'elles ont lu, et d'en rendre compte ou

---

1. *Inquiétude :* agitation; 2. *Distraction :* action de se détourner des occupations
dont on devrait se soucier (à rapprocher du sens de *divertissement* dans le vocabulaire pascalien); 3. La vogue de l'opéra, fondé par Lully en 1671, fait alors concur-
rence au théâtre *(la comédie) ;* 4. *Réforme :* renoncement aux plaisirs mondains;
5. Par intérêt; 6. Elles perdaient leur âme; 7. *Rescrit :* ordonnance pontificale; mais
le mot pourrait être pris ici en un sens plus général de « décret ».

QUESTIONS

15. L'image de la mondanité : étudiez ici les procédés satiriques.
La Bruyère est-il coutumier d'une verve aussi légère et aussi mordante?
Que devient ici le grand thème pascalien du divertissement?

16. Cette seconde partie du fragment est-elle du même style et du
même ton que la première? Quels termes montrent que cette dévotion
n'est qu'une forme nouvelle de certains défauts? Lesquels?

17. SUR L'ENSEMBLE DU FRAGMENT 43. — Pourquoi La Bruyère a-t-il
fait passer ce morceau du chapitre « De la mode » à celui-ci? — Puisque
le mot *dévotion* pouvait se prendre en bonne ou mauvaise part, La Bruyère
a précisé le mot *dévotion* (ligne 161) par une note (« fausse dévotion ») :
rappelez les difficultés que ce mot avait déjà values à Molière; pourrait-
on soupçonner La Bruyère de jouer sur l'imprécision du terme? — Comment La Bruyère a-t-il nuancé et enrichi l'image traditionnelle de l'hypo-
crite pruderie de certaines dévotes?

dans leur conversation ou par leurs ouvrages? Ne se sont-
elles pas au contraire établies elles-mêmes dans cet usage de ne
rien savoir, ou par la faiblesse de leur complexion[1], ou par
la paresse de leur esprit ou par le soin de leur beauté, ou par
195 une certaine légèreté qui les empêche de suivre une longue
étude, ou par le talent et le génie[2] qu'elles ont seulement pour
les ouvrages de la main, ou par les distractions[3] que donnent
les détails d'un domestique[4], ou par un éloignement naturel
des choses pénibles et sérieuses, ou par une curiosité toute
200 différente de celle qui contente l'esprit, ou par un tout autre
goût que celui d'exercer leur mémoire[5]? Mais à quelque cause
que les hommes puissent devoir cette ignorance des femmes,
ils sont heureux que les femmes, qui les dominent d'ailleurs
par tant d'endroits, aient sur eux cet avantage de moins. (18)
205   On regarde une femme savante comme on fait une belle
arme : elle est ciselée artistement, d'une polissure admirable
et d'un travail fort recherché; c'est une pièce de cabinet, que
l'on montre aux curieux, qui n'est pas d'usage, qui ne sert ni
à la guerre ni à la chasse, non plus qu'un cheval de manège,
210 quoique le mieux instruit du monde. (19)
   (Éd. 7). Si la science et la sagesse se trouvent unies en un
même sujet, je ne m'informe plus du sexe, j'admire; et si vous
me dites qu'une femme sage ne songe guère à être savante, ou
qu'une femme savante n'est guère sage, vous avez déjà oublié
215 ce que vous venez de lire, que les femmes ne sont détournées
des sciences que par de certains défauts : concluez donc vous-

---

1. *Complexion :* ici constitution; 2. *Génie :* dispositions naturelles; 3. *Distractions :*
ici, obligations absorbantes mais futiles; 4. *Un domestique :* un intérieur; 5. Ces
deux dernières propositions sont deux périphrases pour désigner le goût des plaisirs
amoureux.

QUESTIONS

18. FRAGMENT 49. L'importance du problème soulevé par les lignes 187-
188 : comment se trouvait-il déjà posé dans certaines comédies de Molière?
Quand on sait, d'autre part, que certains « modernistes » comme Foulain
de La Barre parlaient de *l'Egalité des sexes* (1676), est-on étonné de la
position prise par La Bruyère dès le départ? — Analysez et classez les
arguments donnés par La Bruyère. — Quelles objections pourrait-on
faire aujourd'hui à l'argumentation de La Bruyère? Ce que le moraliste
attribue à la nature féminine n'est-il pas conditionné par le rôle que la
société assigne aux femmes? — Est-ce seulement de la *science* qu'il s'agit
ici ou de toute l'éducation des femmes? — La dernière phrase (lignes 201-
204) peut-elle réconcilier les lectrices des *Caractères* avec La Bruyère?

19. Étudiez l'image développée ici; qu'a-t-elle de particulièrement
cruel?

« Leur son de voix et leur démarche sont empruntés. » (Page 69.)

Gravure de Nicolas Bonnart (1646-1718). Bibliothèque des Arts décoratifs.

« Elles peuvent [...], dans le choix des ajustements et de la parure, suivre
leur goût. » (Page 69.)

Fille de qualité en habit de chasse. Gravure de Nicolas Bonnart (1646-1718).
Bibliothèque nationale.

« Elles se perdaient gaiement par la galanterie, par la bonne chère et par l'oisiveté. » (Page 75.)

Gravure de Nicolas Bonnart (1646-1718).

« Elles comptaient autrefois une semaine par les jours de jeu, de spectacle, de concert. » (Page 74.)

Gravure de Nicolas Bonnart (1646-1718). Bibliothèque de Versailles.

même que moins elles auraient de ces défauts, plus elles seraient
sages, et qu'ainsi une femme sage n'en serait que plus propre
à devenir savante, ou qu'une femme savante, n'étant telle
220 que parce qu'elle aurait pu vaincre beaucoup de défauts, n'en
est que plus sage. **(20) (21)**

53 *(Éd. 1)*. Les femmes sont extrêmes : elles sont meilleures
ou pires que les hommes.

54 *(Éd. 1)*. La plupart des femmes n'ont guère de prin-
225 cipes; elles se conduisent par le cœur, et dépendent pour leurs
mœurs de ceux qu'elles aiment.

55 *(Éd. 4)*. Les femmes vont plus loin en amour que la plupart des hommes; mais les hommes l'emportent sur elles en
amitié.

230 *(Éd. 4)*. Les hommes sont cause que les femmes ne s'aiment
point. **(22)**

58 *(Éd. 1)*. Un homme est plus fidèle au secret d'autrui
qu'au sien propre; une femme au contraire garde mieux son
secret que celui d'autrui.

235 **64** *(Éd. 4)*. Un homme qui serait en peine de connaître s'il
change, s'il commence à vieillir, peut consulter les yeux d'une

---

QUESTIONS

20. Ce paragraphe ajoute-t-il beaucoup aux développements précédents?
Quelle part de badinage contient-il? Montrez que le moraliste joue ici
sur le sens (plus ou moins étendu, plus ou moins précis) des mots *sage* et
savant. Quelle conclusion implicite sur les femmes comporte ce dernier
paragraphe?

21. SUR L'ENSEMBLE DU FRAGMENT 49. — La Bruyère pose-t-il franchement ici le problème de l'éducation féminine? Par quel détour connais-
sons-nous son point de vue? — Quelle équivoque règne d'un bout à
l'autre du texte sur le mot *savant?* — Comparez les idées de La Bruyère
à celles de Fénelon dans le *Traité sur l'éducation des filles* (1687) : les
idées religieuses de La Bruyère, traditionaliste comme son protecteur Bossuet, peuvent-elles expliquer ses idées traditionalistes sur l'éducation
des femmes?

22. FRAGMENTS 53, 54, 55. Le cœur féminin comparé à la sensibilité
masculine. Sur quelle analyse de la « nature » féminine sont fondées ces
définitions? — Connaissez-vous dans la littérature du XVIIᵉ siècle des
héroïnes de roman ou de théâtre qui illustrent ces pensées? Dans quelle
mesure ces œuvres littéraires ont-elles pu à leur tour modeler le caractère
des femmes de cette époque? — La Bruyère serait-il d'accord avec La
Rochefoucauld (maxime 440) : « Ce qui fait que la plupart des femmes
sont peu touchées de l'amitié, c'est qu'elle est fade quand on a senti de
l'amour »?

jeune femme qu'il aborde, et le ton dont elle lui parle : il apprendra ce qu'il craint de savoir. Rude école. **(23)**

74 *(Éd. 1)*. Je ne comprends pas comment un mari qui
240 s'abandonne à son humeur et à sa complexion, qui ne cache aucun de ses défauts, et se montre au contraire par ses mauvais endroits, qui est avare, qui est trop négligé dans son ajustement[1], brusque dans ses réponses, incivil, froid et taciturne, peut espérer de défendre le cœur d'une jeune femme contre
245 les entreprises de son galant, qui emploie la parure et la magnificence, la complaisance, les soins, l'empressement, les dons, la flatterie.

77 *(Éd. 7)*. Telle autre femme, à qui le désordre[2] manque pour mortifier son mari, y revient[3] par sa noblesse et ses alliances,
250 par la riche dot qu'elle a apportée, par les charmes de sa beauté, par son mérite, par ce que quelques-uns appellent vertu.

78 *(Éd. 7)*. Il y a peu de femmes si parfaites, qu'elles empêchent un mari de se repentir du moins une fois le jour d'avoir une femme, ou de trouver heureux celui qui n'en a
255 point.

80 *(Éd. 1)*. Ne pourrait-on point découvrir l'art de se faire aimer de sa femme? **(24) (25)**

_____

1. *Ajustement :* voir page 69, note 3; 2. *Désordre :* inconduite; 3. Y parvient.

——— **QUESTIONS** ———

23. FRAGMENTS 58, 64. De quelle façon le fragment 64 illustre-t-il l'idée du fragment 58? — De quelles caractéristiques propres aux femmes La Bruyère peut-il déduire qu'elles sont plus indiscrètes que les hommes?

24. FRAGMENTS 74, 77, 78, 80. Ces réflexions sur le mariage ne recouvrent-elles pas des lieux communs très traditionnels? — Connaissez-vous des œuvres et notamment des pièces de théâtre qui illustrent ces points de vue? — Où transparaît la misogynie du célibataire?

25. SUR L'ENSEMBLE DU CHAPITRE III. — La Bruyère et les préjugés masculins sur les femmes : relevez les remarques dans lesquelles le moraliste reprend des lieux communs d'une banalité traditionnelle, sur l' « éternel féminin ». Comment ses convictions religieuses et morales sur une « nature » féminine peuvent-elles expliquer ces points de vue?

— D'un certain nombre de fragments, un idéal féminin se dégage. Indiquez-en les traits les plus saillants. Précisez quelle place y occupe la piété, et quelle nuance de piété.

— Ce chapitre situe La Bruyère dans une tradition antiféministe que Boileau avait aussi illustrée. Précisez comment.

— Faites le bilan de ce chapitre : le lecteur moderne peut-il en tirer des leçons encore actuelles ou y trouver surtout un document sur certains faits sociaux et moraux de la fin du XVIIe siècle?

CHAPITRE IV

DU CŒUR

1 *(Éd. 1).* Il y a un goût[1] dans la pure amitié où ne peuvent atteindre ceux qui sont nés médiocres.

2 *(Éd. 1).* L'amitié peut subsister entre des gens de différents sexes, exempte même de toute grossièreté[2]. Une femme
5 cependant regarde toujours un homme comme un homme; et réciproquement un homme regarde une femme comme une femme. Cette liaison[3] n'est ni passion ni amitié pure : elle fait une classe à part. **(1)**

3 *(Éd. 1).* L'amour naît brusquement, sans autre réflexion,
10 par tempérament ou par faiblesse : un trait de beauté nous fixe, nous détermine. L'amitié au contraire se forme peu à peu, avec le temps, par la pratique, par un long commerce[4]. Combien d'esprit, de bonté de cœur, d'attachement, de services et de complaisance dans les amis, pour faire en plusieurs
15 années bien moins que ne fait quelquefois en un moment un beau visage ou une belle main!

6 *(Éd. 4).* Il est plus ordinaire de voir un amour extrême qu'une parfaite amitié.

---

1. *Goût* : saveur délicate, plaisir profond; 2. *Grossièreté* : sensualité; 3. *Liaison* : relation; 4. *Commerce* : fréquentation.

───── **QUESTIONS** ─────

1. FRAGMENTS 1, 2. Faut-il voir une intention particulière dans le fait d'avoir placé en tête du chapitre les remarques sur l'amitié? — Comparez le fragment 2 à la pensée 13 du chapitre III : y a-t-il accord parfait entre les deux maximes? — Comment se limite le champ de la vraie amitié, selon La Bruyère?

7 (*Éd. 4*). L'amour et l'amitié s'excluent l'un l'autre. **(2)**

20 **11** (*Éd. 4*). L'on n'aime bien qu'une seule fois : c'est la première; les amours qui suivent sont moins involontaires.

16 (*Éd. 1*). Les hommes souvent veulent aimer, et ne sauraient y réussir : ils cherchent leur défaite sans pouvoir la rencontrer, et, si j'ose ainsi parler, ils sont contraints de demeu-
25 rer libres. **(3)**

20 (*Éd. 4*). Il est triste d'aimer sans une grande fortune[1], et qui nous donne les moyens de combler ce que l'on aime, et le rendre si heureux qu'il n'ait plus de souhaits à faire.

23 (*Éd. 4*). Etre avec des gens qu'on aime, cela suffit; rêver[2],
30 leur parler, ne leur parler point, penser à eux, penser à des choses plus indifférentes, mais auprès d'eux, tout est égal. **(4)**

24 (*Éd. 4*). Il n'y a pas si loin de la haine à l'amitié que de l'antipathie. **(5)**

35 **26** (*Éd. 4*). L'on confie son secret dans l'amitié; mais il échappe dans l'amour.
(*Éd. 4*). L'on peut avoir la confiance de quelqu'un sans en avoir le cœur. Celui qui a le cœur n'a pas besoin de révélation ou de confiance; tout lui est ouvert. **(6)**

---

1. Sans une haute situation; 2. *Rêver* : réfléchir.

QUESTIONS
---

2. FRAGMENTS 3, 6, 7. Les différences entre l'amour et l'amitié; pourquoi La Bruyère croit-il qu'il y a entre ces deux sentiments non une différence d'intensité, mais une différence de nature? — La naissance de l'amour (lignes 9-11) : en quoi La Bruyère rejoint-il la tradition janséniste sur les passions de l'amour, telle qu'on peut la retrouver aussi chez Racine et chez Mme de La Fayette? Comment évoluera au xviiie siècle, puis au xixe siècle cette définition de l'amour « par inclination »?

3. FRAGMENTS 11, 16. La part de la volonté dans l'amour; pourquoi l' « inclination » n'a-t-elle plus de part à l'amour après la première fois? — D'où vient le pessimisme de ces remarques? En quoi s'opposent-elles à la conception cornélienne de la passion?

4. FRAGMENTS 20, 23. Dans ces deux pensées, qui définissent deux des conditions du bonheur, La Bruyère pense-t-il seulement à l'amour? Montrez que ces formules peuvent convenir aussi à l'amitié.

5. FRAGMENT 24. Quelle différence y a-t-il entre la haine et l'antipathie?

6. FRAGMENT 26. Comment les définitions que La Bruyère a données de l'amour et de l'amitié l'autorisent-elles à déterminer ainsi leurs rapports avec la confiance? — Ne pourrait-on pas, à condition de partir d'autres définitions de l'amour et de l'amitié, inverser tous les termes de cette maxime?

40 **29** *(Éd. 4)*. Il semble que, s'il y a un soupçon injuste, bizarre[1]
et sans fondement, qu'on ait une fois appelé jalousie, cette
autre jalousie qui est un sentiment juste, naturel, fondé en
raison et sur l'expérience, mériterait un autre nom.

(Éd. 4.) Le tempérament a beaucoup de part à la jalousie
45 et elle ne suppose pas toujours une grande passion. C'est
cependant un paradoxe qu'un violent amour sans délicatesse.

(Éd. 4). Celles qui ne nous ménagent sur rien, et ne nous
épargnent nulles occasions de jalousie, ne mériteraient de
nous aucune jalousie, si l'on se réglait plus par leurs sen-
50 timents et leur conduite que par son cœur. **(7)**

35 *(Éd. 1).* Il devrait y avoir dans le cœur des sources iné-
puisables de douleur pour de certaines pertes. Ce n'est guère
par vertu ou par force d'esprit que l'on sort d'une grande
affliction : l'on pleure amèrement, et l'on est sensiblement
55 touché; mais l'on est ensuite si faible ou si léger que l'on se
console. **(8)**

39 *(Éd. 4).* L'on veut faire tout le bonheur, ou si cela ne se
peut ainsi, tout le malheur de ce qu'on aime. **(9)**

———

1. *Bizarre :* étrange, monstrueux (sens plus fort qu'en français moderne). Le mot
s'oppose à *naturel.*

——————— **QUESTIONS** ———————

7. FRAGMENT 29. Quel est l'*autre nom* (ligne 43) à donner à la seconde
forme de la jalousie? Cherchez-le dans ce texte même. — Montrez que
les nuances apportées ici sont liées implicitement à une certaine conception de l'amour-propre.

8. FRAGMENT 35. Dégagez l'influence pascalienne dans l'idée et surtout
dans le vocabulaire de ce fragment. — Comparez avec La Rochefoucauld : « Nous nous consolons souvent par faiblesse des maux dont
la raison n'a pas la force de nous consoler. » — Un commentateur moderne
fait un rapprochement avec ce texte d'Albert Camus : « Il semble que
les grandes âmes, parfois, soient moins épouvantées par la douleur que
par le fait qu'elle ne dure pas. A défaut d'un bonheur inlassable, une
longue souffrance ferait au moins un destin. Mais non, et nos pires
tortures cesseront un jour. Un matin, après tant de désespoirs, une
irrépressible envie de vivre nous annoncera que tout est fini et que la
souffrance n'a pas plus de sens que le bonheur » (*l'Homme révolté*, éd.
Gallimard, p. 323). Commentez et discutez.

9. FRAGMENT 39. La tragédie racinienne offre de cette idée une illus-
tration remarquable; prouvez-le par des exemples précis. Connaissez-
vous d'autres œuvres littéraires qui pourraient aussi illustrer cette pensée?

46 (*Éd. 5*). Je ne sais si un bienfait qui tombe sur un ingrat[1],
et ainsi sur un indigne, ne change pas de nom, et s'il méritait
plus de reconnaissance.

48 (*Éd. 5*). S'il est vrai que la pitié ou la compassion soit
un retour vers nous-mêmes qui nous met en la place des malheureux, pourquoi tirent-ils de nous si peu de soulagement dans
leurs misères?

(*Éd. 5*). Il vaut mieux s'exposer à l'ingratitude que de manquer aux misérables.

49 (*Éd. 5*). L'expérience confirme que la mollesse ou l'indulgence pour soi et la dureté pour les autres n'est qu'un seul
et même vice.

50 (*Éd. 5*). Un homme dur au travail et à la peine, inexorable
à soi-même, n'est indulgent aux autres que par un excès de
raison. **(10)**

59 (*Éd. 4*). On ne vole point des mêmes ailes pour sa fortune[2] que l'on fait pour des choses frivoles et de fantaisie. Il
y a un sentiment de liberté à suivre ses caprices, et tout au
contraire de servitude à courir pour son établissement[3] : il
est naturel de le souhaiter beaucoup et d'y travailler peu, de
se croire digne de le trouver sans l'avoir cherché. **(11)**

62 (*Éd. 4*). Les choses les plus souhaitées n'arrivent point;
ou si elles arrivent, ce n'est ni dans le temps ni dans les circonstances où elles auraient fait un extrême plaisir.

63 (*Éd. 4*). Il faut rire avant que d'être heureux, de peur
de mourir sans avoir ri.

65 (*Éd. 1*). Qu'il est difficile d'être content de quelqu'un! **(12)**

---

1. Qui profite à un ingrat; 2. *Fortune :* situation; 3. *Etablissement :* acquisition
d'une situation stable.

QUESTIONS
---

10. FRAGMENTS 46, 48, 49, 50. Vous commenterez ces quatre pensées
en montrant comment elles se groupent deux par deux. Des deux dernières, ressort-il que l'indulgence est une vertu rare? — En quoi le fragment 48 réfute-t-il un point de vue cher à La Rochefoucauld?

11. FRAGMENT 59. Cette réflexion complète-t-elle ou contredit-elle la
peinture qui est faite ailleurs de l'envie de parvenir, notamment dans le
chapitre « Du mérite personnel »? — L'importance et le sens de l'expression *il est naturel* (lignes 77-78).

68 *(Éd. 1)*. Comme nous nous affectionnons de plus en plus aux personnes à qui nous faisons du bien, de même nous haïssons violemment ceux que nous avons beaucoup offensés.

70 *(Éd. 7)*. C'est par faiblesse que l'on hait un ennemi, et que l'on songe à s'en venger; et c'est par paresse que l'on s'apaise, et qu'on ne se venge point. **(13)**

71 *(Éd. 5)*. Il y a bien autant de paresse que de faiblesse à se laisser gouverner.

(Éd. 7). Il ne faut pas penser à gouverner un homme tout d'un coup, et sans autre préparation, dans une affaire importante et qui serait capitale à lui ou aux siens; il sentirait d'abord l'empire et l'ascendant qu'on veut prendre sur son esprit, et il secouerait le joug par honte ou par caprice : il faut tenter auprès de lui les petites choses, et de là le progrès jusqu'aux plus grandes est immanquable. Tel ne pouvait au plus dans les commencements qu'entreprendre de le[1] faire partir pour la campagne ou retourner à la ville, qui finit par lui dicter un testament où il réduit son fils à la légitime*. **(14)**

(Éd. 7). Pour gouverner quelqu'un longtemps et absolument, il faut avoir la main légère et ne lui faire sentir que le moins qu'il se peut sa dépendance.

(Éd. 7). Tels se laissent gouverner jusqu'à un certain point, qui au-delà sont intraitables et ne se gouvernent plus : on perd tout à coup la route de leur cœur et de leur esprit; ni hauteur ni souplesse, ni force ni industrie[2] ne les peuvent dompter : avec cette différence que quelques-uns sont ainsi

---

1. *Le* renvoie à *un homme ;* **2.** *Industrie :* ruse (nuance péjorative du mot, qui a le sens général d' « activité »).

───── **QUESTIONS** ─────

12. FRAGMENTS 62, 63, 65. Le pessimisme philosophique n'est-il pas ici exagéré par le goût de la formule et de la boutade?

13. FRAGMENTS 68, 70. Mettez en relief l'aspect paradoxal de ces deux remarques sur la haine; comment confirment-elles le pessimisme de La Bruyère? — Définissez précisément ce qu'est la *faiblesse* (ligne 89), pour la distinguer de la *paresse* (ligne 90).

14. FRAGMENT 71. De quelle forme de relations humaines s'agit-il ici? Leur importance dans la société de l'Ancien Régime. Comment cette question a-t-elle sa place dans le chapitre « Du cœur »? — Analysez le mécanisme de l'ironie dans les lignes 100-103.

faits par raison et avec fondement, et quelques autres par tempérament et par humeur.

(Éd. 7). Il se trouve des hommes qui n'écoutent ni la raison,
115 ni les bons conseils, et qui s'égarent volontairement par la crainte qu'ils ont d'être gouvernés.

Drance veut passer pour gouverner son maître, qui n'en croit rien, non plus que le public : parler sans cesse à un grand que l'on sert, en des lieux et en des temps où il convient le
120 moins, lui parler à l'oreille en des termes mystérieux, rire jusqu'à éclater en sa présence, lui couper la parole, se mettre entre lui et ceux qui lui parlent, dédaigner ceux qui viennent faire leur cour, ou attendre impatiemment qu'ils se retirent, se mettre proche de lui en une posture trop libre, figurer avec
125 lui le dos appuyé à une cheminée, le tirer par son habit, lui marcher sur les talons, faire le familier, prendre des libertés, marquent mieux un fat qu'un favori.

(Éd. 6). Un homme sage ni ne se laisse gouverner, ni ne cherche à gouverner les autres : il veut que la raison gouverne
130 seule et toujours.

(Éd. 7). Je ne haïrais pas d'être livré par la confiance à une personne raisonnable, et d'en être gouverné en toutes choses, et absolument, et toujours : je serais sûr de bien faire, sans avoir le soin de délibérer : je jouirais de la tranquillité de celui
135 qui est gouverné par la raison. **(15)**

77 *(Éd. 4).* Rien ne coûte moins à la passion que de se mettre au-dessus de la raison; son grand triomphe est de l'emporter sur l'intérêt. **(16)**

85 *(Éd. 1).* Il y a quelquefois dans le cours de la vie de si chers
140 plaisirs et de si tendres engagements[1] que l'on nous défend, qu'il est naturel de désirer du moins qu'ils fussent permis : de

---

1. *Engagement :* liaison amoureuse.

──────── **QUESTIONS** ────────

15. Sur l'ensemble du fragment 71. — Analysez la composition de ce fragment, qui est de beaucoup le plus long du chapitre; pourquoi La Bruyère donne-t-il à ce thème un tel développement? — Comment s'est accru ce fragment au cours des éditions successives?

16. Fragment 77. Cette formule condamne-t-elle les conceptions cornéliennes et cartésiennes? Ne faut-il pas dire plutôt qu'elle envisage la passion sous un autre aspect?

si grands charmes ne peuvent être surpassés que par celui de savoir y renoncer par vertu. **(17) (18)**

CHAPITRE V

DE LA SOCIÉTÉ ET DE LA CONVERSATION

3 *(Éd. 1).* L'on marche sur les mauvais plaisants[1], et il pleut par tout pays de cette sorte d'insectes. Un bon plaisant est une pièce rare; à un homme qui est né tel, il est encore fort délicat d'en soutenir longtemps le personnage; il n'est pas
5 ordinaire que celui qui fait rire se fasse estimer. **(1)**

4 *(Éd. 1).* Il y a beaucoup d'esprits obscènes, encore plus de médisants ou de satiriques, peu de délicats. Pour badiner

---

1. *Mauvais plaisant :* celui qui fait des plaisanteries insipides et plates.

──────── **QUESTIONS** ────────

17. FRAGMENT 85. De telles formules ont pu laisser croire que La Bruyère avait connu dans sa vie personnelle des désespoirs amoureux. Qu'est-ce qui donne à ce fragment le ton d'une confidence? Y en a-t-il d'autres du même genre dans le chapitre? — Attachez-vous de l'importance à la question de savoir s'il y a ici une allusion personnelle?

18. SUR L'ENSEMBLE DU CHAPITRE IV. — Ce chapitre ne contient aucun portrait (à l'exclusion de celui de Drance, fragment 71); quel est, dans l'ensemble, la composition de ce chapitre? Cela tient-il au sujet traité?

— Un des grands thèmes du pessimisme de La Bruyère s'exprime ici avec insistance : l'homme est borné et inconséquent dans le bien comme dans le mal; récapitulez les passages significatifs à ce sujet. En ce siècle où tant de moralistes ont écrit sur les « passions de l'âme », La Bruyère a-t-il une véritable doctrine philosophique?

— Comme le chapitre précédent, celui-ci reflète de temps à autre la tendresse d'un sentimental : montrez-le.

— La Bruyère, peintre de l'amitié.

— L'amour-propre (c'est-à-dire l'amour de soi), qui apparaît aux autres moralistes (Pascal, La Rochefoucauld) comme une des passions dominantes, n'est jamais cité par La Bruyère : n'y croit-il pas?

1. FRAGMENT 3. Analysez l'effet burlesque de la première phrase. — En quoi cette maxime est-elle significative du climat moral qui règne dans *les Caractères*? Discutez-la en cherchant dans la littérature, dans le théâtre et aussi dans les œuvres créées par le cinéma des types comiques qui la confirment ou qui la contredisent.

avec grâce, et rencontrer heureusement[1] sur les plus petits
sujets, il faut trop[2] de manières[3], trop de politesse[4], et même
10 trop de fécondité : c'est créer que de railler ainsi, et faire quelque
chose de rien[5]. (2)

5 *(Éd. 4).* Si l'on faisait une sérieuse attention à tout ce qui
se dit de froid, de vain et de puéril dans les entretiens ordi-
naires, l'on aurait honte de parler ou d'écouter, et l'on se
15 condamnerait peut-être à un silence perpétuel, qui serait une
chose pire dans le commerce[6] que les discours inutiles. Il faut
donc s'accommoder à tous les esprits, permettre comme un
mal nécessaire le récit des fausses nouvelles, les vagues réflexions
sur le gouvernement présent, ou sur l'intérêt des princes, le
20 débit[7] des beaux sentiments, et qui reviennent toujours les
mêmes; il faut laisser *Aronce* parler proverbe, et *Mélinde*
parler de soi, de ses vapeurs[8], de ses migraines et de ses insom-
nies. (3) (4)

7 *(Éd. 5).* Que dites-vous? Comment? Je n'y suis pas; vous
25 plairait-il de recommencer? J'y suis encore moins. Je devine
enfin : vous voulez, *Acis*, me dire qu'il fait froid; que ne disiez-
vous : « Il fait froid »? Vous voulez m'apprendre qu'il pleut
ou qu'il neige; dites : « Il pleut, il neige. » Vous me trouvez
bon visage, et vous désirez de m'en féliciter; dites : « Je vous
30 trouve bon visage. » — Mais, répondez-vous, cela est bien uni
et bien clair; et d'ailleurs qui ne pourrait pas en dire autant?

---

1. Faire d'heureuses trouvailles; **2.** *Trop :* beaucoup (sans l'idée d'excès);
3. *Manières :* ingéniosité; **4.** *Politesse :* élégance; **5.** Reprise sans doute intentionnelle
d'une formule de Racine dans la Préface de *Bérénice ;* **6.** *Commerce :* relations mondaines; **7.** *Le débit :* l'expression; **8.** *Vapeurs :* malaise qu'on expliquait alors par
le mouvement interne des « humeurs ».

─────── **QUESTIONS** ───────

2. FRAGMENT 4. Comment se complète ici l'idée exprimée dans le fragment 3? Quel mot exprime la qualité essentielle pour ceux qui souhaitent
être « plaisants »? — Si l'insignifiance de la matière n'enlève rien au
causeur, n'y a-t-il pas contradiction avec la fin du fragment 5?

3. FRAGMENT 5. Analysez la façon dont s'anime progressivement cette
maxime, jusqu'à donner l'image vivante d'une certaine société. En quoi
ce fragment reprend-il sous une autre forme la discussion entre Alceste
et Philinte? Quelle solution La Bruyère adopte-t-il face aux nécessités
de la vie mondaine?

4. FRAGMENTS 3, 4, 5. D'après ces trois fragments, reconstituez l'image
de la vie de salon telle qu'elle était au temps de La Bruyère. Quelle différence entre la réalité de la vie et l'idéal du moraliste?

il parle à Acis lui-même
— pas un descripteur nommant

— Qu'importe, Acis? Est-ce un si grand mal d'être entendu[1]
quand on parle, et de parler comme tout le monde? Une chose
vous manque, Acis, à vous et à vos semblables les diseurs de
35 *phoebus*[2] ; vous ne vous en défiez point, et je vais vous jeter
dans l'étonnement : une chose vous manque, c'est l'esprit.
Ce n'est pas tout : il y a en vous une chose de trop, qui est
l'opinion d'en avoir plus que les autres ; voilà la source de
votre pompeux galimatias, de vos phrases embrouillées, et de
40 vos grands mots qui ne signifient rien. Vous abordez cet homme,
ou vous entrez dans cette chambre ; je vous tire par votre habit,
et vous dis à l'oreille : « Ne songez point à avoir de l'esprit,
n'en ayez point, c'est votre rôle ; ayez, si vous pouvez, un langage simple, et tel que l'ont ceux en qui vous ne trouvez aucun
45 esprit : peut-être alors croira-t-on que vous en avez. » **(5)**

8 *(Éd. 4).* Qui peut se promettre d'éviter dans la société des
hommes la rencontre de certains esprits vains, légers, familiers,
délibérés[3], qui sont toujours dans une compagnie ceux qui
parlent, et qu'il faut que les autres écoutent? On les entend
50 de l'antichambre ; on entre impunément et sans crainte de les
interrompre : ils continuent leur récit sans la moindre attention
pour ceux qui entrent ou qui sortent, comme pour le rang ou
le mérite des personnes qui composent le cercle ; ils font taire
celui qui commence à conter une nouvelle, pour la dire de leur
55 façon, qui est la meilleure : ils la tiennent de *Zamet*, de *Ruc-*
celay, ou de *Conchini*[4], qu'ils ne connaissent point, à qui ils
n'ont jamais parlé, et qu'ils traiteraient de *Monseigneur* s'ils
leur parlaient ; ils s'approchent quelquefois de l'oreille du plus

---

1. *Entendre :* comprendre ; 2. *Phoebus :* façon de dire ridiculement recherchée ;
3. *Délibéré :* toujours à l'aise ; 4. *Zamet,* mort en 1614, *Ruccelay* ou *Ruccellaï,* mort
en 1622, et *Conchini* ou *Concini,* le célèbre maréchal d'Ancre, assassiné en 1617, ont
été trois favoris de Marie de Médicis.

■■■ QUESTIONS

5. FRAGMENT 7. La composition de ce portrait : comment La Bruyère
suggère-t-il la présence de son interlocuteur sans jamais ni le faire voir ni
le faire entendre? Quel effet produit ce procédé « elliptique » d'anima-
tion? — La Bruyère avait-il intérêt à ne pas citer en style direct les
propos tenus par Acis? — Analysez les mots qui précisent le sens du mot
phoebus ; à quels travers de langage La Bruyère s'en prend-il? Rappelez les
diverses phases de la « préciosité » depuis la première moitié du XVIIe siècle ;
pourquoi la même tendance à la complication du langage s'est-elle per-
pétuée sous des formes différentes au cours du siècle? — Quelle est la
cause de ce travers selon La Bruyère? Quel remède y voit-il? La Bruyère
est-il, sur ce point, d'accord avec Molière (voir *les Précieuses ridicules* ;
le Misanthrope, vers 376-416 et 579-592 ; *les Femmes savantes*)?

Enfant, il n'a pas la capacité d'arriver aux pensées originales.

qualifié de l'assemblée, pour le gratifier d'une circonstance
60 que personne ne sait, et dont ils ne veulent pas que les autres
soient instruits; ils suppriment quelques noms pour déguiser
l'histoire qu'ils racontent, et pour détourner les applications;
vous les priez, vous les pressez inutilement : il y a des choses
qu'ils ne diront pas, il y a des gens qu'ils ne sauraient nommer,
65 leur parole y est engagée, c'est le dernier secret, c'est un mys-
tère, outre que vous leur demandez l'impossible, car sur ce
que vous voulez apprendre d'eux, ils ignorent le fait et les
personnes. (6)

9 (*Éd. 8*). **Arrias** a tout lu, a tout vu, il veut le persuader
70 ainsi; c'est un homme universel, et il se donne pour tel : il
aime mieux mentir que de se taire ou de paraître ignorer quelque
chose. On parle à la table d'un grand* d'une cour du Nord :
il prend la parole, et l'ôte à ceux qui allaient dire ce qu'ils en
savent; il s'oriente dans cette région lointaine comme s'il en
75 était originaire; il discourt des mœurs de cette cour, des femmes
du pays, de ses lois et de ses coutumes; il récite des historiettes
qui y sont arrivées; il les trouve plaisantes, et il en rit le premier
jusqu'à éclater. Quelqu'un se hasarde de le contredire, et lui
prouve nettement qu'il dit des choses qui ne sont pas vraies.
80 Arrias ne se trouble point, prend feu au contraire contre l'in-
terrupteur : « Je n'avance, lui dit-il, je ne raconte rien que je
ne sache d'original : je l'ai appris de *Sethon*, ambassadeur de
France dans cette cour, revenu à Paris depuis quelques jours,
que je connais familièrement, que j'ai fort interrogé, et qui ne
85 m'a caché aucune circonstance. » Il reprenait le fil de sa narra-
tion avec plus de confiance qu'il ne l'avait commencée, lorsque
l'un des conviés lui dit : « C'est Sethon à qui vous parlez,
lui-même, et qui arrive de son ambassade. » (7)

C'est à dire qu'Arrias ne soutient Sethon qui a enseigné : « Il ne sait grand-mde les grandes pensées d'une autre.

QUESTIONS

6. FRAGMENT 8. La composition de ce portrait collectif : montrez
comment s'harmonisent les éléments objectifs de la description, les passages en style indirect libre et les commentaires fournis par le moraliste
lui-même. — Relevez les fautes et les travers accumulés par ces esprits
vains. — Pourquoi le moraliste emprunte-t-il des noms propres (lignes 55-
56) à une époque révolue?

7. FRAGMENT 9. La forme de ce portrait : pourquoi une seule anecdote
suffit-elle ici à illustrer un caractère? — La composition du récit (lignes 72-
88) : étudiez les effets de style qui traduisent la présomption d'Arrias.
A quel effet comique se ramène le trait final? — Dans quelle situation
La Bruyère a-t-il placé Arrias à l'égard de son auditoire? Est-il plus
excusable parce qu'il est le maître de maison? En quoi Arrias est-il un
cas particulier parmi la catégorie de gens décrite au fragment 8?

12 *(Éd. 5)*. J'entends *Théodecte* de l'antichambre; il grossit
90 sa voix à mesure qu'il s'approche; le voilà entré : il rit, il crie,
il éclate; on bouche ses oreilles, c'est un tonnerre. Il n'est pas
moins redoutable par les choses qu'il dit que par le ton dont
il parle. Il ne s'apaise, et il ne revient de ce grand fracas que
pour bredouiller des vanités et des sottises. Il a si peu d'égard
95 au temps[1], aux personnes, aux bienséances, que chacun a son
fait sans qu'il ait eu intention de le lui donner; il n'est pas
encore assis qu'il a, à son insu, désobligé toute l'assemblée.
A-t-on servi, il se met le premier à table et dans la première
place; les femmes sont à sa droite et à sa gauche. Il mange,
00 il boit, il conte, il plaisante, il interrompt tout à la fois. Il n'a
nul discernement des personnes, ni du maître, ni des conviés;
il abuse de la folle déférence qu'on a pour lui. Est-ce lui, est-ce
Euthydème qui donne le repas? Il rappelle à soi[2] toute l'autorité[3] de la table; et il y a un moindre inconvénient à la lui
05 laisser entière qu'à la lui disputer. Le vin et les viandes[4]
n'ajoutent rien à son caractère. Si l'on joue, il gagne au jeu;
il veut railler celui qui perd, et il l'offense; les rieurs sont pour
lui : il n'y a sorte de fatuités qu'on ne lui passe. Je cède enfin
et je disparais, incapable de souffrir plus longtemps Théodecte,
10 et ceux qui le souffrent. **(8)**

14 *(Éd. 4)*. Il faut laisser parler cet inconnu que le hasard
a placé auprès de vous dans une voiture publique[5], à une fête
ou à un spectacle; et il ne vous coûtera bientôt pour le connaître
que de l'avoir écouté : vous saurez son nom, sa demeure, son

---

1. Aux circonstances; 2. Il ramène à lui; 3. *Autorité :* considération; 4. *Viandes :*
mets (au sens général); 5. L'usage des transports publics par coches était organisé
soit à l'intérieur de Paris, soit par les relations interurbaines.

◄QUESTIONS►

8. FRAGMENT 12. Quel procédé de composition règne dans ce portrait? — Comparez les lignes 89-93 aux lignes 49-54 du fragment 8 :
quels sont les deux travers que La Bruyère pardonne le moins volontiers
à certaines gens? — Théodecte est-il cependant de la même espèce que les
esprits vains ridiculisés au fragment 8? D'où vient son importunité?
Est-il volontairement insolent et blessant? En est-il moins odieux? —
S'il est vrai que Théodecte soit le comte d'Aubigné, frère de Mme de
Maintenon, comment s'explique la *folle déférence* (ligne 102) qu'on lui
témoigne? — Comparez Théodecte et Arrias : en quoi pourrait-on trouver une certaine symétrie entre les deux personnages? De quelle manière
manquent-ils l'un et l'autre aux convenances fondées sur le respect
d'autrui?

115 pays, l'état de son bien, son emploi, celui de son père, la famille
dont est sa mère, sa parenté, ses alliances, les armes de sa
maison; vous comprendrez qu'il est noble, qu'il a un château, de beaux meubles, des valets et un carrosse. **(9)**

16 *(Éd. 1)*. L'esprit de la conversation consiste bien moins à
120 en montrer beaucoup qu'à en faire trouver aux autres[1] : celui
qui sort de votre entretien content de soi et de son esprit, l'est
de vous parfaitement. Les hommes n'aiment point à vous
admirer, ils veulent plaire; ils cherchent moins à être instruits,
et même réjouis, qu'à être goûtés et applaudis; et le plaisir
125 le plus délicat est de faire celui d'autrui.

18 *(Éd. 1)*. C'est une grande misère que de n'avoir pas assez
d'esprit pour bien parler, ni assez de jugement pour se taire.
Voilà le principe de toute impertinence.

19 *(Éd. 4)*. Dire d'une chose modestement[2] ou qu'elle est
130 bonne ou qu'elle est mauvaise, et les raisons pourquoi elle
est telle, demande du bon sens et de l'expression : c'est une
affaire[3]. Il est plus court de prononcer d'un ton décisif, et qui
emporte la preuve de ce qu'on avance, ou qu'elle est exécrable,
ou qu'elle est miraculeuse. **(10)**

135 **23** *(Éd. 5)*. Il y a parler bien, parler aisément, parler juste,
parler à propos. C'est pécher contre ce dernier genre que de
s'étendre sur un repas magnifique que l'on vient de faire,
devant des gens qui sont réduits à épargner leur pain; de dire
merveilles de sa santé devant des infirmes; d'entretenir de ses
140 richesses, de ses revenus et de ses ameublements un homme
qui n'a ni rentes ni domicile; en un mot, de parler de son
bonheur devant des misérables : cette conversation est trop

---

1. A faire qu'on en attribue aux autres; 2. *Modestement :* avec mesure; 3. *Affaire :*
entreprise difficile.

─────── **QUESTIONS** ───────

9. FRAGMENT 14. Comparez ce portrait du bavard à celui de l'Impertinent de Théophraste (cf. Documentation thématique). — En quoi le
défaut ridiculisé par La Bruyère est-il ici lié à une condition sociale
plutôt qu'à une particularité individuelle?

10. FRAGMENTS 16, 18, 19. Comment ces trois fragments mettent-ils
en évidence quelques-unes des qualités intellectuelles et morales nécessaires pour préserver sous sa forme la meilleure *l'esprit de la conversation?* — Relevez les mots caractéristiques d'un certain idéal que le moraliste voudrait voir respecter dans toutes les circonstances de la vie sociale.

forte pour eux, et la comparaison qu'ils font alors de leur
état au vôtre est odieuse.

45 **24** *(Éd. 7).* « Pour vous, dit *Euthyphron*, vous êtes riche, ou
vous devez l'être[1] : dix mille livres de rente, et en fonds de
terre, cela est beau, cela est doux, et l'on est heureux à moins »,
pendant que lui qui parle ainsi a cinquante mille livres de
revenu, et qu'il croit n'avoir que la moitié de ce qu'il mérite.
50 Il vous taxe[2], il vous apprécie, il fixe votre dépense et s'il vous
jugeait digne d'une meilleure fortune, et de celle même où il
aspire, il ne manquerait pas de vous la souhaiter. Il n'est pas
le seul qui fasse de si mauvaises estimations ou des comparaisons si désobligeantes : le monde est plein d'Euthyphrons. **(11)**

55 **27** *(Éd. 5).* Parler et offenser, pour de certaines gens, est
précisément la même chose. Ils sont piquants et amers; leur
style est mêlé de fiel et d'absinthe[3] : la raillerie, l'injure, l'insulte
leur découlent des lèvres comme leur salive. Il leur serait utile
d'être nés muets ou stupides[4] : ce qu'ils ont de vivacité et
160 d'esprit leur nuit davantage que ne fait à quelques autres leur
sottise. Ils ne se contentent pas toujours de répliquer avec
aigreur, ils attaquent souvent avec insolence; ils frappent sur
tout ce qui se trouve sous leur langue, sur les présents, sur les
absents; ils heurtent de front et de côté, comme des béliers :
165 demande-t-on à des béliers qu'ils n'aient pas de cornes? De
même n'espère-t-on pas de réformer par cette peinture des
naturels si durs, si farouches[5], si indociles. Ce que l'on peut
faire de mieux, d'aussi loin qu'on les découvre, est de les fuir
de toute sa force et sans regarder derrière soi. **(12)**

---

1. Vous devriez l'être; 2. *Taxer :* évaluer; 3. L'*absinthe* est une plante très amère;
4. *Stupide :* hébété; 5. *Farouche :* peu aimable.

─────── **QUESTIONS** ───────

11. Fragments 23, 24. Définissez les quatre *genres* dont parle le moraliste au début du fragment 23. Pourquoi l'art de *parler à propos* est-il
aussi important que les trois autres? — Quelle vérité commune est ici
transposée à l'usage des classes privilégiées? — Comment le portrait
d'Euthyphron illustre-t-il le fragment 23? Voit-on la raison profonde
qui explique aux yeux du moraliste l'attitude des gens semblables à Euthyphron?

12. Fragment 27. Relevez tout ce qui donne à ce fragment son caractère mordant et incisif. En quoi les caractères décrits ici sont-ils aux anti-
podes de l'« honnête homme »? — Pourquoi le moraliste les considère-t-il
comme incurables? Quelles conditions sont nécessaires pour que l'on
puisse *réformer* certains travers?

170 **29** *(Éd. 5)*. Entre deux personnes qui ont eu ensemble une violente querelle, dont l'une a raison et l'autre ne l'a pas, ce que la plupart de ceux qui y ont assisté ne manquent jamais de faire, ou pour se dispenser de juger, ou par un tempérament[1] qui m'a toujours paru hors de sa place, c'est de condam-
175 ner tous les deux : leçon importante, motif pressant et indispensable de fuir à l'orient quand le fat est à l'occident, pour éviter de partager avec lui le même tort. **(13)**

30 *(Éd. 5)*. Je n'aime pas un homme que je ne puis aborder le premier, ni saluer avant qu'il me salue, sans m'avilir à ses
180 yeux, et sans tremper[2] dans la bonne opinion qu'il a de lui-même. MONTAIGNE dirait[3] : « *Je veux avoir mes coudées franches, et estre courtois et affable à mon point[4], sans remords ne[5] consequence. Je ne puis du tout estriver[6] contre mon penchant, et aller au rebours de mon naturel, qui m'emmeine vers celuy que*
185 *je trouve à ma rencontre. Quand il m'est égal, et qu'il ne m'est point ennemy, j'anticipe[7] sur son accueil, je le questionne sur sa disposition et santé, je luy fais offre de mes offices sans tant marchander sur le plus ou sur le moins, ne estre, comme disent aucuns[8], sur le qui vive. Celuy-là me deplaist, qui par la connois-*
190 *sance que j'ay de ses coutumes et façons d'agir, me tire de cette liberté et franchise. Comment me ressouvenir tout à propos, et d'aussi loin que je vois cet homme, d'emprunter une contenance grave et importante, et qui l'avertisse que je crois le valoir bien et au delà? pour cela de me ramentevoir[9] de mes bonnes qualitez*
195 *et conditions, et des siennes mauvaises, puis en faire la comparaison. C'est trop de travail pour moy, et ne suis du tout capable de si roide et si subite attention; et quand bien elle m'auroit succédé[10] une première fois, je ne laisserois de fléchir[11] et me*

---

1. *Tempérament* : désir de compromis; **2.** Etre complice de; **3.** *Imité de Montaigne* (note de La Bruyère); **4.** A mon gré; **5.** *Ne* : ni; **6.** *Estriver* : lutter; **7.** *Anticiper* : prendre les devants; **8.** *Aucuns* : certains; **9.** *Se ramentevoir* : se souvenir; **10.** *Succéder* : réussir; **11.** Je ne manquerais pas de céder.

——————— **QUESTIONS** ———————

13. FRAGMENT 29. Comment nommer le sentiment auquel obéissent les gens *en se dispensant de juger* ou en usant d'une modération déplacée? Pourquoi La Bruyère ne nomme-t-il pas ce sentiment? — En rapprochant ce fragment du fragment 27, voit-on à quelles difficultés de la vie sociale songe ici La Bruyère? Face à certaines violences de caractère, quand faut-il fuir? Quand faut-il tenir sa place?

dementir à une seconde tâche : je ne puis me forcer et contraindre
200 *pour quelconque¹ à estre fier. »* **(14)**

40 *(Éd. 1).* L'intérieur des familles est souvent troublé par
les défiances, par les jalousies et par l'antipathie, pendant
que des dehors contents, paisibles et enjoués nous trompent,
et nous y font supposer une paix qui n'y est point : il y en a
205 peu qui gagnent à être approfondies. Cette visite que vous
rendez vient de suspendre une querelle domestique, qui n'attend
que votre retraite² pour recommencer.

43 *(Éd. 1).* *Cléante* est un très honnête homme; il s'est choisi
une femme qui est la meilleure personne du monde et la plus
210 raisonnable : chacun, de sa part, fait tout le plaisir et tout
l'agrément des sociétés où il se trouve; l'on ne peut voir ailleurs plus de probité, plus de politesse. Ils se quittent demain,
et l'acte de leur séparation* est tout dressé chez le notaire.
Il y a, sans mentir, de certains mérites qui ne sont point faits
215 pour être ensemble, de certaines vertus incompatibles.

44 *(Éd. 1).* L'on peut compter sûrement sur la dot, le douaire*
et les conventions*, mais faiblement sur les *nourritures**, elles
dépendent d'une union fragile de la belle-mère et de la bru,
et qui périt souvent dans l'année du mariage. **(15)**

220 **47** *(Éd. 1).* G... et H... sont voisins de campagne, et leurs terres
sont contiguës; ils habitent une contrée déserte et solitaire.

------

1. *Quelconque :* quiconque; 2. *Retraite :* départ.

QUESTIONS

------

14. FRAGMENT 30. Dans ce passage singulier où La Bruyère, pour une
fois, parle explicitement de lui-même, d'où vient qu'il choisisse de pas-
ticher Montaigne pour exprimer son point de vue? Quelle était la réputation de Montaigne chez les gens cultivés du XVIIᵉ siècle? — Le vocabulaire de ce pastiche : relevez tous les mots qui traduisent le refus de
toute contrainte. — Suivre son naturel est une maxime chère à Montaigne : s'accorde-t-elle avec la pensée morale de La Bruyère, telle qu'elle
apparaît généralement dans *les Caractères?* Pourrait-on penser que La
Bruyère envie Montaigne d'avoir pu exalter une spontanéité que lui-
même est obligé de comprimer?

15. FRAGMENTS 40, 43, 44. Les liens du mariage jugés par La Bruyère;
dans quelle mesure peut-on y voir les réactions personnelles d'un vieux
célibataire? Cherchez dans le chapitre III, « Des femmes », certaines
réflexions qui semblaient refléter le même état d'esprit. — Quel sens
donner au mot *antipathie* (ligne 202)? Pourquoi La Bruyère pense-t-il
que certaines natures, bonnes en elles-mêmes, ne peuvent s'accorder
entre elles?

Éloignés des villes et de tout commerce¹, il semblait que la fuite² d'une entière solitude ou l'amour de la société³ eût dû les assujettir à une liaison⁴ réciproque; il est cependant difficile
225 d'exprimer la bagatelle qui les a fait rompre, qui les rend implacables l'un pour l'autre, et qui perpétuera leurs haines dans leurs descendants. Jamais des parents, et même des frères, ne se sont brouillés pour une moindre chose.

(*Éd. 1*). Je suppose qu'il n'y ait que deux hommes sur la
230 terre, qui la possèdent seuls, et qui la partagent toute entre eux deux : je suis persuadé qu'il leur naîtra bientôt quelque sujet de rupture, quand ce ne serait que pour les limites. **(16)**

50 (*Éd. 4*). Il y a une chose que l'on n'a point vue sous le ciel et que selon toutes les apparences on ne verra jamais : c'est
235 une petite ville qui n'est divisée en aucuns⁵ partis; où les familles sont unies, et où les cousins se voient avec confiance; où un mariage n'engendre point une guerre civile; où la querelle des rangs ne se réveille pas à tous moments par l'offrande, l'encens et le pain bénit⁶, par les processions et par les obsèques;
240 d'où l'on a banni les *caquets*, le mensonge et la médisance; où l'on voit parler ensemble le bailli* et le président, les élus* et les assesseurs*; où le doyen* vit bien avec ses chanoines*; où les chanoines ne dédaignent pas les chapelains*, et où ceux-ci souffrent les chantres*.

245 **51** (*Éd. 4*). Les provinciaux et les sots sont toujours prêts à se fâcher, et à croire qu'on se moque d'eux ou qu'on les méprise : il ne faut jamais hasarder la plaisanterie, même la plus douce

---

1. *Commerce* : fréquentation; 2. *La fuite* : le désir d'éviter; 3. *Société* : compagnie; 4. *Liaison* : relations; 5. Le français classique admet cet usage pluriel de *aucun* en tournure négative; 6. Le *pain bénit* est distribué à la messe du dimanche au moment de l'offrande; l'ordre dans lequel il est offert peut soulever une querelle de préséances.

QUESTIONS

16. FRAGMENT 47. Les contemporains ont vu dans ces lignes une allusion à l'inimitié qui opposait deux conseillers du parlement de Bordeaux, Hervé et Vedeau de Grammont, au sujet d'un droit de pêche. Comment La Bruyère a-t-il amplifié cette anecdote banale? — Faut-il comprendre que l'intérêt est ici la cause déterminante du conflit? Expliquez notamment la phrase *Jamais* [...] *pour une moindre chose.* Quelle malédiction semble peser sur la condition humaine? Pourquoi l'antipathie serait-elle d'autant plus forte que les liens sociaux sont étroits? — Quel lien établir entre la dernière pensée et le point de vue de La Bruyère sur les causes de la guerre (voir chapitre XII, « Des jugements », fragment 119).

et la plus permise, qu'avec des gens polis, ou qui ont de l'esprit. **(17)**

250 **54** *(Éd. 1)*. Celui qui est d'une éminence[1] au-dessus des autres qui le met à couvert de la repartie, ne doit jamais faire une raillerie piquante.

56 *(Éd. 4)*. Rire des gens d'esprit, c'est le privilège des sots : ils sont dans le monde ce que les fous[2] sont à la cour, je veux
255 dire sans conséquence.

57 *(Éd. 1)*. La moquerie est souvent indigence d'esprit.

59 *(Éd. 4)*. Si vous observez avec soin qui sont les gens qui ne peuvent louer, qui blâment toujours, qui ne sont contents de personne, vous reconnaîtrez que ce sont ceux mêmes dont
260 personne n'est content. **(18)**

63 *(Éd. 1)*. Combien de belles et inutiles raisons à étaler à celui qui est dans une grande adversité, pour essayer de le rendre tranquille! Les choses de dehors, qu'on appelle les événements, sont quelquefois plus fortes que la raison et que
265 la nature. « Mangez, dormez, ne vous laissez point mourir de chagrin, songez à vivre » : harangues froides, et qui réduisent[3]

---

1. D'un rang élevé; 2. Les *fous de cour*, bouffons qui avaient pour office d'amuser le roi, n'existaient plus à cette époque; l'Angely, le fou de Louis XIII, avait été un des derniers; La Bruyère suggère qu'ils sont remplacés par les courtisans; 3. *Réduire :* obliger.

QUESTIONS
---

17. Fragments 50, 51. La petite ville selon La Bruyère; en quoi le moraliste exploite-t-il ici la satire traditionnelle de la province? — Citez, dans la littérature française, des œuvres antérieures aux *Caractères* qui soient fondées sur ce thème; en quoi le moraliste annonce-t-il aussi certains romanciers du XIXe siècle qui ont peint les petitesses de la vie provinciale et notamment Stendhal? — Faut-il comprendre (ligne 248) que Paris est le lieu unique où s'acquiert la politesse? Comment le jugement de La Bruyère sur la province s'accorde-t-il avec ses opinions sur *l'antipathie* dans les fragments 40, 43, 44 et 47?

18. Fragments 54, 56, 57, 59. D'après ces quatre remarques, définissez les motifs que La Bruyère attribue à la moquerie et au dénigrement : en quoi est-ce toujours une inadaptation au véritable esprit social? — Pour La Rochefoucauld, « la moquerie vient au secours quand on manque de bonnes raisons ». Est-ce aussi le point de vue de La Bruyère?

à l'impossible. « Êtes-vous raisonnable de vous tant inquiéter ? » n'est-ce pas dire : « Êtes-vous fou d'être malheureux ? » **(19)**

65 *(Éd. 1)*. L'on a vu, il n'y a pas longtemps, un cercle de
270 personnes des deux sexes, liées ensemble par la conversation et par un commerce d'esprit[1]. Ils laissaient au vulgaire l'art de parler d'une manière intelligible ; une chose dite entre eux peu clairement en entraînait une autre encore plus obscure, sur laquelle on enchérissait par de vraies énigmes, toujours
275 suivies de longs applaudissements : par tout ce qu'ils appelaient délicatesse[2], sentiments, tour[3] et finesse d'expression, ils étaient enfin parvenus à n'être plus entendus[4] et à ne s'entendre pas eux-mêmes. Il ne fallait, pour fournir à ces entretiens, ni bon sens, ni jugement, ni mémoire, ni la moindre capacité :
280 il fallait de l'esprit, non pas du meilleur, mais de celui qui est faux, et où l'imagination a trop de part. **(20)**

67 *(Éd. 1)*. L'on parle impétueusement dans les entretiens, souvent par vanité ou par humeur, rarement avec assez d'attention : tout occupé du désir de répondre à ce qu'on n'écoute
285 point, l'on suit ses idées, et on les explique sans le moindre égard pour les raisonnements d'autrui ; l'on est bien éloigné de trouver ensemble la vérité, l'on n'est pas encore convenu de celle que l'on cherche. Qui pourrait écouter ces sortes de conversations et les écrire, ferait voir quelquefois de bonnes
290 choses qui n'ont nulle suite. **(21)**

---

1. La Bruyère vise ici les Précieuses sans qu'on puisse affirmer qu'il pense particulièrement à l'hôtel de Rambouillet (en déclin depuis 1650 et fermé en 1665 à la mort de la Marquise). Souvenir déjà lointain pour les gens de sa génération ; 2. *Délicatesse* : raffinement ; 3. *Tour* : élégance ; 4. *Entendre* : comprendre.

——— QUESTIONS ———

19. FRAGMENT 63. La Bruyère croit-il qu'on puisse dominer la fatalité ? Pourquoi *raison* et *nature* sont-elles impuissantes contre elle ? — La Bruyère admet-il la consolation telle que la conçoit la tradition stoïcienne ? — En quoi cette maxime prend-elle place dans un chapitre sur la « Société » ?

20. FRAGMENT 65. Comparez ce passage au fragment 7 du même chapitre, page 90. Sous quel autre aspect La Bruyère présente-t-il ici la préciosité ? Le moraliste en parle-t-il comme d'une mode encore vivante de son temps ? — Le mot *imagination* (ligne 281) est délicat à interpréter : en se référant toujours au fragment 7, voit-on ce que La Bruyère entend par un esprit *où l'imagination a trop de part ?* D'où vient finalement ce goût pour les artifices du langage ?

69 *(Éd. 4)*. Quelques femmes de la ville* ont la délicatesse[1] de ne pas savoir ou de n'oser dire le nom des rues, des places, et de quelques endroits publics, qu'elles ne croient pas assez nobles pour être connus. Elles disent : *le Louvre, la place Royale,*
295 mais elles usent de tours et de phrases[2] plutôt que de prononcer de certains noms; et s'ils leur échappent, c'est du moins avec quelque altération du mot, et après quelques façons qui les rassurent : en cela moins naturelles que les femmes de la cour*, qui ayant besoin dans le discours des *Halles,* du *Châte-*
300 *let,* ou de choses semblables, disent : *les Halles, le Châtelet*[3].

71 *(Éd. 1)*. L'on dit par belle humeur, et dans la liberté de la conversation, de ces choses froides[4], qu'à la vérité l'on donne pour telles, et que l'on ne trouve bonnes que parce qu'elles sont extrêmement mauvaises. Cette manière basse de plaisan-
305 ter a passé du peuple*, à qui elle appartient, jusque dans une grande partie de la jeunesse de la cour*, qu'elle a déjà infectée. Il est vrai qu'il y entre trop de fadeur et de grossièreté pour devoir craindre qu'elle s'étende plus loin, et qu'elle fasse de plus grands progrès dans un pays qui est le centre du bon goût
310 et de la politesse. L'on doit cependant en inspirer le dégoût à ceux qui la pratiquent; car bien que ce ne soit jamais sérieusement, elle ne laisse pas de tenir la place, dans leur esprit et dans le commerce ordinaire, de quelque chose de meilleur. **(22)**

---

1. *Délicatesse :* voir page 100, note 2; **2.** *Phrases :* périphrases; **3.** Le marché des *Halles* et la prison du *Châtelet* sont des lieux moins nobles que le palais du *Louvre* et que le quartier aristocratique du Marais *(place Royale)* ; **4.** Sans intérêt.

--- **QUESTIONS** ---

21. FRAGMENT 67. Cherchez dans ce même chapitre d'autres réflexions sur les travers qui détruisent l'esprit de conversation. Cette remarque-ci est cependant plus nuancée : montrez-le. — Dans les quatre premières éditions, on lit (lignes 284-285) : *répondre à ce que l'on ne se donne pas même la peine d'écouter ;* appréciez la modification.

22. FRAGMENTS 69, 71. Dans quelle mesure ces deux fragments, malgré l'apparence, se rattachent-ils à une même intention? Comment La Bruyère conçoit-il le rapport entre la qualité du langage et la condition sociale? Dans quel travers tombent les *femmes de la ville* (fragment 69) et les jeunes seigneurs de la Cour (fragment 71)? — Montrez que La Bruyère croit que la Cour reste et doit rester le modèle du beau langage. Comparez à l'éloge que Molière fait de la Cour dans la *Critique de « l'Ecole des femmes »* (scène VII) par la bouche de Dorante et dans *les Femmes savantes* (vers 1331 et suivants) par celle de Clitandre.

315 **74** *(Éd. 5)*. *Hermagoras* ne sait pas qui est roi de Hongrie; il
s'étonne de n'entendre faire aucune mention du roi de Bohême[1];
ne lui parlez pas des guerres de Flandre et de Hollande[2], dis-
pensez-le du moins de vous répondre : il confond les temps,
il ignore quand elles ont commencé, quand elles ont fini; combats,
320 sièges, tout lui est nouveau; mais s'il est instruit de la guerre
des géants[3], il en raconte le progrès et les moindres détails,
rien ne lui est échappé; il débrouille de même l'horrible chaos
des deux empires, le Babylonien et l'Assyrien[4]; il connaît à
fond les Égyptiens et leurs dynasties. Il n'a jamais vu Ver-
325 sailles, il ne le verra point : il a presque vu la tour de Babel,
il en compte les degrés, il sait combien d'architectes ont pré-
sidé à cet ouvrage, il sait le nom des architectes. Dirai-je qu'il
croit Henri IV fils de Henri III? Il néglige du moins de rien[5]
connaître aux maisons de France, d'Autriche et de Bavière :
330 « Quelles minuties[6]! » dit-il, pendant qu'il récite de mémoire
toute une liste des rois des Mèdes ou de Babylone, et que les
noms d'Apronal, d'Hérigebal, de Noesnemordach, de Mar-
dokempad[7], lui sont aussi familiers qu'à nous ceux de Valois
et de Bourbon. Il demande si l'Empereur a jamais été marié;
335 mais personne ne lui apprendra que Ninus a eu deux femmes.
On lui dit que le Roi jouit d'une santé parfaite; et il se souvient
que Thetmosis, un roi d'Égypte, était valétudinaire, et qu'il
tenait cette complexion de son aïeul Alipharmutosis. Que ne
sait-il point? Quelle chose lui est cachée de la vénérable anti-
340 quité? Il vous dira que Sémiramis[8], ou, selon quelques-uns,
Sérimaris, parlait comme son fils Ninyas, qu'on ne les dis-
tinguait pas à la parole : si c'était parce que la mère avait
une voix mâle comme son fils, ou le fils une voix efféminée
comme sa mère, qu'il n'ose pas le décider. Il vous révélera
345 que Nembrot[9] était gaucher, et Sésostris[10] ambidextre; que

---

1. L'empereur d'Autriche était depuis peu roi de Hongrie à titre héréditaire (1687)
Au contraire, c'est de longue date qu'il portait le titre de « roi de Bohême », par
lequel on ne le désignait pas ordinairement; 2. Guerres de Louis XIV; 3. Dans la
mythologie grecque, le combat que soutinrent Zeus et les Olympiens contre les géants,
fils de la Terre et d'Ouranos; 4. L'Empire babylonien (partie sud de la Mésopotamie) disparaît en 529 av. J.-C.; l'Empire assyrien (partie nord de la Mésopotamie,
capitale Ninive) s'était effondré en 612. La rivalité des deux empires domine toute
l'histoire de la Mésopotamie durant le IIe millénaire; 5. Il se soucie peu de savoir
quelque chose; 6. *Minuties* : détails inutiles; 7. Noms que La Bruyère a pu puiser
dans un ouvrage érudit de son temps, à moins qu'il ne les ait inventés; 8. Reine légendaire d'Assyrie et de Babylonie; 9. Nous disons *Nemrod*. Dans la Bible, c'est le petit-
fils de Cham et le fondateur de l'Empire babylonien; 10. *Sésostris* : roi légendaire
d'Égypte, qu'on a parfois identifié à Ramsès II.

« Il se met le premier à table et dans la première place. » (Page 93.)
Gravure de Nicolas Arnoult. B. N. Cabinet des Estampes.

c'est une erreur de s'imaginer qu'un[1] Artaxerxe ait été appelé
Longuemain parce que les bras lui tombaient jusqu'aux genoux,
et non à cause qu'il avait une main plus longue que l'autre ;
et il ajoute qu'il y a des auteurs graves[2] qui affirment que c'était
350 la droite, qu'il croit néanmoins être bien fondé à soutenir
que c'est la gauche. (23)

75 (*Éd. 8*). Ascagne est statuaire, Hégion fondeur, Æschine
foulon[3], et *Cydias* bel esprit, c'est sa profession. Il a une enseigne,
un atelier, des ouvrages de commandes, et des compagnons[4]
355 qui travaillent sous lui : il ne vous saurait rendre de plus d'un
mois les stances qu'il vous a promises, s'il ne manque de parole
à *Dosithée*, qui l'a engagé à faire une élégie ; une idylle est sur
le métier, c'est pour *Crantor*, qui le presse, et qui lui laisse
espérer un riche salaire. Prose, vers, que voulez-vous ? Il réussit
360 également en l'un et en l'autre. Demandez-lui des lettres de
consolation, ou sur une absence, il les entreprendra ; prenez-les
toutes faites et entrez dans son magasin, il y a à choisir. Il a
un ami qui n'a point d'autre fonction sur la terre que de le
promettre longtemps à un certain monde, et de le présenter
365 enfin dans les maisons comme homme rare et d'une exquise

---

1. *Un*, parce que l'histoire compte plusieurs Artaxerxès, rois de Perse. Celui qui
fut surnommé Longue-Main régna de 465 à 424 av. J.-C. ; **2.** *Grave* : dont l'avis a
du poids, sérieux ; **3.** *Foulon* : ouvrier qui travaille au dégraissage et au repassage
du drap et du feutre ; **4.** Dans toute corporation, le maître est assisté par des compagnons.

QUESTIONS

23. FRAGMENT 74. On pense généralement que La Bruyère s'est inspiré
de ce passage de Malebranche (*De la recherche de la vérité*, livre IV, chapitre VII) : « Ils ne savent pas la généalogie des princes qui règnent présentement, et ils recherchent avec soin celle des hommes qui sont morts il y
a 4 000 ans [...]. Ils ne connaissent pas même leurs propres parents ; mais,
si vous le souhaitez, ils vous apporteront plusieurs autorités pour vous
prouver qu'un citoyen romain était allié d'un empereur. » Quel parti le
moraliste a-t-il tiré de ce texte ? — La composition de ce portrait : sur quelle
opposition est-il construit d'un bout à l'autre ? Comment les détails de
l'érudition tournée vers un lointain passé finissent-ils par évincer toute
allusion à l'histoire moderne ? — Le portrait a-t-il une conclusion ? D'où
vient l'impression que l'énumération de certaines particularités pourrait
indéfiniment se poursuivre ? Quel effet en résulte ? — Les procédés bur-
lesques dans ce passage : en quoi La Bruyère suit-il ici la tradition de
Molière quand il caricature des « docteurs » ridicules ? — La culture et
l'érudition selon La Bruyère ; vous chercherez dans *les Caractères* et notamment dans le chapitre II, « Du mérite personnel », d'autres remarques sur
le même sujet.

conversation (**24**); et là, ainsi que le musicien chante et que le
joueur de luth touche son luth devant les personnes à qui il
a été promis, Cydias, après avoir toussé, relevé sa manchette,
étendu la main et ouvert les doigts, débite gravement ses pen-
370 sées quintessenciées et ses raisonnements sophistiqués (**25**).
Différent de ceux qui convenant de principes, et connaissant
la raison ou la vérité qui est une, s'arrachent la parole l'un à
l'autre pour s'accorder sur leurs sentiments, il n'ouvre la bouche
que pour contredire : « *Il me semble*, dit-il gracieusement,
375 *que c'est tout le contraire de ce que vous dites* »; ou : « *Je ne
saurais être de votre opinion* »; ou bien : « *Ç'a été autrefois
mon entêtement, comme il est le vôtre, mais... Il y a trois choses*,
ajoute-t-il, *à considérer...* », et il en ajoute une quatrième :
fade discoureur, qui n'a pas mis plus tôt le pied dans une
380 assemblée, qu'il cherche quelques femmes auprès de qui il
puisse s'insinuer, se parer de son bel esprit ou de sa philosophie, et mettre en œuvre ses rares conceptions; car soit qu'il
parle ou qu'il écrive, il ne doit pas être soupçonné d'avoir
en vue ni le vrai ni le faux, ni le raisonnable ni le ridicule : il
385 évite uniquement de donner dans le sens des autres, et d'être
de l'avis de quelqu'un; aussi attend-il dans un cercle que chacun se soit expliqué sur le sujet qui s'est offert, ou souvent
qu'il a amené lui-même, pour dire dogmatiquement des choses
toutes nouvelles, mais à son gré décisives et sans réplique (**26**).
390 Cydias s'égale à Lucien[1] et à Sénèque[2], se met au-dessus de

---

1. *Lucien* : prosateur grec (125-192 apr. J.-C.), couramment cité pour son irré-
vérence religieuse; 2. *Sénèque* (4-65 apr. J.-C.) : écrivain latin et philosophe stoïcien.
L'allusion à ces deux écrivains a confirmé l'impression que Cydias était le portrait
de Fontenelle, libre penseur et partisan des Modernes.

───────── **QUESTIONS** ─────────

24. FRAGMENT 75. Relevez tous les termes qui assimilent le bel esprit
à un artisan habile à faire valoir sa marchandise. — Comment s'anime
peu à peu le portrait? Quel dialogue se trouve enveloppé dans le déroule-
ment de cette comparaison?

25. La nouvelle comparaison avec les musiciens de salon ne modifie-
t-elle pas la première image qu'on s'était faite de Cydias? Quel nouvel
aspect du personnage se révèle?

26. Le troisième aspect du personnage : relevez tous les termes qui
précisent sous quelle forme particulière se présente ici l'esprit de contradiction; cette attitude vient-elle de l'intransigeance des principes et de
la mauvaise humeur comme chez l'Alceste de Molière? — Quels termes
rappellent ici les conditions nécessaires aux yeux de La Bruyère pour
que la conversation mondaine garde son utilité et son agrément?

Platon, de Virgile et de Théocrite[1]; et son flatteur a soin de le confirmer tous les matins dans cette opinion. Uni de goût et d'intérêt avec les contempteurs[2] d'Homère, il attend paisiblement que les hommes détrompés lui[3] préfèrent les poètes
395 modernes : il se met en ce cas à la tête de ces derniers, et il sait à qui il adjuge la seconde place **(27)**. C'est en un mot un composé du pédant et du précieux, fait pour être admiré de la bourgeoisie* et de la province, en qui néanmoins on n'aperçoit rien de grand que l'opinion qu'il a de lui-même. **(28) (29)**

400 **76** *(Éd. 1).* C'est la profonde ignorance qui inspire le ton dogmatique. Celui qui ne sait rien croit enseigner aux autres ce qu'il vient d'apprendre lui-même; celui qui sait beaucoup pense à peine que ce qu'il dit puisse être ignoré, et parle plus indifféremment[4]. **(30)**

---

1. *Théocrite* (IIe s. av. J.-C.) : le plus célèbre des poètes bucoliques grecs; 2. *Contempteur :* détracteur; 3. *Lui* représente Homère; 4. *Indifféremment :* simplement.

──────── **QUESTIONS** ────────

27. N'est-ce pas encore un nouvel aspect du personnage qui se manifeste? Les préférences littéraires de Cydias : à quelle querelle se rapportent les allusions aux auteurs de l'Antiquité cités ici? Où en est cette querelle au moment de la huitième édition des *Caractères?*

28. Appréciez le procédé mis en œuvre pour la conclusion : en quoi retrouve-t-on ici un des moyens familiers à La Bruyère pour définir un caractère? — Cherchez dans le même chapitre d'autres fragments montrant comment le pédantisme et la préciosité peuvent être admirés seulement *de la bourgeoisie et de la province.*

29. Sur l'ensemble du fragment 75. — Analysez la structure de ce portrait : a-t-il une véritable unité psychologique? — Toutes les clés s'accordent pour faire de Fontenelle le modèle de Cydias : quels éléments justifient cette identification? Le moraliste a-t-il su dominer suffisamment ses sentiments personnels pour faire de Cydias un certain type d'écrivain, ou bien a-t-il façonné son personnage d'après ses propres rancœurs? — Voit-on à travers cette satire comment La Bruyère conçoit la condition de l'écrivain digne de ce nom? Quels sont les trois griefs qu'il accumule contre Cydias?

30. Fragment 76. Julien Benda, commentateur de La Bruyère, note à propos de ces lignes : « Réflexion inspirée par la haine de l'homme de goût pour le ton dogmatique. Il n'en est pas moins vrai que le ton dogmatique peut fort bien compatir avec une science réelle. Ne demandons pas trop de justice aux moralistes. » Vous donnerez votre avis en remarquant que le *ton dogmatique* est précisément reproché à Fontenelle dans le fragment précédent.

405 **77** *(Éd. 1)*. Les plus grandes choses n'ont besoin que d'être dites simplement : elles se gâtent par l'emphase. Il faut dire noblement les plus petites : elles ne se soutiennent que par l'expression, le ton et la manière.

78 *(Éd. 1)*. Il me semble que l'on dit les choses encore plus 410 finement qu'on ne peut les écrire. **(31)**

83 *(Éd. 1)*. Le sage quelquefois évite le monde de peur d'être ennuyé. **(32) (33)**

CHAPITRE VI

DES BIENS DE FORTUNE

1 *(Éd. 1)*. Un homme fort riche peut manger des entremets[1], faire peindre[2] ses lambris et ses alcôves, jouir d'un palais à

---

1. Tout ce qui se sert après le rôti et avant les fruits, donc le signe d'un service abondant; 2. Décorer par des artistes peintres (voir fragment 78, même chapitre).

—— **QUESTIONS** ——

31. FRAGMENTS 77, 78. Quelles sont, d'après La Bruyère, les qualités nécessaires au style de la conversation? En quoi correspondent-elles aux qualités du style écrit, telles que La Bruyère les a définies dans certains fragments du chapitre premier, « Des ouvrages de l'esprit »? — Le « classicisme » de La Bruyère se confirme-t-il ici?

32. FRAGMENT 83. Ce fragment est le dernier du chapitre : en est-il une conclusion qui livre une confidence du moraliste?

33. SUR L'ENSEMBLE DU CHAPITRE V. — A quel aspect de la vie sociale au XVIIᵉ siècle est consacré ce chapitre? En quoi sa portée morale est-elle donc limitée? Malgré la différence de nos mœurs avec celles que décrit La Bruyère, on peut tirer de ces pages un code de politesse encore acceptable aujourd'hui : récapitulez-en les principaux préceptes.
— Le personnage de La Bruyère. Montrez par une étude détaillée de quelques textes que les griefs adressés par La Bruyère aux gens de mauvaise compagnie se résument en vérité à un seul : l'égoïsme.
— En quoi vulgarité et préciosité sont-elles deux aspects opposés d'une suffisance et d'une présomption comparables?
— L'homme est-il par nature apte à vivre en société? Dans quelle mesure l'inégalité sociale et notamment la richesse et la puissance aggravent-elles encore les difficultés qu'ont les hommes à s'entendre? Quels remèdes le moraliste propose-t-il à toutes les incompatibilités qui opposent les hommes? Faut-il fuir comme Alceste et se taire? ou se borner à ne fréquenter que d' « honnêtes gens »?

la campagne et d'un autre à la ville*, avoir un grand équipage[1],
mettre un duc* dans sa famille, et faire de son fils un grand
5 seigneur* : cela est juste et de son ressort; mais il appartient
peut-être à d'autres de vivre contents.

2 *(Éd. 1)*. Une grande naissance ou une grande fortune
annonce le mérite, et le fait plus tôt remarquer. **(1)**

4 *(Éd. 1)*. A mesure que la faveur et les grands biens se
10 retirent d'un homme, ils laissent voir en lui le ridicule qu'ils
couvraient, et qui y était sans que personne s'en aperçût.

7 *(Éd. 7)*. Si le financier manque son coup, les courtisans
disent de lui : « C'est un bourgeois*, un homme de rien, un
malotru »; s'il réussit, ils lui demandent sa fille.

15 **8** *(Éd. 6)*. Quelques-uns ont fait dans leur jeunesse l'apprentissage d'un certain métier[2], pour en exercer un autre, et
fort différent, le reste de leur vie.

10 *(Éd. 4)*. Un projet assez vain serait de vouloir tourner
un homme fort sot et fort riche en ridicule; les rieurs sont de
20 son côté. **(2)**

12 *(Éd. 8)*. Je vais, *Clitiphon*, à votre porte; le besoin que
j'ai de vous me chasse de mon lit et de ma chambre : plût
aux Dieux que je ne fusse ni votre client[3] ni votre fâcheux!

---

1. *Equipage :* ce qui sert à sortir (voiture, chevaux et domestiques); **2.** Celui de
valet. Effectivement, beaucoup de gens de finance avaient d'abord été domestiques;
3. *Client :* dans la Rome antique, plébéien secouru par un patricien.

--- **QUESTIONS** ---

1. FRAGMENTS 1, 2. Mettez en évidence le caractère et le style très
différents de ces deux remarques qui ouvrent le chapitre. — Quel est
le sens du mot *fortune* (fragment 2)? En quoi une *grande fortune* ne peut-
elle guère se concevoir sans richesse au temps de La Bruyère? — Voit-
on, d'après ces deux premiers fragments, les thèmes que La Bruyère
abordera dans ce chapitre?

2. FRAGMENTS 4, 7, 8, 10. Comment l'ordre moral et social est-il faussé
par l'appât du gain et le prestige de l'argent? — En quoi les fragments 4
et 10 se complètent-ils? La Bruyère avait d'abord écrit (ligne 19) : *fort
riche et fort sot;* quel intérêt y avait-il à intervertir les termes? — Le
tour du fragment 8 rend-il l'allusion difficile à comprendre? Cherchez
d'autres passages du même chapitre où La Bruyère dit en propres termes
ce qu'il exprime ici par des sous-entendus.

Vos esclaves me disent que vous êtes enfermé, et que vous
25 ne pouvez m'écouter que d'une heure[1] entière. Je reviens avant
le temps qu'ils m'ont marqué, et ils me disent que vous êtes
sorti. Que faites-vous, Clitiphon, dans cet endroit le plus reculé
de votre appartement, de si laborieux, qui vous empêche de
m'entendre ? Vous enfilez[2] quelques mémoires[3], vous colla-
30 tionnez[4] un registre, vous signez, vous paraphez[5]. Je n'avais
qu'une chose à vous demander, et vous n'aviez qu'un mot
à me répondre, oui, ou non. Voulez-vous être rare[6] ? Rendez
service à ceux qui dépendent de vous : vous le serez davantage
par cette conduite que par ne vous pas laisser voir. O homme
35 important et chargé d'affaires, qui à votre tour avez besoin
de mes offices, venez dans la solitude de mon cabinet : le philosophe[7] est accessible ; je ne vous remettrai point à un autre
jour. Vous me trouverez sur les livres de Platon qui traitent
de la spiritualité de l'âme et de sa distinction d'avec le corps,
40 ou la plume à la main pour calculer les distances de Saturne
et de Jupiter[8] : j'admire Dieu dans ses ouvrages, et je cherche,
par la connaissance de la vérité, à régler mon esprit et devenir
meilleur. Entrez, toutes les portes vous sont ouvertes ; mon
antichambre n'est pas faite pour s'y ennuyer en m'attendant ;
45 passez jusqu'à moi sans me faire avertir. Vous m'apportez
quelque chose de plus précieux que l'argent et l'or, si c'est
une occasion de vous obliger. Parlez, que voulez-vous que je
fasse pour vous ? Faut-il quitter mes livres, mes études, mon
ouvrage, cette ligne qui est commencée ? Quelle interruption
50 heureuse pour moi que celle qui vous est utile ! Le manieur
d'argent, l'homme d'affaires est un ours qu'on ne saurait
apprivoiser ; on ne le voit dans sa loge[9] qu'avec peine : que
dis-je ? on ne le voit point ; car d'abord on ne le voit pas encore,
et bientôt on ne le voit plus. L'homme de lettres au contraire
55 est trivial[10] comme une borne au coin des places ; il est vu de
tous, et à toute heure, et en tous états, à table, au lit, nu[11],

---

1. Dans une heure ; **2.** *Enfiler :* mettre en liasses ; **3.** *Mémoires :* documents ; **4.** *Col-
lationner :* vérifier par comparaison avec un document original ; **5.** *Parapher :* revêtir
d'une marque attestant qu'on a pris connaissance ; **6.** *Rare :* qu'on trouve difficilement, mais aussi qui a un mérite extraordinaire. Le texte semble jouer ici sur les
deux sens du mot ; **7.** *Philosophe :* celui qui s'intéresse à toutes les activités de l'esprit
(sens large) ; **8.** L'activité scientifique du philosophe et sa curiosité pour l'astronomie
ne sont pas ici des allusions purement théoriques ; voir le fragment 43 du chapitre xvi,
« Des esprits forts », dans le tome II ; **9.** *Loge :* cage ; **10.** *Trivial :* offert à tous les
regards. Le mot vient de l'adjectif latin *trivialis*, « qui se trouve à un carrefour » ;
11. *Nu :* en déshabillé.

habillé, sain ou malade : il ne peut être important, et il ne le
veut point être. (3)

14 (*Éd. 1*). Les P. T. S.* nous font sentir toutes les passions
60 l'une après l'autre : l'on commence par le mépris, à cause de
leur obscurité; on les envie ensuite, on les hait, on les craint,
on les estime quelquefois, et on les respecte; l'on vit assez
pour finir à leur égard par la compassion.

15 (*Éd. 1*). *Sosie* de la livrée* a passé par une petite recette*
65 à une sous-ferme*; et par les concussions[1], la violence, et
l'abus qu'il a fait de ses *pouvoirs*, il s'est enfin, sur les ruines
de plusieurs familles, élevé à quelque grade. Devenu noble
par une charge*, il ne lui manquait que d'être homme de bien :
une place de marguillier* a fait ce prodige. (4)

70 16 (*Éd. 1*). *Arfure* cheminait[2] seule et à pied vers le grand
portique de Saint**, entendait de loin le sermon d'un carme[3]
ou d'un docteur* qu'elle ne voyait qu'obliquement, et dont
elle perdait bien des paroles. Sa vertu était obscure[4], et sa
dévotion connue comme sa personne[5]. Son mari est entré dans
75 le *huitième denier*[6] : quelle monstrueuse fortune en moins de
six années! Elle n'arrive à l'église que dans un char[7]; on lui
porte une lourde queue[8]; l'orateur s'interrompt pendant qu'elle

---

1. *Concussions* : malhonnêtetés et détournements dans le maniement des deniers
publics; 2. Imparfait de répétition : « avait l'habitude de faire le chemin seule et à
pied »; 3. *Carme* : religieux de l'ordre des Carmes, qui avait été rénové au XVIe siècle
par saint Jean de la Croix; 4. Passait inaperçue; 5. C'est-à-dire aussi peu que sa
personne; 6. *Huitième denier* : nom d'un impôt établi en 1670; expression raccour-
cie pour dire *la ferme du huitième denier*; 7. Dans la Rome antique, véhicule d'apparat. Mis ici pour « carrosse »; 8. Ce que nous appelons la *traîne*.

━━━━━━ QUESTIONS ━━━━━━

3. FRAGMENT 12. La composition de ce fragment : le jeu des antithèses. N'a-t-on pas l'impression que l'ensemble est formé de deux éléments qui ont été juxtaposés après coup? — Après comparaison avec
le fragment 34 du chapitre premier, précisez ce qu'entend La Bruyère par
philosophe. Est-ce exactement le synonyme d'*homme de lettres* (ligne 54)?
Le paradoxe développé ici : quelle est celle des deux activités évoquées
qui devrait réclamer la solitude et l'isolement?

4. FRAGMENTS 14, 15. Rapprochez ces fragments du fragment 8 : comment se précise l'attaque contre une certaine catégorie sociale? — La
compassion dont parle La Bruyère (ligne 63) est-elle sincère à votre avis? —
Quelle est la pire des impostures pratiquées par les financiers, d'après
le fragment 15? — Faites le commentaire stylistique détaillé de ce fragment, l'un des plus incisifs du chapitre.

se place; elle le voit de front, n'en perd pas une seule parole
ni le moindre geste. Il y a une brigue entre les prêtres pour la
80 confesser; tous veulent l'absoudre, et le curé[1] l'emporte. (5)

18 (*Éd. 1*). *Champagne*[2], au sortir d'un long dîner qui lui
enfle l'estomac, et dans les douces fumées d'un vin d'Avenay
ou de Sillery[3], signe un ordre qu'on lui présente, qui ôterait
le pain à toute une province si l'on n'y remédiait. Il est excu-
85 sable : quel moyen de comprendre, dans la première heure
de la digestion, qu'on puisse quelque part mourir de faim? (6)

19 (*Éd. 4*). *Sylvain* de ses deniers a acquis de la naissance et
un autre nom : il est seigneur* de la paroisse où ses aïeuls
payaient la taille*; il n'aurait pu autrefois entrer page* chez
90 *Cléobule*, et il est son gendre. (7)

21 (*Éd. 5*). On ne peut mieux user de sa fortune que fait
Périandre : elle lui donne du rang, du crédit[4], de l'autorité;
déjà on ne le prie plus d'accorder son amitié, on implore sa
protection. Il a commencé par dire de soi-même : *un homme*
95 *de ma sorte*; il passe à dire : *un homme de ma qualité**; il se
donne pour tel, et il n'y a personne de ceux à qui il prête de
l'argent, ou qu'il reçoit à sa table, qui est délicate, qui veuille
s'y opposer. Sa demeure est superbe[5] : un dorique[6] règne

---

1. Le *curé* est le chef ecclésiastique de la paroisse; 2. On donnait aux valets le nom
de leur province d'origine; 3. Crus de Champagne; 4. *Crédit :* influence; 5. *Superbe :*
d'une magnificence insolente; 6. Une colonnade de style dorique.

QUESTIONS

5. FRAGMENT 16. La composition de ce fragment : cherchez d'autres
exemples de ce procédé dans ce chapitre; pourquoi ce procédé s'adapte-
t-il parfaitement ici à l'intention du moraliste? — La Bruyère avait-il déjà,
dans un autre fragment de ce chapitre, fait allusion à la manière dont
la richesse contamine même la religion? — La nuance entre *absoudre*
et *confesser* (ligne 80) : précisez la différence et l'intention satirique.

6. FRAGMENT 18. Cherchez d'autres noms donnés par La Bruyère à
ses financiers et à ses nouveaux riches; quelle impression pouvaient en
ressentir les lecteurs de son époque? Quels signes révèlent la basse origine
du financier Champagne? — L'ignorance où sont les riches des malheurs
des pauvres est un scandale aux yeux de La Bruyère : trouvez d'autres
textes qui répondent à la même indignation généreuse.

7. FRAGMENT 19. Le paysan parvenu : comparez à La Bruyère, sur
ce problème social qui existait depuis plusieurs générations, le point de
vue de Molière dans *George Dandin* (1668), et celui de Marivaux dans
son roman *le Paysan parvenu* (1735).

dans tous ses dehors; ce n'est pas une porte, c'est un portique :
100 est-ce la maison d'un particulier? est-ce un temple? le peuple
s'y trompe. Il est le seigneur* dominant[1] de tout le quartier.
C'est lui que l'on envie, et dont on voudrait voir la chute;
c'est lui dont la femme, par son collier de perles, s'est fait
des ennemies de toutes les dames du voisinage **(8)**. Tout se
105 soutient dans cet homme; rien encore ne se dément dans cette
grandeur qu'il a acquise, dont il ne doit rien, qu'il a payée.
Que son père, si vieux et si caduc, n'est-il mort il y a vingt ans
et avant qu'il se fît dans le monde aucune mention de Périandre!
Comment pourra-t-il soutenir[2] ces odieuses pancartes[3] qui
110 déchiffrent[4] les conditions et qui souvent font rougir la veuve
et les héritiers? Les supprimera-t-il aux yeux de toute une
ville jalouse, maligne, clairvoyante, et aux dépens de mille gens
qui veulent absolument aller tenir leur rang à des obsèques?
Veut-on d'ailleurs[5] qu'il fasse de son père un *Noble homme*,
115 et peut-être un *Honorable homme*, lui qui est *Messire*[6]? **(9)**

23 *(Éd. 1).* Si certains morts revenaient au monde, et s'ils
voyaient leurs grands noms portés, et leurs terres les mieux
titrées avec leurs châteaux et leurs maisons antiques, possédées

---

1. *Seigneur dominant :* titulaire d'un fief qui a d'autres fiefs sous sa dépendance (terme traditionnel du vocabulaire féodal); 2. *Soutenir :* supporter; 3. *Billets d'enterrements* (note de La Bruyère). Comparaison avec les avis rendant publiques les sentences criminelles; 4. *Déchiffrer :* dévoiler; 5. *D'ailleurs :* d'un autre côté, toutefois; 6. *Noble homme :* titre appartenant aux nobles, mais pris parfois par de grands bourgeois; *Honorable homme :* titre qu'on appliquait aux membres de la petite bourgeoisie commerçante; *Messire :* titre réservé aux « personnes de qualité ».

──────── **QUESTIONS** ────────

8. Fragment 21. L'ascension de Périandre : relevez tous les termes qui traduisent ironiquement l'élévation morale du personnage. — Quels sont les sentiments divers que suscite cet enrichissement? Comment traduisent-ils la dégradation des valeurs morales et l'hypocrisie sociale?

9. Comment la seconde partie du fragment équilibre-t-elle la première par un effet de contraste? Quel est le seul événement qui risque de compromettre la *grandeur* de Périandre? — Comment le moraliste nous fait-il pénétrer dans les sentiments de Périandre? En quoi l'ironie change-t-elle sinon d'objet, du moins de signification? — Montrez que l'ensemble du portrait met surtout en relief par des détails concrets la vanité d'un nouveau riche ainsi que la mesquinerie et le snobisme du monde qui l'entoure.

par des gens dont les pères étaient peut-être leurs métayers,
120 quelle opinion pourraient-ils avoir de notre siècle? **(10)**

24 *(Éd. 1)*. Rien ne fait mieux comprendre le peu de chose
que Dieu croit donner aux hommes, en leur abandonnant les
richesses, l'argent, les grands établissements[1] et les autres biens,
que la dispensation[2] qu'il en fait, et le genre d'hommes qui en
125 sont le mieux pourvus.

26 *(Éd. 1)*. Ce garçon si frais, si fleuri et d'une si belle santé
est seigneur* d'une abbaye* et de dix autres bénéfices* : tous
ensemble lui rapportent six vingt[3] mille livres de revenu, dont
il n'est payé qu'en médailles[4] d'or. Il y a ailleurs six vingt
130 familles indigentes qui ne se chauffent point pendant l'hiver,
qui n'ont point d'habits pour se couvrir, et qui souvent manquent
de pain ; leur pauvreté est extrême et honteuse. Quel partage !
Et cela ne prouve-t-il pas clairement un avenir[5]? **(11)**

31 *(Éd. 1)*. Le peuple* souvent a le plaisir de la tragédie :
135 il voit périr sur le théâtre du monde les personnages les plus
odieux, qui ont fait le plus de mal dans diverses scènes, et
qu'il a le plus haïs. **(12)**

---

1. *Établissement* : situation; **2.** *Dispensation* : répartition; **3.** Cent vingt (six fois
vingt); **4.** *Médaille* : ici, pièce; **5.** C'est-à-dire une vie céleste.

──── **QUESTIONS** ────

10. FRAGMENT 23. Jusqu'ici, La Bruyère a visé surtout les financiers :
montrez que la satire passe à un point de vue plus général; est-elle aussi
convaincante?

11. FRAGMENTS 24, 26. Dans quelle mesure le fragment 26 est-il une
application de l'idée générale exprimée dans le fragment 24? — Vous
vous reporterez au fragment 49 du chapitre XVI, « Des esprits forts »,
et vous y chercherez une phrase qui précise l'attitude de La Bruyère
face à l'inégalité sociale. Par quel compromis le moraliste chrétien réussit-il
à justifier l'ordre social voulu par la Providence sans cependant rendre
Dieu responsable de certains excès? Montrez l'importance des adjectifs
extrême et *honteux* (ligne 132). — Les clés du fragment 26 désignent
Le Tellier, archevêque de Reims, qui, à quarante-cinq ans, avait le bénéfice de six abbayes rapportant plus de 100 000 livres : quels détails ont
pu conduire les contemporains à cette identification? Le problème n'est-il
pas cependant beaucoup plus général? Que savez-vous de la question du
cumul des bénéfices ecclésiastiques sous l'Ancien Régime?

12. FRAGMENT 31. A quel genre de tragédie pense ici La Bruyère?
Est-ce un esprit de vengeance qui anime ici le moraliste? D'après certains fragments qui précèdent celui-ci, comment peut-il interpréter la
chute de Fouquet ou certaines condamnations réprimant quelquefois
les détournements des financiers?

32 *(Éd. 4)*. Si l'on partage la vie des P. T. S.* en deux por-
tions égales, la première, vive et agissante, est toute occupée
140 à vouloir affliger le peuple*, et la seconde, voisine de la mort,
à se déceler et à se ruiner les uns les autres. **(13)**

38 *(Éd. 1)*. Il faut une sorte d'esprit pour faire fortune, et
surtout une grande fortune : ce n'est ni le bon ni le bel esprit,
ni le grand ni le sublime, ni le fort ni le délicat : je ne sais pré-
145 cisément lequel c'est, et j'attends que quelqu'un veuille m'en
instruire.

(Éd. 5). Il faut moins d'esprit que d'habitude ou d'expérience pour faire sa fortune; l'on y songe trop tard, et quand
enfin l'on s'en avise, l'on commence par des fautes que l'on
150 n'a pas toujours le loisir de réparer : de là vient peut-être que
les fortunes sont si rares.

(Éd. 5). Un homme d'un petit génie peut vouloir s'avancer :
il néglige tout, il ne pense du matin au soir, il ne rêve la nuit
qu'à une seule chose, qui est de s'avancer. Il a commencé
155 de bonne heure, et dès son adolescence, à se mettre dans les
voies de la fortune : s'il trouve une barrière de front qui ferme
son passage, il biaise naturellement, et va à droit[1] ou à gauche,
selon qu'il y voit de jour[2] et d'apparence[3], et si de nouveaux
obstacles l'arrêtent, il rentre dans le sentier qu'il avait quitté;
160 il est déterminé, par la nature des difficultés, tantôt à les surmonter, tantôt à les éviter, ou à prendre d'autres mesures :
son intérêt, l'usage, les conjonctures le dirigent. Faut-il de si
grands talents et une si bonne tête à un voyageur pour suivre
d'abord le grand chemin, et s'il est plein et embarrassé, prendre
165 la terre, et aller à travers champs, puis regagner sa première
route, la continuer, arriver à son terme? Faut-il tant d'esprit
pour aller à ses fins? Est-ce donc un prodige qu'un sot riche
et accrédité?

(Éd. 5). Il y a même des stupides[4], et j'ose dire des imbéciles[5],
170 qui se placent en de beaux postes, et qui savent mourir dans

---

1. A droite (expression habituelle à l'époque); 2. *Jour* : chance de succès. Nous
dirions « selon ce qu'il y voit de... »; 3. *Apparence* : possibilité; 4. *Stupide* : hébété,
abruti; 5. *Imbécile* : affaibli mentalement (sens très fort).

─────────── **QUESTIONS** ───────────

13. FRAGMENT 32. Par comparaison avec les autres fragments de ce
chapitre, déjà consacrés aux financiers (et notamment le fragment 14),
comment se complète ici l'image des *partisans?*

l'opulence, sans qu'on les doive soupçonner en nulle manière
d'y avoir contribué de leur travail ou de la moindre industrie[1] :
quelqu'un les a conduits à la source d'un fleuve, ou bien le
hasard seul les y a fait rencontrer[2]; on leur a dit : « Voulez-
175 vous de l'eau? puisez »; et ils ont puisé. **(14)**

47 *(Éd. 5).* Il y a des misères sur la terre qui saisissent le
cœur; il manque à quelques-uns jusqu'aux aliments; ils redoutent
l'hiver, ils appréhendent de vivre. L'on mange ailleurs des
fruits précoces; l'on force la terre et les saisons pour fournir
180 à sa délicatesse[3]; de simples bourgeois*, seulement à cause
qu'ils étaient riches, ont eu l'audace d'avaler en un seul morceau la nourriture de cent familles. Tienne qui voudra contre
de si grandes extrémités : je ne veux être, si je le puis, ni malheureux ni heureux; je me jette et me réfugie dans la médiocrité[4].

185 **48** *(Éd. 5).* On sait que les pauvres sont chagrins de ce que
tout leur manque, et que personne ne les soulage; mais s'il
est vrai que les riches soient colères, c'est de ce que la moindre
chose puisse leur manquer, ou que quelqu'un veuille leur
résister. **(15)**

190 **49** *(Éd. 7).* Celui-là est riche, qui reçoit plus qu'il ne consume[5];
celui-là est pauvre, dont la dépense excède la recette.
(Éd. 7). Tel, avec deux millions de rente, peut être pauvre
chaque année de cinq cent mille livres.

---

1. *Industrie :* activité; 2. Se rencontrer, se trouver (suppression du pronom réfléchi dans les verbes pronominaux à l'infinitif après un auxiliaire de mode); 3. *Délicatesse :* goût du luxe. Le possessif *sa* est réfléchi, il renvoie au sujet *on*; 4. *Médiocrité :*
situation moyenne sans richesse ni pauvreté; 5. *Consumer :* absorber.

———— QUESTIONS ————

14. FRAGMENT 38. La composition de ce passage : comment s'est
développée la pensée du moraliste de la première à la cinquième édition?
— Étudiez le vocabulaire psychologique de ce fragment (sens des mots
esprit, talent, génie; habitude, expérience, etc.) : montrez la façon dont
La Bruyère traduit l'opposition entre l'activité intellectuelle et la pratique
des affaires.

15. FRAGMENTS 47, 48. Comparez le fragment 47 aux fragments 18
et 26 : quel thème reparaît ici? — Commentez la phrase *de simples
bourgeois* [...] *cent familles* (lignes 180-182). La Bruyère veut-il dire que le
luxe serait moins scandaleux chez les grands seigneurs que chez les *simples
bourgeois?* Dégagez l'importance de cette phrase pour comprendre le
point de vue de La Bruyère sur les questions sociales. — L'expression
de la pitié chez La Bruyère. — Qu'est-ce que la *médiocrité* (ligne 184)
dans laquelle se réfugie le sage? Est-ce un idéal bien nouveau? Comment
le fragment 48 confirme-t-il les avantages de la *médiocrité?*

(Éd. 7). Il n'y a rien qui se soutienne plus longtemps qu'une
195 médiocre[1] fortune; il n'y a rien dont on voie mieux la fin que
d'une grande fortune.

(Éd. 7). L'occasion prochaine de la pauvreté, c'est de grandes
richesses.

d'être riche c'est d'être sot.

(Éd. 7). S'il est vrai que l'on soit riche de tout ce dont on n'a
200 pas besoin, un homme fort riche, c'est un homme qui est sage.

(Éd. 7). S'il est vrai que l'on soit pauvre par toutes les choses
que l'on désire, l'ambitieux et l'avare languissent dans une
extrême pauvreté. **(16)**

56 *(Éd. 5).* Si les pensées, les livres et leurs auteurs dépen-
205 daient des riches et de ceux qui ont fait une belle fortune, quelle
proscription! Il n'y aurait plus de rappel[2]. Quel ton, quel
ascendant ne prennent-ils pas sur les savants! Quelle majesté
n'observent-ils pas à l'égard de ces hommes *chétifs*, que leur
mérite n'a ni placés ni enrichis, et qui en sont encore à penser
210 et à écrire judicieusement **(17)**! Il faut l'avouer, le présent
est pour les riches, et l'avenir pour les vertueux et les habiles[3].
HOMÈRE est encore et sera toujours : les receveurs de droits,
les publicains[4] ne sont plus; ont-ils été? leur patrie, leurs noms
sont-ils connus? y a-t-il eu dans la Grèce des partisans*? Que
215 sont devenus ces importants personnages qui méprisaient
Homère, qui ne songeaient dans la place[5] qu'à l'éviter, qui
ne lui rendaient pas le salut, ou qui le saluaient par son nom,

---

1. *Médiocre :* voir page 64, note 3; 2. *Rappel :* grâce accordée aux bannis; 3. *Habile :*
savant; 4. *Publicains :* dans la Rome antique, l'équivalent des *fermiers* du temps de
La Bruyère. Ce terme est employé dans les Évangiles pour désigner les mauvais
riches; 5. Sur la place. Nous dirions plus volontiers « dans la rue ».

──────── **QUESTIONS** ────────

16. FRAGMENT 49. La Bruyère reprend ici un lieu commun de la sagesse
antique dont vous pourrez chercher des illustrations chez Cicéron, Sénèque,
Lucrèce et Horace. Vous direz, d'autre part, si ce passage, en appelant
« pauvres » les plus fortunés, n'ôte pas de sa virulence au fragment 47,
et aux autres textes par lesquels La Bruyère dénonce la misère.

17. FRAGMENT 56. Comparez ce début au fragment 38 : comment se
traduit en termes concrets l'opposition entre la puissance du financier
et l'activité de l'écrivain? A quoi peut-on reconnaître la rancœur personnelle de l'écrivain? — Recherchez dans le chapitre premier, « Des
ouvrages de l'esprit », les passages où La Bruyère définit la condition des
hommes de lettres. Puisque ceux-ci ne convoitent pas les profits qui leur
assureraient l'indépendance, sur quelle protection peuvent-ils compter
pour ne pas dépendre des gens d'argent?

qui ne daignaient pas l'associer à leur table, qui le regardaient
comme un homme qui n'était pas riche et qui faisait un livre?
220 Que deviendront les *Fauconnets*[1]? iront-ils aussi loin dans la
postérité que DESCARTES, né Français et *mort en Suède*[2]? **(18)**

58 *(Éd. 1)*. Il y a des âmes sales, pétries de boue et d'ordure,
éprises du gain et de l'intérêt, comme les belles âmes le sont
de la gloire et de la vertu; capables d'une seule volupté, qui
225 est celle d'acquérir ou de ne point perdre; curieuses et avides
du denier dix[3]; uniquement occupées de leurs débiteurs; toujours inquiètes sur le rabais ou sur le décri des monnaies;
enfoncées et comme abîmées[4] dans les contrats, les titres et
les parchemins. De telles gens ne sont ni parents, ni amis, ni
230 citoyens, ni chrétiens, ni peut-être des hommes : ils ont de
l'argent.

59 *(Éd. 6)*. Commençons par excepter ces âmes nobles et
courageuses, s'il en reste encore sur la terre, secourables, ingé-
nieuses à faire du bien, que nuls besoins, nulle disproportion,
235 nuls artifices ne peuvent séparer de ceux qu'ils se sont une
fois choisis pour amis; et après cette précaution, disons hardiment une chose triste et douloureuse à imaginer : il n'y a personne au monde si bien liée avec nous de société et de bien-
veillance, qui nous aime, qui nous goûte, qui nous fait mille
240 offres de services et qui nous sert quelquefois, qui n'ait en soi,
par l'attachement à son intérêt, des dispositions très proches
à rompre avec nous, et à devenir notre ennemi.

68 *(Éd. 5)*. Triste condition de l'homme, et qui dégoûte de
la vie! il faut suer, veiller, fléchir, dépendre, pour avoir un peu
245 de fortune, ou la devoir à l'agonie de nos proches. <u>Celui qui</u>

---

1. Un certain Jean Fauconnet avait acquis en 1681, pour six ans, à la fois la ferme
des domaines, celle des gabelles et les « cinq grosses fermes »; **2.** Descartes était
à la cour de Christine de Suède quand il mourut en 1650; **3.** Taux d'intérêt. L'expression signifie que *dix* deniers de capital en donnent *un* d'intérêt (soit 10 %);
4. *Abîmé :* englouti.

────── **QUESTIONS** ──────

18. Quelle est la compensation que La Bruyère offre aux intellectuels?
— Comment s'élargit et s'amplifie le développement? Commentez les
mots *vertueux* et *habiles*. — Le ton de ce passage : d'où viennent les effets
de grandeur? Relevez cependant les anachronismes qui contribuent à
créer une certaine drôlerie : quel effet résulte de ce mélange? — Précisez
l'intention de l'allusion à Descartes (ligne 221). — **Pour compléter
l'étude, on se reportera à la Documentation thématique du t. II.**

s'empêche de souhaiter que son père y passe bientôt est homme
de bien. **(19)**

72 *(Éd. 6).* Une tenue d'états*, ou les chambres* assemblées
pour une affaire très capitale, n'offrent point aux yeux rien
250 de si grave et de si sérieux qu'une table de gens qui jouent un
grand jeu[1] : une triste sévérité règne sur leurs visages; implacables l'un pour l'autre, et irréconciliables ennemis pendant
que la séance dure, ils ne reconnaissent plus ni liaison[2], ni alliance,
ni naissance, ni distinctions : le hasard seul, aveugle et farouche
255 divinité, préside au cercle[3] et y décide souverainement; ils
l'honorent tous par un silence profond, et par une attention
dont ils sont partout ailleurs fort incapables; toutes les passions, comme suspendues, cèdent à une seule; le courtisan
alors n'est ni doux, ni flatteur, ni complaisant, ni même
260 dévot. **(20)**

78 *(Éd. 8).* Ni les troubles, *Zénobie*[4], qui agitent votre empire,
ni la guerre que vous soutenez virilement contre une nation
puissante depuis la mort du roi votre époux, ne diminuent
rien de votre magnificence. Vous avez préféré à toute autre
265 contrée les rives de l'Euphrate pour y élever un superbe édifice :
l'air y est sain et tempéré, la situation en est riante; un bois
sacré l'ombrage du côté du couchant; les dieux de Syrie, qui
habitent quelquefois la terre, n'y auraient pu choisir une plus

---

1. Jouent gros jeu; 2. *Liaisons :* relations; 3. Occupe la place d'honneur; 4. *Zénobie*, reine de Palmyre, en Asie Mineure, guerroya contre les Romains après la mort
de son mari (IIIe siècle apr. J.-C.).

─────── **QUESTIONS** ───────

19. FRAGMENTS 58, 59, 68. Dégagez les thèmes qui donnent à ces trois
fragments une résonance à peu près semblable. — Qu'entend le moraliste par le mot *âmes* (lignes 223 et 231)? Sous quelle perspective exa-
mine-t-il ici les ravages de l'argent? — Le pessimisme de La Bruyère :
à quels obstacles se heurte la vertu quand elle lutte contre l'argent?
— Commentez la définition de l'amitié dans les lignes 232-236 : cette
conception héroïque d'un attachement désintéressé ne semble-t-elle pas
un peu forcée? Y a-t-il d'autres moralistes du temps qui ont insisté sur
la difficulté de pratiquer une véritable amitié?

20. FRAGMENT 72. La vérité de l'observation dans cette analyse du jeu :
comment le moraliste, tout en s'abstenant de détails concrets et particuliers, réussit-il à recréer le climat qui règne dans une salle de jeu?
Quelle est l'impression dominante? Commentez notamment la remarque
sur la façon dont les joueurs témoignent d'une *attention dont ils sont
partout ailleurs fort incapables*. — Comparez le mouvement de la dernière phrase à celui de la dernière phrase du fragment 58; quel effet le
jeu a-t-il donc sur les apparences mondaines?

belle demeure. La campagne autour est couverte d'hommes
270 qui taillent et qui coupent, qui vont et qui viennent, qui roulent
ou qui charrient le bois du Liban[1], l'airain et le porphyre;
les grues et les machines gémissent dans l'air, et font espérer
à ceux qui voyagent vers l'Arabie de revoir à leur retour en
leurs foyers ce palais achevé, et dans cette splendeur où vous
275 désirez de le porter avant de l'habiter, vous et les princes* vos
enfants. N'y épargnez rien, grande Reine; employez-y l'or et
tout l'art des plus excellents ouvriers[2]; que les Phidias et les
Zeuxis[3] de votre siècle déploient toute leur science sur vos
plafonds et sur vos lambris; tracez-y de vastes et de délicieux
280 jardins, dont l'enchantement soit tel qu'ils ne paraissent pas
faits de la main des hommes; épuisez vos trésors et votre industrie[4] sur cet ouvrage incomparable; et après que vous y aurez
mis, Zénobie, la dernière main, quelqu'un de ces pâtres qui
habitent les sables voisins de Palmyre, devenu riche par les
285 péages de vos rivières, achètera un jour à deniers comptants
cette royale maison, pour l'embellir, et la rendre plus digne
de lui et de sa fortune. **(21)**

81 *(Éd. 4)*. La cause la plus immédiate de la ruine et de la
déroute[5] des personnes des deux conditions, de la robe et de
290 l'épée, est que l'état[6] seul, et non le bien, règle la dépense. **(22)**

83 *(Éd. 6)*. *Giton* a le teint frais, le visage plein et les joues
pendantes, l'œil fixe et assuré, les épaules larges, l'estomac
haut[7], la démarche ferme et délibérée. Il parle avec confiance;

---

1. Le cèdre, bois précieux utilisé dans tout l'Orient antique pour la construction
des palais et des temples; 2. *Ouvrier* : artiste, maître d'œuvre; 3. *Phidias*, sculpteur,
et *Zeuxis*, peintre de la Grèce classique du ve siècle av. J.-C., personnifient ici la
perfection artistique; 4. *Industrie* : ingéniosité; 5. *Déroute* : déconfiture; 6. *État* :
situation. On sait que *faire de la dépense* est alors du devoir d'une personne en place;
7. La poitrine bombée.

━━━ QUESTIONS ━━━

21. FRAGMENT 78. Sur quel effet de dissymétrie ce fragment est-il
construit? Cherchez d'autres exemples tirés du même effet. — Par comparaison avec les fragments 19 et 23, montrez comment un thème déjà ébauché ailleurs se trouve développé ici. — Vous étudierez le vocabulaire de
la description en relevant le mélange baroque d'exotisme oriental et
antique alternant avec des détails beaucoup plus modernes. Le style et le
rythme des phrases : montrez que La Bruyère s'amuse à faire un pastiche
de l'éloquence d'apparat. Quel effet produisent tous ces artifices de composition? Montrez qu'il s'agit d'une sorte de parabole destinée à illustrer
un des aspects les plus paradoxaux de la société du temps.

22. FRAGMENT 81. Est-ce seulement aux défauts personnels que La
Bruyère attribue ici la dégradation de l'ordre social?

d'avoir la confiance et le pouvoir

D'avoir l'argent, c'est

295 il fait répéter celui qui l'entretient, et il ne goûte que médiocrement[1] tout ce qu'il lui dit. Il déploie un ample mouchoir, et se mouche avec grand bruit; il crache fort loin, et il éternue fort haut. Il dort le jour, il dort la nuit, et profondément; il ronfle en compagnie. Il occupe à table et à la promenade plus de place qu'un autre. Il tient le milieu en se promenant avec
300 ses égaux; il s'arrête, et l'on s'arrête; il continue de marcher, et l'on marche : tous se règlent sur lui. Il interrompt, il redresse ceux qui ont la parole : on ne l'interrompt pas, on l'écoute aussi longtemps qu'il veut parler; on est de son avis, on croit les nouvelles qu'il débite. S'il s'assied, vous le voyez s'enfon-
305 cer dans un fauteuil, croiser les jambes l'une sur l'autre, froncer le sourcil, abaisser son chapeau sur ses yeux pour ne voir personne, ou le relever ensuite, et découvrir son front par fierté et par audace. Il est enjoué, grand rieur, impatient, présomptueux, colère, libertin[2], politique[3], mystérieux sur les affaires
310 du temps; il se croit des talents et de l'esprit. Il est riche. **(23)** (*Éd. 6*). **Phédon** a les yeux creux, le teint échauffé[4], le corps sec et le visage maigre; il dort peu, et d'un sommeil fort léger; il est abstrait[5], rêveur, et il a avec de l'esprit l'air d'un stupide : il oublie de dire ce qu'il sait, ou de parler d'événements qui
315 lui sont connus; et s'il le fait quelquefois, il s'en tire mal, il croit peser à ceux à qui il parle, il conte brièvement, mais froidement; il ne se fait pas écouter, il ne fait point rire. Il applaudit, il sourit à ce que les autres lui disent, il est de leur avis; il court, il vole pour leur rendre de petits services. Il est
320 complaisant, flatteur, empressé; il est mystérieux sur ses affaires, quelquefois menteur; il est superstitieux, scrupuleux, timide. Il marche doucement et légèrement, il semble craindre de fouler la terre; il marche les yeux baissés, et il n'ose les lever sur ceux qui passent. Il n'est jamais du nombre de ceux qui forment
325 un cercle[6] pour discourir; il se met derrière celui qui parle,

---

1. *Médiocrement* : passablement; 2. *Libertin* : incrédule; 3. *Politique* : réservé; 4. *Échauffé* : marqué de plaques rouges et de boutons; 5. *Abstrait* : distrait; 6. Qui assemblent un cercle autour d'eux.

━━━ QUESTIONS ━━━

23. FRAGMENT 83. Le procédé de composition de ce premier portrait : la juxtaposition de détails observés du dehors ne comporte-t-elle pas en réalité une progression qui guide le lecteur vers l'interprétation de ce caractère? — L'importance de la phrase *Il tient le milieu en se promenant avec ses égaux* (lignes 299-300) : quelle est la valeur de ce dernier mot? A quel cadre social se limite donc l'analyse de La Bruyère? — Par quels défauts se traduit finalement la supériorité que s'arroge le riche?

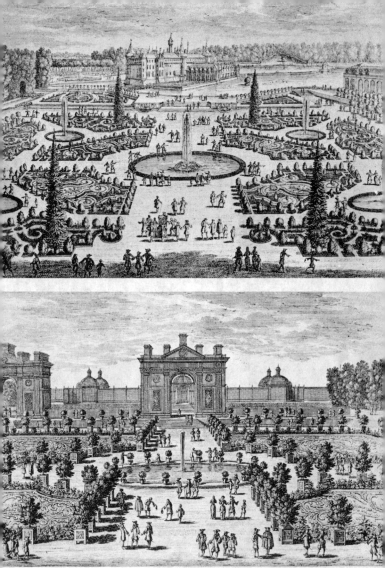

« Un homme fort riche peut [...] jouir d'un palais à la campagne
et d'un autre à la ville. » (Pages 107-108.)

En haut, le parterre de l'Orangerie, à Chantilly, château des Condé. *En bas*, le
jardin de l'hôtel de Condé, à Paris. Gravures d'Adam Perelle (1638-1695). B. N. E.

« Rien de si grave et de si sérieux qu'une table de gens qui jouent u

Phot. d'Aguilar.

grand jeu. » (Page 118.) Gravure de Sébastien Le Clerc (1637-1714). B. N.

recueille furtivement ce qui se dit, et il se retire si on le regarde. Il n'occupe point de lieu, il ne tient point de place; il va les épaules serrées, le chapeau abaissé sur ses yeux pour n'être point vu; il se replie et se renferme dans son manteau; il n'y a point de rues ni de galeries si embarrassées et si remplies de monde, où il ne trouve moyen de passer sans effort, et de se couler sans être aperçu. Si on le prie de s'asseoir, il se met à peine sur le bord d'un siège; il parle bas dans la conversation, et il articule mal; libre néanmoins sur les affaires publiques, chagrin contre le siècle[1], médiocrement prévenu des ministres[2] et du ministère. Il n'ouvre la bouche que pour répondre; il tousse, il se mouche sous son chapeau, il crache presque sur soi, et il attend qu'il soit seul pour éternuer, ou, si cela lui arrive, c'est à l'insu de la compagnie : il n'en coûte à personne ni salut ni compliment. Il est pauvre. **(24) (25)**

1. La manière de vivre de son époque; 2. Ayant passablement de préjugés défavorables sur les ministres.

────────── **QUESTIONS** ──────────

24. La composition de ce second portrait. Relevez tous les termes qui s'opposent au portrait précédent. L'effet de symétrie est-il fondé sur un parallélisme parfait? Pourquoi l'ordre des détails diffère-t-il? Sur quel aspect du comportement de Phédon le moraliste met-il l'accent? — La pauvreté décrite ici n'a rien à voir avec la *misère* évoquée ailleurs (voir le chapitre XI, « De l'homme », fragment 128). Précisez sa nature particulière : n'explique-t-elle pas que La Bruyère soit aussi cruel dans sa peinture de Phédon que dans celle de Giton? Mettez en lumière cette cruauté. — Le chapitre se termine sur ces deux portraits : peut-on dire qu'ils en soient la conclusion?

25. Sur l'ensemble du chapitre VI. — Discernez-vous un thème qui soit commun à ce chapitre et aux chapitres III, « Du mérite personnel », et IV, « De la société et de la conversation »? Appuyez votre réponse sur des textes précis.

— Ce qui révolte La Bruyère ce n'est pas la richesse en elle-même, c'est l'apparition des fortunes neuves : rassemblez les textes qui le montrent. Connaissez-vous des pages de Voltaire qui soient tout à l'opposé de cette pensée?

— Ne pourrait-on reprocher à La Bruyère de n'avoir considéré que des aspects très limités de l'inégalité sociale? A quelle classe, à quelles catégories s'intéresse-t-il surtout?

— Quelle est donc l'attitude de La Bruyère face à l'inégalité sociale? Pense-t-il qu'elle est conforme à l'ordre de la Providence? S'il condamne les excès nés d'une inégalité extrême, croit-il pouvoir y remédier, ou se contente-t-il de déplorer la dégradation de l'ordre moral?

— Vous lirez dans les *Lettres persanes*, de Montesquieu, le portrait satirique d'un fermier général (lettre 48). Précisez les points communs entre cette satire et celle que fait ici La Bruyère. Montesquieu omet toutefois ce qui motive de la part de La Bruyère le grief le plus grave; lequel?

CHAPITRE VII

DE LA VILLE

1 *(Éd. 1).* L'on se donne à Paris, sans se parler, comme un rendez-vous public, mais fort exact, tous les soirs au Cours[1] ou aux Tuileries, pour se regarder au visage et se désapprouver les uns les autres.

5 *(Éd. 1).* L'on ne peut se passer de ce même monde que l'on n'aime point, et dont l'on se moque.

(Éd. 7). L'on s'attend au passage réciproquement dans une promenade publique; l'on y passe en revue l'un devant l'autre : carrosse, chevaux, livrées*, armoiries, rien n'échappe aux yeux, 10 tout est curieusement ou malignement observé; et selon le plus ou le moins de l'équipage, ou l'on respecte les personnes, ou on les dédaigne. **(1)**

4 *(Éd. 1).* La ville est partagée en diverses sociétés, qui sont comme autant de petites républiques[2], qui ont leurs lois, leurs 15 usages, leur jargon, et leurs mots pour rire. Tant que cet assemblage est dans sa force, et que l'entêtement[3] subsiste, l'on ne trouve rien de bien dit ou de bien fait que ce qui part des siens, et l'on est incapable de goûter ce qui vient d'ailleurs : cela va jusques au mépris pour les gens qui ne sont pas initiés dans 20 leurs mystères. L'homme du monde d'un meilleur esprit, que le hasard a porté au milieu d'eux, leur est étranger : il se trouve là comme dans un pays lointain, dont il ne connaît ni les routes,

---

1. Le Cours-la-Reine; 2. *République :* nation; 3. *Entêtement :* engouement.

━━━━ QUESTIONS ━━━━

1. FRAGMENT 1. Dans quelle mesure ce début de chapitre laisse-t-il pressentir le sens restreint et particulier qu'aura ici le mot *ville?* — L'addition apportée à la septième édition enrichit-elle beaucoup la rédaction primitive? — Comment les relations humaines se trouvent-elles faussées par des considérations superficielles ou des sentiments artificiels? — Commentez les lignes 5-6 : pourrait-on faire application de cette phrase à La Bruyère lui-même?

ni la langue, ni les mœurs, ni la coutume; il voit un peuple
qui cause, bourdonne, parle à l'oreille, éclate de rire, et qui
25 retombe ensuite dans un morne silence; il y perd son maintien,
ne trouve pas où placer un seul mot, et n'a pas même de quoi
écouter. Il ne manque jamais là un mauvais plaisant qui domine,
et qui est comme le héros de la société : celui-ci s'est chargé
de la joie des autres, et fait toujours rire avant que d'avoir
30 parlé. Si quelquefois une femme survient qui n'est point de
leurs plaisirs, la bande joyeuse ne peut comprendre qu'elle
ne sache point rire des choses qu'elle n'entend[1] point, et paraisse
insensible à des fadaises qu'ils n'entendent eux-mêmes que
parce qu'ils les ont faites : ils ne lui pardonnent ni son ton
35 de voix, ni son silence, ni sa taille, ni son visage, ni son habillement, ni son entrée, ni la manière dont elle est sortie. Deux
années cependant ne passent point sur une même *coterie* : il y a
toujours, dès la première année, des semences de division pour
rompre dans celle qui doit suivre[2]; l'intérêt de la beauté, les
40 incidents du jeu, l'extravagance des repas, qui, modestes au
commencement, dégénèrent bientôt en pyramides de viandes[3]
et en banquets somptueux, dérangent la république, et lui
portent enfin le coup mortel : il n'est en fort peu de temps non
plus parlé de cette nation que des mouches de l'année passée. **(2)**

---

1. *Entendre* : comprendre; 2. Éclater en donnant naissance à celle qui doit suivre;
3. *Viandes* : mets.

————— QUESTIONS —————

2. FRAGMENT 4. Montrez que ce fragment donne une explication aux
scènes de la vie parisienne évoquées dans le fragment 1. — La composition de ce passage : comment l'image qui y est développée d'un bout
à l'autre contribue-t-elle à donner à l'ensemble une structure logique ?
Relevez tous les termes qui définissent les « particularismes » auxquels
se complaisaient les *petites républiques* évoquées ici? — Quelles sont les
causes de la décadence et de la dissolution de ces nations en miniature?
N'est-ce pas une cause comparable à celle qui dégrade l'ordre moral des
sociétés? Cherchez dans le chapitre VI, « Des biens de fortune », des
exemples faits pour montrer l'influence du luxe sur la décomposition
sociale. — Cherchez dans les lignes 25-30 une nouvelle application de ce
que dit La Bruyère à propos de Giton et Phédon (chapitre VI, fragment 83).
Quelle application y a-t-il, aux lignes 34-36, du fragment 37 du chapitre II,
« Du mérite personnel »? — Est-ce seulement au temps de La Bruyère
qu'existent ces *coteries* dont parle le moraliste? Quelle classe sociale et
quelles traditions favorisent cette division de la société? Cherchez notamment dans l'œuvre de Marcel Proust *(Du côté de chez Swann)* des textes
qui donnent la même image du salon de Mme Verdurin.

*comme lui,
n'est-ce pas ?*

45 **7** (*Éd. 4*). Il y a un certain nombre de jeunes magistrats que les grands biens et les plaisirs ont associés à quelques-uns de ceux qu'on nomme à la cour* de *petits-maîtres* : ils les imitent, ils se tiennent[1] fort au-dessus de la gravité de la robe, et se croient dispensés par leur âge et par leur fortune d'être
50 sages et modérés. Ils prennent de la cour* ce qu'elle a de pire : ils s'approprient la vanité, la mollesse, l'intempérance, le libertinage, comme si tous ces vices leur étaient dus, et, affectant ainsi un caractère éloigné de celui qu'ils ont à soutenir, ils deviennent enfin, selon leurs souhaits, des copies fidèles de
55 très méchants originaux[2]. **(3)**

12 (*Éd. 1*). *Narcisse* se lève le matin pour se coucher le soir ; il a ses heures de toilette comme une femme ; il va tous les jours fort régulièrement à la belle messe[3] aux Feuillants ou aux Minimes[4] ; il est homme d'un bon commerce, et l'on compte
60 sur lui au quartier de ** pour un tiers ou pour un cinquième à l'hombre[5] ou au reversi[6]. Là il tient le fauteuil quatre heures de suite chez *Aricie*, où il risque chaque soir cinq pistoles d'or. Il lit exactement la *Gazette de Hollande* et le *Mercure galant*[7] ; il a lu Bergerac[8], des Marets[9], Lesclache[10], les Historiettes de
65 Barbin[11], et quelques recueils de poésies. Il se promène avec

---

1. Ils se considèrent ; 2. De très mauvais modèles ; 3. La messe élégante ; 4. L'église des Feuillants, rue Saint-Honoré, près du Louvre, et l'église des Minimes, près de la place Royale, dans le quartier du Marais, étaient fréquentées par le beau monde ; 5. Pour être troisième ou cinquième joueur au jeu de l'hombre (jeu de cartes) ; 6. *Reversi* : jeu de cartes ; 7. La *Gazette de Hollande*, imprimée à l'étranger par des réfugiés français, contenait des critiques sur la politique de Louis XIV ; le *Mercure galant* : revue mensuelle dirigée par Donneau de Visé et qui était surtout consacrée aux chroniques mondaines et littéraires. Fontenelle y collaborait, et la revue défendait le point de vue des Modernes ; 8. *Cyrano de Bergerac* (1619-1655), surtout connu pour ses romans fantastiques ; 9. Desmarets de Saint-Sorlin (1595-1676), poète et auteur dramatique. Polémiste religieux, il attaqua les jansénistes ; dans *les Délices de l'esprit* (1658), il annonçait déjà les attaques des Modernes contre les Anciens ; 10. *Lesclache* (1620-1671) : professeur de philosophie et de grammaire, esprit novateur, partisan de l'instruction des femmes et auteur d'un projet d'orthographe modernisée ; 11. Les recueils d'*Historiettes* (anecdotes d'actualité), vendues chez le libraire Barbin.

● **QUESTIONS**

3. FRAGMENT 7. En quoi ce fragment est-il à la fois une critique de la ville et une critique de la Cour ? La Bruyère est-il plus sévère pour les jeunes magistrats frivoles que pour les seigneurs libertins ? — Quelles causes expliquent que des gens de la « ville » veulent ainsi singer certains hommes de la Cour ? Où résident une fois de plus pour La Bruyère les motifs de décomposition sociale ? — Expliquez le mot *caractère* (ligne 53).

des femmes à la Plaine[1] ou au Cours[2], et il est d'une ponc-
tualité religieuse[3] sur les visites. [Il fera demain ce qu'il fait
aujourd'hui et ce qu'il fit hier; et il meurt ainsi après avoir
vécu.] (4) *La vie de la ville est habituelle*

70 **15** (*Éd. 8*). Paris, pour l'ordinaire le singe de la cour*, ne sait
pas toujours la contrefaire; il ne l'imite en aucune manière
dans ces dehors agréables et caressants que quelques courtisans, et surtout les femmes, y ont naturellement pour un
homme de mérite, et qui n'a même que du mérite : elles ne
75 s'informent ni de ses contrats ni de ses ancêtres; elles le trouvent
à la cour*, cela leur suffit; elles le souffrent[4], elles l'estiment;
elles ne demandent pas s'il est venu en chaise ou à pied, s'il a
une charge*, une terre ou un équipage : comme elles regorgent
de train[5], de splendeur et de dignités, elles se délassent volon-
80 tiers avec la philosophie ou la vertu. Une femme de ville* entend-
elle le bruissement d'un carrosse qui s'arrête à sa porte, elle
pétille de goût[6] et de complaisance pour quiconque est dedans,
sans le connaître; mais si elle a vu de sa fenêtre un bel attelage, beaucoup de livrées*, et que plusieurs rangs de clous[7] par-
85 faitement dorés l'aient éblouie, quelle impatience n'a-t-elle
pas de voir déjà dans sa chambre[8] le cavalier[9] ou le magistrat!
quelle charmante réception ne lui fera-t-elle point! ôtera-t-elle
les yeux de dessus lui? Il ne perd rien auprès d'elle : on lui
tient compte des doubles soupentes[10] et des ressorts qui le font

il décrit les accoutrements du bel homme.

---

1. La plaine des Sablons, aux abords du bois de Boulogne; 2. Le Cours-la-Reine;
3. *Religieuse* : scrupuleux, au point que cela ressemble à une religion; 4. L'admettent;
5. *Train* : gens, chevaux et voitures; 6. *Goût* : sympathie; 7. *Clous* qui ornaient les
carrosses en formant des lignes et des figures; 8. *Chambre* : pièce de réception, garnie
ou non d'un lit; 9. *Cavalier* : gentilhomme; 10. *Soupentes* : larges courroies de cuir
qui assuraient la suspension des voitures.

━━━━━━ QUESTIONS ━━━━━━

4. FRAGMENT 12. Dégagez l'importance de la première et de la dernière phrase de ce portrait : quelle signification peut avoir l'existence
d'un homme tel que Narcisse? — Les occupations de Narcisse : en quoi
sont-elles des « divertissements » au sens pascalien du mot? Appréciez
notamment le choix des lectures que le moraliste a attribuées à Narcisse.
— La résonance actuelle de ce fragment : dans quelle mesure ce personnage de La Bruyère annonce-t-il certains aspects de l'absurde dans
l'œuvre d'Albert Camus?

90 rouler plus mollement; elle l'en estime davantage, elle l'en aime
mieux. (5)

21 *(Éd. 7).* On s'élève à la ville* dans une indifférence gros-
sière des choses rurales et champêtres; on distingue à peine
la plante qui porte le chanvre d'avec celle qui produit le lin,
95 et le blé froment d'avec les seigles, et l'un ou l'autre d'avec le
méteil[1] : on se contente de se nourrir et de s'habiller. Ne parlez
à un grand nombre de bourgeois* ni de guérets[2], ni de bali-
veaux[3], ni de provins[4], ni de regains, si vous voulez être entendu :
ces termes pour eux ne sont pas français. Parlez aux uns d'au-
100 nage[5], de tarif, ou de sol pour livre[6], et aux autres de voie
d'appel[7], de requête civile[8], d'appointement[9], d'évocation[10].
Ils connaissent le monde, et encore par ce qu'il a de moins
beau et de moins spécieux[11]; ils ignorent la nature, ses commencements, ses progrès, ses dons et ses largesses. Leur igno-
105 rance souvent est volontaire, et fondée sur l'estime qu'ils ont
pour leur profession et pour leurs talents. Il n'y a si vil praticien*, qui, au fond de son étude sombre et enfumée, et l'esprit
occupé d'une plus noire chicane[12], ne se préfère au laboureur,
qui jouit du ciel, qui cultive la terre, qui sème à propos, et
110 qui fait de riches moissons; et s'il entend quelquefois parler
des premiers hommes ou des patriarches, de leur vie cham-
pêtre et de leur économie, il s'étonne qu'on ait pu vivre en
de tels temps, où il n'y avait encore ni offices*, ni commissions[13],

---

1. *Méteil* : seigle et froment semés ensemble; 2. *Guéret* : terre labourée; 3. *Bali-
veau* : arbre qu'on réserve, dans une coupe de bois, afin qu'il devienne arbre de haute
futaie; 4. *Provins* : pied de vigne obtenu en fixant en terre un rameau tenant à
un autre pied; 5. *Aunage* : procédé de mesure des tissus, l'aune étant l'unité; 6. *Sol
par livre* : impôt du dixième (un sou pour un franc) sur les transactions commerciales;
7. *Voie d'appel* : procédure d'appel pour obtenir la révision d'un jugement; 8. *Requête
civile* : procédure de cassation des jugements prononcés avec un vice de forme;
9. *Appointement* : décision judiciaire qui oblige les parties en procès à faire un rapport écrit sur leur différend; 10. *Evocation* : transmission d'un procès d'un juge à
une autre juridiction; 11. *Spécieux* : brillant d'apparence; 12. Emploi constant chez
La Bruyère du comparatif sans complément avec *un*, là où nous employons le super-
latif absolu : « la plus noire chicane »; 13. *Commission* : délégation de pouvoir qui
permet d'exercer temporairement un office.

——— QUESTIONS ———

5. FRAGMENT 15. Montrez que ce fragment crée une variation sur le
thème déjà traité au fragment 7. — La composition de ce passage : comment ce parallèle entre la femme de la Cour et la femme de la ville met-il
en relief l'échelle des valeurs dans l'une et l'autre de ces sociétés? Est-ce
par pure élévation intellectuelle et morale que les femmes de la Cour
s'intéressent au *mérite* et à la *vertu*?

ni présidents, ni procureurs*; il ne comprend pas qu'on ait
115 jamais pu se passer du greffe, du parquet[1] et de la buvette[2]. (6)

22 (Éd. 5). Les empereurs n'ont jamais triomphé à Rome
si mollement[3], si commodément, ni si sûrement même, contre[4]
le vent, la pluie, la poudre[5] et le soleil, que le bourgeois* sait
à Paris se faire mener par toute la ville* : quelle distance de
120 cet usage à la mule de leurs ancêtres! Ils[6] ne savaient point
encore se priver du nécessaire pour avoir le superflu, ni préférer le faste aux choses utiles. On ne les voyait point s'éclairer
avec des bougies[7], et se chauffer à un petit feu[8] : la cire était
pour l'autel et pour le Louvre. Ils ne sortaient point d'un mau-
125 vais dîner pour monter dans leur carrosse; ils se persuadaient
que l'homme avait des jambes pour marcher, et ils marchaient.
Ils se conservaient propres quand il faisait sec; et dans un
temps humide ils gâtaient leur chaussure, aussi peu embarrassés
de franchir les rues et les carrefours, que le chasseur de tra-
130 verser un guéret[9], ou le soldat de se mouiller dans une tranchée. On n'avait pas encore imaginé d'atteler deux hommes à
une litière; il y avait même plusieurs magistrats qui allaient à
pied à la chambre ou aux enquêtes, d'aussi bonne grâce qu'Au-
guste autrefois allait de son pied au Capitole. L'étain dans
135 ce temps brillait sur les tables et sur les buffets, comme le fer
et le cuivre dans les foyers[10]; l'argent et l'or étaient dans les
coffres. Les femmes se faisaient servir par des femmes[11]; on

---

1. *Parquet* : dans le tribunal, enceinte réservée aux magistrats; 2. La *buvette* du
Palais : rendez-vous des gens de lois (voir *les Plaideurs*, vers 327); 3. *Mollement* :
avec un raffinement de confort; 4. Il semble qu'il faille prendre *triomphe* absolument,
c'est-à-dire au sens de « faire une entrée triomphale ». On comprend alors *contre*
comme *en dépit de* ; 5. *Poudre* : poussière; 6. *Ils* représente les *ancêtres* des bourgeois
parisiens; 7. La *bougie*, faite de cire, fait figure de produit de luxe comparativement
à la chandelle, qui est en suif; 8. Cheminée de petite dimension; 9. *Guéret* : voir
page 129, note 2; 10. Emplacement pour le feu; 11. Et non par des valets.

━━━━━━ QUESTIONS ━━━━━━

6. FRAGMENT 21. Quel caractère du milieu bourgeois se confirme ici,
par comparaison aux fragments précédents? La ville est-elle plus proche
de la campagne que de la Cour? — Le procédé de comparaison : montrez qu'il s'agit ici de mettre en opposition deux séries de mots, deux
catégories de vocabulaire. Comparez ces deux vocabulaires : comment
La Bruyère réduit-il peu à peu l'image de la bourgeoisie aux particularités d'une seule profession particulièrement caractéristique de cette
classe sociale? Caractérisez en revanche le vocabulaire de la campagne
et de la nature : montrez qu'il se déploie en termes de plus en plus généraux. — La sensibilité de La Bruyère : faut-il parler de sentiment de
la nature, au sens moderne de l'expression, ou d'une vision biblique?

mettait celles-ci jusqu'à la cuisine. Les beaux noms de gouver-
neurs[1] et de gouvernantes n'étaient pas inconnus à nos pères :
140 ils savaient à qui l'on confiait les enfants des rois et des plus
grands princes; mais ils partageaient le service de leurs domestiques* avec leurs enfants[2], contents de veiller eux-mêmes immé-
diatement[3] à leur éducation. Ils comptaient en toutes choses
avec eux-mêmes : leur dépense était proportionnée à leur
145 recette; leurs livrées*, leurs équipages, leurs meubles, leur table,
leurs maisons de la ville* et de la campagne, tout était mesuré
sur leurs rentes et sur leur condition. Il y avait entre eux des
distinctions extérieures qui empêchaient qu'on ne prît la femme
du praticien* pour celle du magistrat, et le roturier* ou le
150 simple valet pour le gentilhomme*. Moins appliqués à dissiper
ou à grossir leur patrimoine qu'à le maintenir, ils le laissaient
entier à leurs héritiers, et passaient ainsi d'une vie modérée
à une mort tranquille. Ils ne disaient point : *Le siècle est dur,
la misère est grande, l'argent est rare;* ils en avaient moins que
155 nous, et en avaient assez, plus riches par leur économie et par
leur modestie[4] que de leurs revenus et de leurs domaines.
Enfin l'on était alors pénétré de cette maxime, que ce qui est
dans les grands splendeur, somptuosité, magnificence, est dissi-
pation, folie, ineptie dans le particulier[5]. (7) (8)

---

1. *Gouverneur :* personne responsable de l'éducation d'un enfant. Le terme ne
s'employait proprement qu'en parlant d'une famille princière, d'où la suite; 2. C'est-à-
dire se faisaient servir par les mêmes domestiques que leurs enfants; 3. *Immédiate-
ment :* sans intermédiaires, personnellement; 4. *Modestie :* goût de la mesure; 5. Le
simple particulier.

QUESTIONS

7. FRAGMENT 22. Montrez comment, sans rompre le mouvement
continu du développement, La Bruyère fait peu à peu émerger l'image
des vertus bourgeoises d'antan. — Comment sont choisis les exemples
qui manifestent le goût du luxe et du confort dans la vie quotidienne?
Les causes et les conséquences morales de cette attitude. — L'idéal moral
et social de La Bruyère; cherchez dans le chapitre VI, « Des biens de
fortune », des considérations qui confirment le traditionalisme de La
Bruyère. — Comparez les idées de La Bruyère sur le luxe à celles de
Fénelon (*Aventures de Télémaque*, X, 3; XVII, 1), de Voltaire, de Rousseau.

8. SUR L'ENSEMBLE DU CHAPITRE VII. — De cette satire de la vie parisienne se dégage un idéal de vie. Définissez-le. En quoi est-il complé-
mentaire de l'idéal féminin du chapitre III, « Des femmes »?

— Le domaine auquel La Bruyère s'intéresse ici est-il aussi large que
dans les chapitres précédents? Pourquoi a-t-on l'impression que sa critique est un peu limitée dans son objet?

— Caractérisez le coloris d'ensemble du chapitre. L'amertume, le
pessimisme dominent-ils ici comme dans le chapitre précédent?

CHAPITRE VIII

DE LA COUR

2 *(Éd. 1).* Un homme qui sait la cour est maître de son geste, de ses yeux et de son visage; il est profond, impénétrable; il dissimule les mauvais offices[1], sourit à ses ennemis, contraint son humeur, déguise ses passions, dément son cœur, parle,
5 agit contre ses sentiments. Tout ce grand raffinement n'est qu'un vice, que l'on appelle fausseté, quelquefois aussi inutile au courtisan pour sa fortune, que la franchise, la sincérité et la vertu.

4 *(Éd. 4).* Se dérober à la cour un seul moment, c'est y renon-
10 cer : le courtisan qui l'a vue le matin la voit le soir pour la reconnaître le lendemain, ou afin que lui-même y soit connu. **(1)**

7 *(Éd. 1).* L'on s'accoutume difficilement à une vie qui se passe dans une antichambre, dans des cours, ou sur l'escalier.

8 *(Éd. 7).* La cour ne rend pas content; elle empêche qu'on
15 ne le soit ailleurs.

9 *(Éd. 1).* Il faut qu'un honnête homme ait tâté de la cour : il découvre en y entrant comme un nouveau monde qui lui était inconnu, où il voit régner également le vice et la politesse, et où tout lui est utile, le bon et le mauvais. **(2)**

---

1. Les mauvais services.

QUESTIONS

1. FRAGMENTS 2, 4. Le climat qui règne à la Cour et les aptitudes nécessaires au courtisan. — Comparez ces fragments au début du chapitre VII, « De la ville » : comment se caractérise chacun de ces deux milieux sociaux?

2. FRAGMENTS 7, 8, 9. Peut-on ranger ces fragments parmi ceux qui renferment une confidence voilée? A supposer qu'il en soit ainsi, quelle signification leur donner? — Précisez le sens de l'adjectif *content* (ligne 14) : recherchez notamment dans le chapitre VI, « Des biens de fortune », d'autres exemples de ce mot; comparez avec les emplois de l'adjectif *heureux*. — En quoi le fragment 9 est-il significatif du pessimisme de La Bruyère?

20 **10** *(Éd. 6).* La cour est comme un édifice bâti de marbre :
je veux dire qu'elle est composée d'hommes fort durs, mais
fort polis. **(3)**

12 *(Éd. 1).* Le brodeur et le confiseur seraient superflus, et
ne feraient qu'une montre[1] inutile, si l'on était modeste et
25 sobre : les cours seraient désertes, et les rois presque seuls, si
l'on était guéri de la vanité et de l'intérêt. Les hommes veulent
être esclaves quelque part, et puiser là de quoi dominer ailleurs.
Il semble qu'on livre en gros aux premiers de la cour l'air de
hauteur, de fierté et de commandement, afin qu'ils le distri-
30 buent en détail dans les provinces : ils font précisément comme
on leur fait, vrais singes de la royauté. **(4)**

13 *(Éd. 1).* Il n'y a rien qui enlaidisse certains courtisans
comme la présence du prince* : à peine les puis-je reconnaître
à leurs visages ; leurs traits sont altérés, et leur contenance est
35 avilie. Les gens fiers et superbes[2] sont les plus défaits, car ils
perdent plus du leur ; celui qui est honnête et modeste s'y
soutient mieux : il n'a rien à réformer. **(5)**

15 *(Éd. 4).* N** arrive avec grand bruit ; il écarte le monde,
se fait faire place ; il gratte, il heurte presque[3] ; il se nomme :
40 on respire, et il n'entre qu'avec la foule.

16 *(Éd. 1).* Il y a dans les cours des apparitions de gens
aventuriers et hardis[4], d'un caractère libre et familier, qui se
produisent[5] eux-mêmes, protestent qu'ils ont dans leur art

---

1. *Montre* : étalage ; 2. *Superbe* : orgueilleux ; 3. L'étiquette imposait de gratter
de l'ongle aux portes des appartements du roi et des grands ; 4. Allusion à des char-
latans, dont un Italien, nommé Caretti, fournissait à La Bruyère un modèle (voir
chapitre XIV, « De quelques usages », fragment 68) ; 5. Se font connaître.

—— **QUESTIONS** ——

3. FRAGMENT 10. En quoi consiste ici la préciosité ? La Bruyère est-il
coutumier de ce genre d'esprit ?

4. FRAGMENT 12. Le roi, la Cour et la province : sur quels pivots s'ap-
puie la hiérarchie sociale ? — Les métaphores dans ce passage, leur mélange
baroque ; quelle est celle qui donne à la pensée exprimée ici une allure
burlesque ? — Comparez la dernière image à celle qui ouvre le fragment 15 du chapitre VII, « De la ville ».

5. FRAGMENT 13. Comment ce fragment confirme-t-il et accentue-t-il
les idées du fragment 2 ? — Faut-il incriminer le prince dans cet avilisse-
ment ? Comment se comporte l'honnête homme ?

toute l'habileté qui manque aux autres, et qui sont crus sur
45 leur parole. Ils profitent cependant[1] de l'erreur publique, ou
de l'amour qu'ont les hommes pour la nouveauté* : ils percent
la foule, et parviennent jusqu'à l'oreille du prince*, à qui le
courtisan les voit parler, pendant qu'il se trouve heureux d'en
être vu. Ils ont cela de commode pour les grands* qu'ils en
50 sont soufferts sans conséquence, et congédiés de même : alors
ils disparaissent tout à la fois riches et décrédités[2], et le monde
qu'ils viennent de tromper est encore prêt d'être trompé par
d'autres.

19 (*Éd. 5*). Ne croirait-on pas de *Cimon* et de *Clitandre* qu'ils
55 sont seuls chargés des détails de tout l'État, et que seuls aussi
ils en doivent répondre? L'un a du moins les affaires de terre,
et l'autre les maritimes. Qui pourrait les représenter exprime-
rait l'empressement, l'inquiétude[3], la curiosité, l'activité, saurait peindre le mouvement. On ne les a jamais vus assis, jamais
60 fixes et arrêtés : qui même les a vus marcher? on les voit courir,
parler en courant, et vous interroger sans attendre de réponse.
Ils ne viennent d'aucun endroit, ils ne vont nulle part : ils
passent et ils repassent. Ne les retardez pas dans leur course
précipitée, vous démonteriez leur machine[4]; ne leur faites pas
65 de questions, ou donnez-leur du moins le temps de respirer et
de se ressouvenir qu'ils n'ont nulle affaire, qu'ils peuvent
demeurer avec vous et longtemps, vous suivre même où il
vous plaira de les emmener. Ils ne sont pas les *Satellites de
Jupiter*, je veux dire ceux qui pressent[5] et qui entourent le prince*,
70 mais ils l'annoncent et le précèdent; ils se lancent impétueusement dans la foule des courtisans; tout ce qui se trouve sur
leur passage est en péril. Leur profession est d'être vus et
revus, et ils ne se couchent jamais sans s'être acquittés d'un
emploi si sérieux, et si utile à la république[6]. Ils sont au reste
75 instruits à fond de toutes les nouvelles indifférentes, et ils savent
à la cour tout ce que l'on peut y ignorer (il ne leur manque
aucun des talents nécessaires pour s'avancer médiocrement)
Gens néanmoins éveillés et alertes[7] sur tout ce qu'ils croient

---

1. *Cependant* : pendant ce temps; 2. *Décrédité* : forme normale à l'époque pour
« discrédité »; 3. *Inquiétude* : agitation; 4. Vous dérangeriez le fonctionnement de
leur mécanique. Le mot *machine* est employé par tous les moralistes du XVIIᵉ siècle
pour définir les automatismes corporels où n'entre aucune conscience; 5. *Presser* :
serrer de près; 6. *République* : État; 7. *Alerte* : vigilant.

leur convenir, un peu entreprenants, légers et précipités. Le
80 dirai-je? ils portent au vent[1], attelés tous deux au char de la
Fortune, et tous deux fort éloignés de s'y voir assis. **(6)**

20 *(Éd. 4).* Un homme de la cour qui n'a pas un assez beau
nom, doit l'ensevelir sous un meilleur; mais s'il l'a tel qu'il
ose le porter, il doit alors insinuer qu'il est de tous les noms
85 le plus illustre, comme sa maison de toutes les maisons la plus
ancienne : il doit tenir[2] aux PRINCES LORRAINS, aux ROHANS,
aux CHASTILLONS, aux MONTMORENCIS, et, s'il se peut, aux
PRINCES DU SANG; ne parler que de ducs*, de cardinaux et
de ministres; faire entrer dans toutes les conversations ses
90 aïeuls paternels et maternels, et y trouver place pour l'oriflamme[3] et pour les croisades; avoir des salles parées d'arbres
généalogiques, d'écussons chargés de seize quartiers*, et de
tableaux de ses ancêtres et des alliés de ses ancêtres; se piquer
d'avoir un ancien château à tourelles, à créneaux et à mâche-
95 coulis[4]; dire en toute rencontre : *ma race, ma branche, mon
nom* et *mes armes;* dire de celui-ci qu'il n'est pas homme de
qualité*; de celle-là, qu'elle n'est pas demoiselle*; ou si on
lui dit qu'*Hyacinthe* a eu le gros lot[5], demander s'il est gentilhomme*. Quelques-uns riront de ces contre-temps[6], mais il

---

1. Se dit d'un cheval qui porte haut la tête; 2. Etre apparenté; 3. L'*oriflamme* est
la bannière de l'abbaye de Saint-Denis, que les rois de France prirent l'habitude
de faire porter dans leurs combats, du XIe au XVe siècle; 4. *Mâchecoulis* (aujourd'hui
mâchicoulis) : galerie construite en surplomb au sommet des murs d'un château fort.
Elle permettait d'atteindre les assaillants qui se trouvaient au pied du mur; 5. Des lote-
ries avaient lieu à Paris, et la loterie allait devenir une institution royale en 1700;
6. *Contre-temps* : propos déplacé, gaffe.

QUESTIONS ───

6. FRAGMENTS 15, 16, 19. L'arrivisme à la Cour : à quel comportement se reconnaissent les personnages préoccupés de se faire valoir?
Comment se précisent d'un fragment à l'autre les images qui dépeignent
le manège de ce genre d'individus? — Recherchez dans les chapitres
précédents et étudiez (par exemple, chapitre V, fragment 8) d'autres
textes où La Bruyère s'attache à décrire l'agitation propre à certains
caractères : quel ton emploie toujours le moraliste pour les étudier et
pour les juger? Sont-ils franchement antipathiques? Pourquoi La Bruyère
garde-t-il à leur égard une sorte d'indulgence amusée? — Étudiez le
style du fragment 19 : comment le rythme de la phrase épouse-t-il le
mouvement de la pantomime suggérée ici? Les effets de surprise que
crée la disproportion entre l'activité déployée par Cimon et Clitandre,
et les résultats qu'ils obtiennent. Quel est finalement le bilan de toute
leur peine?

100 les laissera rire ; d'autres en feront des contes, et il leur per-
mettra de conter : il dira toujours qu'il marche après la maison
régnante[1] ; et à force de le dire, il sera cru. **(7)**

23 *(Éd. 6).* Il n'y a rien à la cour de si méprisable et de si
indigne qu'un homme qui ne peut contribuer en rien à notre
105 fortune : je m'étonne qu'il ose se montrer.

26 *(Éd. 4).* Si celui qui est en faveur ose s'en prévaloir avant
qu'elle lui échappe, s'il se sert d'un bon vent qui souffle pour
faire son chemin, s'il a les yeux ouverts sur tout ce qui vaque[2],
poste, abbaye*, pour les demander et les obtenir, et qu'il soit
110 muni de pensions*, de brevets* et de survivances*, vous lui
reprochez son avidité et son ambition ; vous dites que tout
le tente, que tout lui est propre, aux siens, à ses créatures, et
que par le nombre et la diversité des grâces dont il se trouve
comblé, lui seul a fait plusieurs fortunes. Cependant qu'a-t-il
115 dû faire[3] ? Si j'en juge moins par vos discours que par le parti
que vous auriez pris vous-même en pareille situation, c'est ce
qu'il a fait.

L'on blâme les gens qui font une grande fortune pendant
qu'ils en ont les occasions, parce que l'on désespère, par la
120 médiocrité de la sienne, d'être jamais en état de faire comme
eux, et de s'attirer ce reproche. Si l'on était à portée de leur
succéder, l'on commencerait à sentir qu'ils ont moins de tort,
et l'on serait plus retenu, de peur de prononcer d'avance sa
condamnation. **(8)**

---

1. Qu'il n'est inférieur qu'à elle par la naissance ; 2. *Vaquer :* être vacant ; 3. Qu'aurait-il dû faire ?

─────── **QUESTIONS** ───────

7. FRAGMENT 20. Quel travers propre à la noblesse est ici ridiculisé ? —
Étudiez le vocabulaire de ce passage : ne donne-t-il pas un écho des termes
sans cesse ressassés par ceux qui sont animés de telles prétentions ? A quels
détails peut-on remarquer que ces nobles, si entichés d'un haut rang,
sentent un peu la province ? — Pourquoi de telles gens réussissent-ils
mieux que les arrivistes cités dans les fragments 15, 16, 19 ?

8. FRAGMENTS 23, 26. Mettez en relief la différence de ton entre le
fragment 23 et les précédents. Quel genre d'ironie s'exerce ici ? La valeur
de *notre* et de *je*. — La logique dans le fragment 26 : quelle maxime assez
commune se trouve ici appliquée aux ambitions de cour ? Dans quelle
mesure La Bruyère rejoint-il le point de vue familier à La Rochefoucauld ?

125 **30** *(Éd. 1)*. Combien de gens vous étouffent de caresses dans le particulier, vous aiment et vous estiment, qui sont embarrassés de vous dans le public, et qui, au lever[1] ou à la messe[2], évitent vos yeux et votre rencontre! Il n'y a qu'un petit nombre de courtisans qui, par grandeur, ou par une confiance qu'ils
130 ont d'eux-mêmes, osent honorer devant le monde le mérite qui est seul et dénué de grands établissements[3].

36 *(Éd. 4)*. L'on dit à la cour du bien de quelqu'un pour deux raisons : la première, afin qu'il apprenne que nous disons du bien de lui; la seconde, afin qu'il en dise de nous.

135 **37** *(Éd. 1)*. Il est aussi dangereux à la cour de faire les avances, qu'il est embarrassant de ne les point faire.

40 *(Éd. 1)*. Vous êtes homme de bien, vous ne songez ni à plaire ni à déplaire aux favoris, uniquement attaché à votre maître et à votre devoir : vous êtes perdu. (9)

140 **41** *(Éd. 4)*. On n'est point effronté par choix, mais par complexion[4]; c'est un vice de l'être, mais naturel : celui qui n'est pas né tel est modeste, et ne passe pas aisément de cette extrémité à l'autre; c'est une leçon assez inutile que de lui dire : « Soyez effronté, et vous réussirez »; une mauvaise imitation
145 ne lui profiterait pas, et le ferait échouer. Il ne faut rien de moins dans les cours qu'une vraie et naïve impudence pour réussir.

---

1. Lever du roi; 2. Celle à laquelle le roi assiste (voir « De la Cour », fragment 74);
3. *Établissement :* emploi, situation acquise; 4. *Complexion :* tempérament.

──── **QUESTIONS** ────

9. FRAGMENTS 30, 36, 37, 40. Sur quoi se fondent les relations humaines à la Cour? Comment sont faussées les véritables valeurs morales? — Comparez le point de vue de La Bruyère à celui de La Rochefoucauld (maxime 85) : « Nous nous persuadons, souvent, d'aimer les gens plus puissants que nous, et néanmoins c'est l'intérêt seul qui produit notre amitié; nous ne nous donnons pas à eux pour le bien que nous leur voulons faire, mais pour celui que nous voulons en recevoir. » — Commentez (ligne 130) l'importance du verbe *osent :* est-ce la « grandeur d'âme » (ligne 129) qui donne cette audace à certains courtisans? — L'importance de l'expression *attaché à votre maître* (lignes 138-139) : en quoi révèle-t-elle la fidélité de La Bruyère à l'ordre établi?

47 *(Éd. 8).* Mille gens à la cour y traînent leur vie à embrasser, serrer et congratuler ceux qui reçoivent, jusqu'à ce qu'ils
150 y meurent sans rien avoir. **(10)**

53 *(Éd. 1).* Il faut des fripons à la cour auprès des grands* et des ministres, même les mieux intentionnés; mais l'usage en est délicat, et il faut savoir les mettre en œuvre. Il y a des temps et des occasions où ils ne peuvent être suppléés par d'autres.
155 Honneur, vertu, conscience, qualités toujours respectables, souvent inutiles : que voulez-vous quelquefois que l'on fasse d'un homme de bien? **(11)**

54 *(Éd. 4).* Un vieil auteur, et dont j'ose rapporter ici les propres termes, de peur d'en affaiblir le sens par ma traduc-
160 tion, dit que *s'élongner des petits, voire de ses pareils, et iceulx vilainer*[1] *et dépriser; s'accointer*[2] *de grands et puissans en tous biens et chevances*[3]*, et en cette leur cointise*[4] *et privauté estre de tous ébats, gabs*[5]*, mommeries*[6]*, et vilaines besoignes; estre eshonté, saffranier*[7] *et sans point de vergogne; endurer brocards*[8]
165 *et gausseries de tous chacuns, sans pour ce feindre*[9] *de cheminer en avant, et à tout*[10] *son entregent, engendre heur et fortune.* **(12)**

58 *(Éd. 5).* Ce qui me soutient et me rassure contre les petits dédains que j'essuie quelquefois des grands* et de mes égaux, c'est que je me dis à moi-même : « Ces gens n'en veulent peut-
170 être qu'à ma fortune[11], et ils ont raison : elle est bien petite. Ils m'adoreraient sans doute si j'étais ministre. »

---

1. *Vilainer* : humilier; 2. *S'accointer* : se rendre familier; 3. *Chevances* : richesse; 4. Et dans la familiarité de ceux-ci; 5. *Gabs* : railleries; 6. *Mommeries* : mystifications; 7. *Saffranier* : banqueroutier; 8. *Brocard* : affront; 9. *Feindre* : hésiter; 10. *A tout* : avec. Comprendre : « sans perdre son aisance »; 11. *Fortune* : situation.

━━━━━ QUESTIONS ━━━━━

10. FRAGMENTS 41, 47. En quoi ces deux fragments se complètent-ils pour donner les « moyens de parvenir » à la Cour? — Comparez le fragment 47 au fragment 12 du chapitre VII, « De la ville » : quelle philosophie de la vie contiennent ces deux fragments?

11. FRAGMENT 53. Pourquoi la constatation faite ici est-elle une des plus sévères? Les fripons sont-ils seuls responsables? — La part de l'ironie. La Bruyère se révolte-t-il contre cet état de choses? Que pense-t-il des rapports de la politique et de la vertu?

12. FRAGMENT 54. Comparez les procédés employés ici et au fragment 30 du chapitre V, « De la société et de la conversation ». — Doit-on croire que La Bruyère a recours au procédé du pastiche pour rendre plus acceptable une satire particulièrement vive?

(Éd. 5). Dois-je bientôt être en place? le sait-il? est-ce en lui un pressentiment? il me prévient, il me salue.

60 *(Éd. 6)*. Un homme de mérite se donne, je crois, un joli
175 spectacle, lorsque la même place à une assemblée, ou à un spectacle, dont il est refusé, il la voit accorder à un homme qui n'a point d'yeux pour voir, ni d'oreilles pour entendre, ni d'esprit pour connaître et pour juger, qui n'est recommandable que par de certaines livrées*, que même il ne porte
180 plus. **(13)**

61 *(Éd. 7)*. *Théodote* avec un habit austère a un visage comique, et d'un homme qui entre sur la scène; sa voix, sa démarche, son geste, son attitude accompagnent[1] son visage. Il est fin, *cauteleux*, doucereux, mystérieux; il s'approche de vous, et
185 il vous dit à l'oreille : *Voilà un beau temps; voilà un grand dégel.* S'il n'a pas les grandes manières, il a du moins toutes les petites, et celles même qui ne conviennent guère qu'à une jeune précieuse. Imaginez-vous l'application d'un enfant à élever un château de cartes ou à se saisir d'un papillon : c'est
190 celle de Théodote pour une affaire de rien, et qui ne mérite pas qu'on s'en remue; il la traite sérieusement, et comme quelque chose qui est capital; il agit, il s'empresse, il la fait réussir : le voilà qui respire et qui se repose, et il a raison; elle lui a coûté beaucoup de peine **(14)**. L'on voit des gens
195 enivrés, ensorcelés de la faveur; ils y pensent le jour, ils y rêvent la nuit; ils montent l'escalier d'un ministre, et ils en descendent; ils sortent de son antichambre, et ils y rentrent; ils n'ont rien

---

1. Sont conformes à...

QUESTIONS

13. Fragments 58, 60. Comment se complètent ces deux fragments? Montrez qu'il s'agit une fois de plus d'une variation sur l'impossibilité de concilier le mérite et la fortune. — Le dernier trait du fragment 60 : comment rejoint-on ici le fragment 15 du chapitre VI, « Des biens de fortune », ainsi que d'autres remarques du même chapitre? En quoi la présence de certains financiers à la Cour a-t-elle contribué à la déchéance morale?

14. Fragment 61. Étudiez les comparaisons et les métaphores de ce portrait : quelle impression dominante veulent-elles donner? Cherchez dans les chapitres précédents d'autres portraits de personnages « mystérieux » et agités : pourquoi ces deux ridicules excitent-ils particulièrement la verve de La Bruyère?

à lui dire, et ils lui parlent; ils lui parlent une seconde fois :
les voilà contents, ils lui ont parlé. Pressez-les, tordez-les, ils
200 dégouttent[1] l'orgueil, l'arrogance, la présomption; vous leur
adressez la parole, ils ne vous répondent point, ils ne vous
connaissent point, ils ont les yeux égarés et l'esprit aliéné; c'est
à leurs parents à en prendre soin et à les renfermer, de peur que
leur folie ne devienne fureur, et que le monde n'en souffre **(15)**.
205 Théodote a une plus douce manie[2] : il aime la faveur éperdu-
ment, mais sa passion a moins d'éclat; il lui fait des vœux
en secret, il la cultive, il la sert mystérieusement; il est au guet
et à la découverte sur tout ce qui paraît de nouveau[3] avec
les livrées* de la faveur : ont-ils[4] une prétention, il s'offre à
210 eux, il s'intrigue[5] pour eux, il leur sacrifie sourdement mérite,
alliance, amitié, engagement[6], reconnaissance. Si la place d'un
CASSINI[7] devenait vacante, et que le suisse* ou le postillon*
du favori s'avisât de la demander, il appuierait sa demande, il
le jugerait digne de cette place, il le trouverait capable d'obser-
215 ver et de calculer, de parler de parélies[8] et de parallaxes[9]. Si
vous demandiez de Théodote s'il est auteur ou plagiaire, original ou copiste, je vous donnerais ses ouvrages, et je vous
dirais : « Lisez et jugez. » Mais s'il est dévot ou courtisan,
qui pourrait le décider sur le portrait que j'en viens de faire?
220 Je prononcerais plus hardiment sur son étoile. Oui, Théodote,
j'ai observé le point de votre naissance[10]; vous serez placé, et

---

1. Ils laissent tomber goutte à goutte. On dirait aujourd'hui : « Ils suent l'orgueil »;
2. *Manie* : folie. Le sens du mot est affaibli par l'adjectif *douce*, par opposition à la
fureur démentielle de la ligne 204; **3.** *Ce qui* : singulier à valeur collective et signifiant « tous ceux qui ». On peut comprendre *de nouveau* au sens de « nouvellement »;
4. *Ils* renvoie aux « nouveaux favoris » désignés par la périphrase de la ligne 209;
5. *S'intriguer* : s'entremettre; **6.** *Engagement* : devoir, obligation; **7.** *Cassini* : directeur de l'Observatoire, qui mourra en 1712; **8.** *Parélie* (ou *parhélie*) : phénomène
lumineux, sorte de halo qui se forme autour de l'image du soleil, lorsque ses rayons
passent à travers des nuages formés de cristaux de glace; **9.** *Parallaxe* : angle sous
lequel serait vu, à partir d'un astre, le rayon terrestre (notion qui permet de déterminer la distance de cet astre); **10.** J'ai établi votre horoscope.

——— **QUESTIONS** ———

15. Quelle parenté psychologique existe entre Théodote et les caractères dessinés ici? D'où viennent les différences? Relevez dans le vocabulaire, dans la construction et le rythme des phrases tout ce qui traduit
la déraison de tels personnages : jusqu'à quelle outrance burlesque est
poussé le portrait? — Le caractère collectif et anonyme de cette peinture
laisse-t-il entendre que de tels courtisans sont plus nombreux que les
Théodotes?

bientôt ; ne veillez plus, n'imprimez plus : le public vous demande quartier. **(16) (17)**

être/paraître.

63 *(Éd. 1).* Il y a un pays où les joies sont visibles, mais
225 fausses, et les chagrins cachés, mais réels. Qui croirait que l'empressement pour les spectacles, que les éclats et les applau-dissements aux théâtres de Molière et d'Arlequin[1], les repas, la chasse, les ballets, les carrousels couvrissent tant d'in-quiétudes, de soins[2] et de divers intérêts, tant de craintes et
230 d'espérances, des passions si vives et des affaires si sérieuses[3] ? **(18)**

69 *(Éd. 1).* Qui est plus esclave qu'un courtisan assidu, si ce n'est un courtisan plus assidu ? **(19)**

74 *(Éd. 1).* L'on parle d'une région où les vieillards sont galants, polis et civils ; les jeunes gens au contraire, durs, féroces[4],
235 sans mœurs ni politesse : ils se trouvent affranchis de la passion des femmes dans un âge où l'on commence ailleurs à la sentir ; ils préfèrent des repas, des viandes[5], et des amours ridicules.

---

1. Les comédiens italiens, qui seront chassés de Paris en 1697 pour n'y revenir qu'après la fin du règne de Louis XIV (1716) ; 2. *Soins* : soucis ; 3. Les commentateurs rapprochent ce texte d'un passage de Bossuet *(Oraison funèbre d'Anne de Gonzague)* ; 4. *Féroce* : brutal ; 5. *Viandes* : nourriture.

QUESTIONS

16. Cette seconde partie du portrait de Théodote enrichit-elle beau-coup la première ? Comment s'éclaire-t-elle par comparaison avec les caractères décrits dans les lignes précédentes ? Que penser du dévouement de Théodote ? — Expliquez la phrase *Mais s'il est dévot ou courtisan, qui pourrait le décider...* : pourquoi le moraliste se refuse-t-il à qualifier son personnage ? — La conclusion du jugement : quel moyen de parvenir Théodote a-t-il mis en pratique ?

17. SUR L'ENSEMBLE DU FRAGMENT 61. — Dégagez le caractère complexe de ce fragment : comment deux satires s'y entrelacent-elles ? — Quel est le mot clé du portrait de Théodote ? Comment s'explique l'apparente incertitude du moraliste sur le caractère qu'il dépeint ? La Bruyère est-il coutumier de cette attitude ? Qu'en pense le lecteur d'aujourd'hui ? — Comparez Théodote à Timante *(le Misanthrope,* II, IV, vers 586-594).

18. FRAGMENT 63. Commentez le début *(Il y a un pays où)* : comment s'annonce le caractère paradoxal de la vie de cour ? — Les plaisirs mon-dains sont-ils considérés ici comme des « divertissements » au sens pas-calien du mot ?

19. FRAGMENT 69. Sous quelle forme reparaissent deux thèmes qui avaient déjà été développés dans les fragments 4 et 12 ?

[left margin handwritten: elle ne porte pas de vêtements]

Celui-là chez eux est sobre et modéré, qui ne s'enivre que de
vin : l'usage trop fréquent qu'ils en ont fait le leur a rendu
240 insipide ; ils cherchent à réveiller leur goût déjà éteint par des
eaux-de-vie, et par toutes les liqueurs les plus violentes ; il ne
manque à leur débauche que de boire de l'eau-forte[1]. Les
femmes du pays précipitent le déclin de leur beauté par des
artifices qu'elles croient servir à les rendre belles : leur coutume
245 est de peindre leurs lèvres, leurs joues, leurs sourcils et leurs
épaules, qu'elles étalent avec leur gorge, leurs bras et leurs
oreilles, comme si elles craignaient de cacher l'endroit par où
elles pourraient plaire, ou de ne pas se montrer assez. Ceux
qui habitent cette contrée ont une physionomie qui n'est pas
250 nette, mais confuse, embarrassée dans une épaisseur de cheveux étrangers, qu'ils préfèrent aux naturels et dont ils font
un long tissu pour couvrir leur tête : il descend à la moitié
du corps, change les traits, et empêche qu'on ne connaisse
les hommes à leur visage. Ces peuples d'ailleurs ont leur Dieu
255 et leur roi : les grands* de la nation s'assemblent tous les jours,
à une certaine heure, dans un temple qu'ils nomment église, *[handwritten: Versailles]*
il y a au fond de ce temple un autel consacré à leur Dieu, où
un prêtre célèbre des mystères qu'ils appellent saints, sacrés
et redoutables ; les grands* forment un vaste cercle au pied de
260 cet autel, et paraissent debout, le dos tourné directement au
prêtre et aux saints mystères, et les faces élevées vers le roi,
que l'on voit à genoux sur une tribune, et à qui ils semblent
avoir tout l'esprit et tout le cœur appliqués. On ne laisse pas
de voir[2] dans cet usage une espèce de subordination ; car ce
265 peuple paraît adorer le prince*, et le prince* adorer Dieu. Les
gens du pays le nomment*** ; il est à quelque quarante-huit
degrés d'élévation du pôle[3], et à plus d'onze cents lieues de
mer des Iroquois et des Hurons[4].)(20) *[handwritten: l'idée de l'autre.]*

78 (*Éd. 4*). Faibles hommes ! Un grand* dit de *Timagène*,
270 votre ami, qu'il est un sot, et il se trompe. Je ne demande pas

[handwritten across page: Ton n'emploi jamais des noms.]

---

1. *Eau-forte :* acide utilisé pour la gravure sur cuivre ; 2. On ne saurait manquer
de voir ; 3. De latitude ; 4. Les Indiens d'Amérique du Nord représentent alors les
peuples « sauvages » ; on parle beaucoup d'eux à cette époque, puisque l'expansion
française au Canada se heurte depuis 1684 à la résistance des Iroquois, soutenus
par les Anglais, tandis que les Hurons collaborent avec les troupes françaises.

———— QUESTIONS ————

20. Voir page suivante.

que vous répliquiez qu'il est homme d'esprit : osez seulement penser qu'il n'est pas un sot.

(*Éd. 4*). De même il prononce d'*Iphicrate*[1] qu'il manque de cœur[2]; vous lui avez vu faire une belle action[3] : rassurez-vous, 275 je vous dispense de la raconter, pourvu qu'après ce que vous venez d'entendre, vous vous souveniez encore de la lui avoir vu faire.

80 (*Éd. 4*). « Diseurs de bons mots, mauvais caractère[4] » : je le dirais, s'il[5] n'avait été dit[6]. Ceux qui nuisent à la réputa-280 tion ou à la fortune des autres plutôt que de perdre un bon mot, méritent une peine infamante : cela n'a pas été dit, et je l'ose dire. **(21)**

83 (*Éd. 6*). La cour n'est jamais dénuée d'un certain nombre de gens en qui l'usage du monde, la politesse ou la fortune 285 tiennent lieu d'esprit, et suppléent au mérite. Ils savent entrer et sortir; ils se tirent de la conversation en ne s'y mêlant point; ils plaisent à force de se taire, et se rendent importants par

---

1. Il déclare avec autorité au sujet d'Iphicrate; 2. *Cœur* : courage; 3. Une action courageuse; 4. Caractère corrompu; 5. *Il* : cela; 6. Pascal (*Pensées*, éd. Lafuma, n° 965).

QUESTIONS

20. Fragment 74. Par comparaison avec le début du fragment 63, quel genre de fiction s'annonce par l'expression *L'on parle d'une région...*? Analysez le procédé employé pour mettre en évidence l'absurdité d'un monde qui semble cependant normal à ceux qui y vivent; notez quelques effets frappants résultant de ce procédé, notamment l'emploi de l'article *un*. Par quel regard semblent être vus les courtisans? — Cherchez dans d'autres chapitres l'ébauche du même procédé : quel usage en fera Montesquieu dans les *Lettres persanes* (voir particulièrement la lettre 24)? — Les exemples choisis par La Bruyère : montrez que chacun d'eux prouve que la nature profonde des êtres et des choses est systématiquement faussée. — Commentez plus précisément les réflexions sur la religion : comment La Bruyère interprète-t-il les usages qui s'étaient institués à la chapelle du château de Versailles? (Les courtisans, dans la nef, se tournaient vers le roi, à qui était réservée la tribune du fond.) La foi chrétienne du moraliste peut-elle s'accommoder de cette adoration adressée au roi? — Que veut suggérer le moraliste en désignant la France par les périphrases des lignes 266-268?

21. Fragments 78, 80. En quoi consiste la faiblesse humaine (ligne 269), face à la médisance et la raillerie? A quelles « audaces » le moraliste convie-t-il son lecteur? — La reprise textuelle d'une formule de Pascal donne-t-elle plus de poids au fragment 80? Comment se confirme l'opinion du moraliste sur les mauvais plaisants (voir chapitre v, « De la société et de la conversation », fragment 3).

un silence longtemps soutenu, ou tout au plus par quelques
monosyllabes; ils payent de mines[1], d'une inflexion de voix,
290 d'un geste et d'un sourire : ils n'ont pas, si je l'ose dire, deux
pouces de profondeur; si vous les enfoncez, vous rencontrez
le tuf[2].

86 *(Éd. 5)*. Vous dépendez, dans une affaire qui est juste et
importante, du consentement de deux personnes. L'un vous
295 dit : « J'y donne les mains[3] pourvu qu'un tel y condescende »;
et ce tel y condescend, et ne désire plus que d'être assuré des
intentions de l'autre. Cependant rien n'avance; les mois, les
années s'écoulent inutilement : « Je m'y perds, dites-vous,
et je n'y comprends rien; il ne s'agit que de faire qu'ils
300 s'abouchent, et qu'ils se parlent. » Je vous dis, moi, que j'y
vois clair, et que j'y comprends tout : ils se sont parlé.

88 *(Éd. 1)*. Si l'on ne se précautionne à la cour contre les
pièges que l'on y tend sans cesse pour faire tomber dans le
ridicule, l'on est étonné, avec tout son esprit, de se trouver
305 la dupe de plus sots que soi. **(22)**

89 *(Éd. 1)*. Il y a quelques rencontres[4] dans la vie où la vérité
et la simplicité sont le meilleur manège du monde.

92 *(Éd. 1)*. Il faut avoir de l'esprit pour être homme de
cabale[5] : l'on peut cependant en avoir à un certain point, que[6]
310 l'on est au-dessus de l'intrigue et de la cabale, et que l'on ne
saurait s'y assujettir; l'on va alors à une grande fortune ou à
une haute réputation par d'autres chemins. **(23)**

---

1. Ils s'en tirent par des mines...; **2.** *Tuf* : au propre, la roche qu'on rencontre sous
le sol végétal; **3.** Je donne mon accord; **4.** *Rencontres :* circonstances; **5.** Homme
d'intrigue; **6.** *Que :* où.

─────── **QUESTIONS** ───────

22. FRAGMENTS 83, 86, 88. Montrez les différentes manières dont les
« manèges » suppléent dans les mœurs de la Cour à la pratique de certaines qualités et de certains usages.
— La Bruyère dit ailleurs que, pour réussir à la Cour, il faut se moquer
du ridicule dont on vous couvre; cherchez dans ce chapitre des textes
qui expriment cette idée. A qui faut-il alors appliquer la pensée du fragment 88?

23. FRAGMENTS 89, 92. Comment ces deux fragments apportent-ils
une sorte de correction aux trois fragments précédents? — Commentez
les expressions *quelques rencontres* (ligne 306), *par d'autres chemins*
(ligne 312); cela signifie-t-il que la sincérité et la franchise triomphent
par elles-mêmes de la ruse et de l'intrigue?

Un partisan au XVIIᵉ siècle. (Chapitre VI, fragments 14, 32, 56.)
Gravure de Nicolas Bonnart (1646-1718).

Phot. Larousse.

96 (*Éd. 1*). *Straton*[1] est né sous deux étoiles : malheureux,
heureux dans le même degré. Sa vie est un roman : non, il lui
315 manque le vraisemblable. Il n'a point eu d'aventures; il a eu
de beaux songes, il en a eu de mauvais : que dis-je? on ne rêve
point comme il a vécu. Personne n'a tiré d'une destinée plus
qu'il a fait; l'extrême et le médiocre lui sont connus; il a brillé,
il a souffert, il a mené une vie commune : rien ne lui est échappé.
320 Il s'est fait valoir par des vertus qu'il assurait fort sérieusement
qui étaient en lui; il a dit de soi : *J'ai de l'esprit, j'ai du courage;*
et tous ont dit après lui : *Il a de l'esprit, il a du courage.* Il a
exercé dans l'une et l'autre fortune le génie[2] du courtisan, qui
a dit de lui plus de bien peut-être et plus de mal qu'il n'y en
325 avait. Le joli, l'aimable, le rare, le merveilleux, l'héroïque ont
été employés à son éloge; et tout le contraire a servi depuis
pour le ravaler : caractère équivoque, mêlé, enveloppé; une
énigme, une question presque indécise[3]. **(24) (25)**

1. D'après les clés, il s'agit du duc de Lauzun (1633-1723); d'abord favori de
Louis XIV, il fut ensuite emprisonné dix ans; 2. Il a fourni, dans le malheur et la
prospérité, de la matière à l'invention; 3. *Indécis :* insoluble.

───────── **QUESTIONS** ─────────

24. FRAGMENT 96. Le procédé de composition de ce portrait : est-ce
seulement un jeu d'antithèses qui met en relief les contrastes d'une destinée? Mettez en relief les moyens (accumulations, réticences, etc.) qui
doivent mener le lecteur à la conclusion (ligne 328). — Cherchez dans ce
chapitre un autre portrait où le moraliste a pour ainsi dire renoncé à
définir et à classer le personnage dont il parlait. Que prouve cette impuis-
sance avouée du moraliste face à certains comportements qu'on ne pourrait trouver ailleurs qu'à la Cour? — Ce fragment a quelque chose d'aimable qui tranche sur le ton amer de bien d'autres passages : montrez-le.
— Que savez-vous du duc de Lauzun, qu'on a communément donné
comme clé à ce portrait?

25. SUR L'ENSEMBLE DU CHAPITRE VIII. — Cette satire de la Cour vient
d'un écrivain qui est lui-même homme de cour. Vous rassemblerez les
détails qui rendent visible cette particularité. Par comparaison avec le
chapitre précédent, « De la ville », à quoi voit-on que le moraliste est
mieux informé? Peut-on deviner les sentiments personnels de La Bruyère
sur le rôle et la place qui lui sont laissés dans cette société?
— Les « moyens de parvenir » d'après ce chapitre; dégagez les deux
thèmes complémentaires dans cette satire de l'arrivisme : si tous les
moyens sont bons au courtisan pour réussir, aucun n'est sûr.
— Comment les valeurs morales, les usages et les mœurs propres à
l'honnête homme sont-ils faussés à la Cour?
— La Bruyère s'est comparé parfois à un prédicateur; vous direz
comment certains morceaux de ce chapitre accréditent cette comparaison.
— Dans quelle mesure les critiques de La Bruyère atteignent-elles les
institutions à travers les hommes? Le roi est-il mis en cause dans cette
image d'une société monarchique?

CHAPITRE IX

DES GRANDS

1 *(Éd. 1)*. La prévention[1] du peuple* en faveur des grands est si aveugle, et l'entêtement[2] pour leur geste, leur visage, leur ton de voix et leurs manières si général, que, s'ils s'avisaient d'être bons, cela irait à l'idolâtrie. **(1)**

5 **2** *(Éd. 6)*. Si vous êtes né vicieux, ô *Théagène*, je vous plains; si vous le devenez par faiblesse pour ceux qui ont intérêt que vous le soyez, qui ont juré entre eux de vous corrompre, et qui se vantent déjà de pouvoir y réussir, souffrez que je vous méprise. Mais si vous êtes sage, tempérant, modeste[3], civil, 10 généreux, reconnaissant, laborieux, d'un rang d'ailleurs et d'une naissance à donner des exemples plutôt qu'à les prendre d'autrui, et à faire les règles plutôt qu'à les recevoir, convenez avec cette sorte de gens de suivre par complaisance leurs dérèglements, leurs vices et leur folie, quand ils auront, par 15 la déférence qu'ils vous doivent, exercé toutes les vertus que vous chérissez : ironie[4] forte, mais utile, très propre à mettre vos mœurs en sûreté, à renverser tous leurs projets, et à les jeter dans le parti[5] de continuer d'être ce qu'ils sont, et de vous laisser tel que vous êtes. **(2)**

---

1. *Prévention* : préjugé favorable; **2.** *Entêtement* : engouement; **3.** *Modeste* : modéré; **4.** *Ironie* : ici, art de convaincre en forçant l'interlocuteur à prendre conscience de ce qu'il pense et de ce qu'il veut; on est proche du sens « socratique » du terme; **5.** Leur faire prendre résolution.

QUESTIONS

1. FRAGMENT 1. Montrez l'importance de cette remarque pour fixer le rang et le prestige des grands dans la société de l'Ancien Régime. — La Bruyère avait d'abord écrit (ligne 4) : « *L'idolâtrie*, le seul mal sous ce règne que l'on pouvait craindre. » Comment cette variante éclaire-t-elle sa pensée de La Bruyère? Faut-il donc que les choses restent ce qu'elles sont?

2. FRAGMENT 2. En supposant que La Bruyère s'adresse ici, comme on le pense généralement, à son ancien élève, le duc de Bourbon, vous étudierez le mélange de hardiesse et de flatterie qui rend ce texte remarquable. Des trois éventualités considérées ici, quelle est la seule qui permettrait au moraliste d'intervenir utilement? — Analysez la suite des sept adjectifs des lignes 9-10 et classez les qualités que La Bruyère prête (ou souhaite) à Théagène. — Le danger qui menace les grands : d'après le chapitre VIII, « De la Cour », quel peut être l'entourage des grands?

20 **4** *(Éd. 1)*. Les grands se piquent d'ouvrir une allée dans une forêt, de soutenir des terres par de longues murailles, de dorer des plafonds, de faire venir dix pouces[1] d'eau, de meubler[2] une orangerie; mais de rendre un cœur content, de combler une âme de joie, de prévenir d'extrêmes besoins ou d'y remé-
25 dier, leur curiosité ne s'étend point jusque-là. **(3)**

5 *(Éd. 4)*. On demande si en comparant ensemble les différentes conditions des hommes, leurs peines, leurs avantages, on n'y remarquerait pas un mélange ou une espèce de compensation de bien et de mal, qui établirait entre elles l'égalité,
30 ou qui ferait du moins que l'un[3] ne serait guère plus désirable que l'autre. Celui qui est puissant, riche, et à qui il ne manque rien, peut former[4] cette question; mais il faut que ce soit un homme pauvre qui la décide.

(Éd. 4). Il ne laisse pas d'y avoir comme un charme attaché
35 à chacune des différentes conditions, et qui y demeure jusques à ce que la misère l'en ait ôté. Ainsi les grands se plaisent dans l'excès, et les petits aiment la modération; ceux-là ont le goût de dominer et de commander, et ceux-ci sentent du plaisir et même de la vanité à les servir et à leur obéir; les grands sont
40 entourés, salués, respectés; les petits entourent, saluent, se prosternent; et tous sont contents. **(4)**

7 *(Éd. 7)*. « Il est vieux et usé, dit un grand; il s'est crevé[5] à me suivre : qu'en faire? » Un autre, plus jeune, enlève ses espérances[6], et obtient le poste qu'on ne refuse à ce malheu-
45 reux que parce qu'il l'a trop mérité.

---

1. Une conduite de dix pouces de diamètre; 2. *Meubler :* garnir; 3. L'une des deux choses (les premières éditions portaient *une*, mis pour condition); 4. *Former :* poser; 5. Se dit habituellement d'un cheval; l'expression n'a rien de familier ici; 6. Celles du vieil homme dont parle ce grand.

──────── **QUESTIONS** ────────

3. FRAGMENT 4. Comprend-on mieux ce que voulait dire La Bruyère au fragment 1 en évoquant ce qu'il adviendrait si les grands *s'avisaient d'être bons?* — Que révèlent les préoccupations des grands?

4. FRAGMENT 5. La Rochefoucauld avait déjà dit (maxime 52) : « Quelque différence qu'il paraisse entre les fortunes, il y a une certaine compensation de biens et de maux qui les rend égales »; comment La Bruyère nuance-t-il la question? Ne conteste-t-il pas implicitement à La Rochefoucauld le droit de poser le problème? — Analysez la réponse de *l'homme pauvre* (lignes 34-41) : si l'on tient compte des réserves formulées et de l'ironie, que reste-t-il de l'harmonie sociale entre *grands* et *petits?* — Le moraliste semble-t-il penser qu'on puisse changer quoi que ce soit à cet état de choses?

8 *(Éd. 4).* « Je ne sais, dites-vous avec un air froid et dédai-
gneux, *Philanthe* a du mérite, de l'esprit, de l'agrément, de
l'exactitude sur son devoir, de la fidélité et de l'attachement
pour son maître, et il en est médiocrement considéré; il ne
50 plaît pas, il n'est pas goûté. » — Expliquez-vous : est-ce Philanthe, ou le grand qu'il sert, que vous condamnez?

12 Les grands dédaignent les gens d'esprit qui n'ont que
de l'esprit; les gens d'esprit méprisent les grands qui n'ont
que de la grandeur. Les gens de bien plaignent les uns et les
55 autres, qui ont ou de la grandeur ou de l'esprit, sans nulle
vertu. **(5)**

15 *(Éd. 6).* Quelle est l'incurable maladie de *Théophile?* Elle
lui dure depuis plus de trente années, il ne guérit point : il a
voulu, il veut, et il voudra gouverner les grands; la mort seule
60 lui ôtera avec la vie cette soif d'empire et d'ascendant sur les
esprits. Est-ce en lui zèle du prochain? est-ce habitude? est-ce
une excessive opinion de soi-même? Il n'y a point de palais
où il ne s'insinue; ce n'est pas au milieu d'une chambre qu'il
s'arrête : il passe à une embrasure[1] ou au cabinet; on attend
65 qu'il ait parlé, et longtemps et avec action[2], pour avoir audience,
pour être vu. Il entre dans le secret des familles; il est de quelque
chose dans tout ce qui leur arrive de triste ou d'avantageux;
il prévient, il s'offre, il se fait de fête[3], il faut l'admettre. Ce n'est
pas assez pour remplir son temps ou son ambition, que le soin
70 de dix mille âmes dont il répond à Dieu comme de la sienne
propre : il y en a d'un plus haut rang et d'une plus grande
distinction dont il ne doit aucun compte, et dont il se charge
plus volontiers. Il écoute, il veille sur tout ce qui peut servir
de pâture à son esprit d'intrigue, de médiation et de manège.
75 A peine un grand est-il débarqué[4], qu'il l'empoigne et s'en

---

1. Le renfoncement d'une fenêtre; **2.** En faisant des gestes; **3.** Il s'impose comme
celui qui prend part à une fête sans y être invité; **4.** Arrivé à la Cour. Mais on peut
prendre le mot dans son sens propre si on fait de cette phrase une allusion à Jacques II,
roi détrôné d'Angleterre, comme l'ont fait les contemporains de La Bruyère.

───── **QUESTIONS** ─────

5. FRAGMENTS 7, 8, 12. L'attitude des grands à l'égard du mérite,
de l'esprit, de la loyauté : est-elle surprenante d'après ce que l'on a appris
d'eux dans les fragments précédents? — Comment le moraliste explique-t-il
cette ingratitude? Les grands en sont-ils seuls responsables? — Ne peut-on
s'étonner de la question posée par La Bruyère (fragment 8, lignes 50-51),
si on se rappelle sa propre situation et ce qu'il dit lui-même dans le chapitre VIII, « De la Cour », fragments 26, 54 et 74 fin?

saisit; on entend plus tôt dire à Théophile qu'il le gouverne, qu'on n'a pu soupçonner qu'il pensait à le gouverner. (6)

17 *(Éd. 6).* Il y a des hommes superbes, que l'élévation de leurs rivaux humilie et apprivoise; ils en viennent, par cette
80 disgrâce, jusqu'à rendre le salut; mais le temps, qui adoucit toutes choses, les remet enfin dans leur naturel.

21 *(Éd. 5).* Il y en a de tels, que s'ils pouvaient connaître leurs subalternes et se connaître eux-mêmes, ils auraient honte de primer. (7)

85 **22** *(Éd. 5).* S'il y a peu d'excellents orateurs, y a-t-il bien des gens qui puissent les entendre[1]? S'il n'y a pas assez de bons écrivains, où sont ceux qui savent lire? De même on s'est toujours plaint du petit nombre de personnes capables de conseiller les rois, et de les aider dans l'administration de
90 leurs affaires; mais s'ils naissent enfin, ces hommes habiles et intelligents, s'ils agissent selon leurs vues et leurs lumières sont-ils aimés, sont-ils estimés autant qu'ils le méritent? Sont-ils loués de ce qu'ils pensent et de ce qu'ils font pour la patrie? Ils vivent, il suffit : on les censure s'ils échouent, et on les envie
95 s'ils réussissent. Blâmons le peuple* où[2] il serait ridicule de vouloir l'excuser. Son chagrin[3] et sa jalousie, regardés des grands ou des puissants comme inévitables, les ont conduits insensiblement à le compter pour rien, et à négliger ses suffrages dans toutes leurs entreprises, à s'en faire même une
100 règle de politique.

---

1. *Entendre* : comprendre; **2.** Quand; **3.** *Chagrin* : mécontentement.

QUESTIONS

---

6. FRAGMENT 15. Analysez la composition de ce portrait : comment La Bruyère développe-t-il l'expression *incurable maladie* de la ligne 57? Relevez tous les traits qui dénotent de la part de Théophile un comportement anormal. — A quoi reconnaît-on qu'il s'agit d'un homme d'Église (on donnait comme clé Gabriel de Roquette, évêque d'Autun)? Citez les termes qui suggèrent qu'il y a chez Théophile une sorte de déviation de son rôle spirituel. Quel parti tire-t-il de ses fonctions ecclésiastiques? — Cherchez dans les chapitres précédents des portraits de personnages aussi agités, insinuants, intrigants : quelle est toujours l'attitude du moraliste à l'égard de tels caractères?

7. FRAGMENTS 17, 21. Quels sont les deux défauts qui sont propres aux grands? Ne pourrait-on pas même dire qu'il s'agit d'un seul vice? Est-il possible de le corriger?

Les petits se haïssent les uns les autres lorsqu'ils se nuisent réciproquement. Les grands sont odieux aux petits par le mal qu'ils leur font, et par tout le bien qu'ils ne leur font pas : ils leur sont responsables de leur obscurité, de leur pauvreté et
105 de leur infortune, ou du moins ils leur paraissent tels.

24 *(Éd. 7).* Pendant que les grands négligent de rien connaître, je ne dis pas seulement aux intérêts des princes* et aux affaires publiques, mais à leurs propres affaires; qu'ils ignorent l'économie et la science d'un père de famille, et qu'ils se louent
110 eux-mêmes de cette ignorance; qu'ils se laissent appauvrir et maîtriser par des intendants; qu'ils se contentent d'être gourmets ou *coteaux*[1], d'aller chez *Thaïs* ou chez *Phryné*[2], de parler de la meute et de la vieille meute[3], de dire combien il y a de postes[4] de Paris à Besançon, ou à Philisbourg, des citoyens[5]
115 s'instruisent du dedans et du dehors d'un royaume, étudient le gouvernement, deviennent fins et politiques, savent le fort et le faible de tout un État, songent à se mieux placer, se placent, s'élèvent, deviennent puissants, soulagent le prince* d'une partie des soins publics. Les grands, qui les dédaignaient, les
120 révèrent : heureux s'ils deviennent leurs gendres. **(8)**

25 *(Éd. 5).* Si je compare ensemble les deux conditions des hommes les plus opposées, je veux dire les grands avec le peuple*, ce dernier me paraît content du nécessaire, et les autres sont inquiets et pauvres avec le superflu. Un homme du peuple*

---

1. *Coteaux :* connaisseurs de bons vins. On parlait d'un « ordre des coteaux », formé par l'élite des gens qui savaient apprécier les meilleurs crus; 2. Noms de courtisanes; 3. Chiens de renfort, lâchés en dernier lieu; 4. *Poste :* relais de chevaux; 5. Des bourgeois. La Bruyère peut notamment penser à Colbert.

QUESTIONS

---

8. FRAGMENTS 22, 24. Comment ces deux fragments se complètent-ils pour définir la situation des ministres et des conseillers par rapport au peuple et par rapport aux grands? — Quel sens donner ici au mot *peuple?* Cette signification s'éclaire-t-elle par l'emploi de l'expression *Les petits* (ligne 101)? Les responsabilités du peuple dans le malentendu qui compromet la bonne entente entre les classes sociales (lignes 101-105). — Peut-on dire que La Bruyère commence à entrevoir la définition moderne du patriotisme? En quoi les grands manquent-ils aux devoirs de leur rang? — Comment La Bruyère accentue-t-il (lignes 113 à 116) l'opposition entre la frivolité des grands et l'utilité de certains bourgeois? La Bruyère maltraite-t-il ces gens *en place* comme il le fait ordinairement? A quoi attribue-t-il leur réussite? L'attitude des grands à leur égard est-elle plus digne d'éloge que celle du peuple? — Rappelez les faits historiques qui expliquent les constatations faites ici par La Bruyère. Peut-on déduire de ces fragments certains éléments de la pensée politique de La Bruyère?

125 ne saurait faire aucun mal; un grand ne veut faire aucun bien,
et est capable de grands maux. L'un ne se forme et ne s'exerce
que dans les choses qui sont utiles; l'autre y joint les perni-
cieuses. Là se montrent ingénument la grossièreté et la franchise; ici se cache une sève maligne et corrompue sous l'écorce
130 de la politesse. Le peuple* n'a guère d'esprit, et les grands n'ont
point d'âme : celui-là a un bon fond, et n'a point de dehors;
ceux-ci n'ont que des dehors et qu'une simple superficie[1]. Faut-il
opter? Je ne balance pas : je veux être peuple*. **(9)**

32 *(Éd. 6).* Il y a des hommes nés inaccessibles, et ce sont
135 précisément ceux de qui les autres ont besoin, de qui ils dépendent. Ils ne sont jamais que sur un pied; mobiles comme le
mercure, ils pirouettent, ils gesticulent, ils crient, ils s'agitent;
semblables à ces figures de carton qui servent de montre[2] à
une fête publique, ils jettent feu et flamme, tonnent et fou-
140 droient : on n'en approche pas, jusqu'à ce que, venant à
s'éteindre, ils tombent, et par leur chute deviennent traitables,
mais inutiles. **(10)**

41 *(Éd. 4).* S'il est vrai qu'un grand donne plus à la fortune[3]
lorsqu'il hasarde une vie destinée à couler dans les ris[4], le
145 plaisir et l'abondance, qu'un particulier qui ne risque que des

---

1. *Superficie :* apparences; 2. *Montre :* attraction. Il s'agit de pièces d'artifice constituées par des personnages montés sur des bâtis articulés, qui s'animaient en s'enflammant; 3. Risque davantage; 4. *Ris :* rire, gaieté.

──────── **QUESTIONS** ────────

9. FRAGMENT 25. Le parallèle s'établit grâce à cinq couples anti-
thétiques; étudiez les nuances que comporte chacune de ces antithèses.
Faites ressortir la variété que l'écrivain a introduit dans la forme de ces
antithèses. — Y a-t-il contradiction entre l'affirmation que le peuple
est *content du nécessaire* (ligne 123) et le *chagrin* et la *jalousie* dont il était
question au paragraphe 22 (ligne 96)? Vous expliquerez *pauvre* (ligne 124)
en vous reportant au fragment 49 du chapitre « Des biens de fortune ».
— Comment comprendre *Faut-il opter* (lignes 133-134)? Le choix existe-t-il
réellement ? Y aurait-il, aux yeux du moraliste, des conditions qui dis-
pensent de ce choix en alliant *franchise* et *politesse, âme* et *esprit?* —
Appréciez la valeur de cette analyse comparée de deux catégories sociales :
dans quelle mesure est-elle conditionnée par l'affirmation finale?

10. FRAGMENT 32. Vous établirez une comparaison entre ce texte
et le portrait de Clitiphon (fragment 12 du chapitre VI, « Des biens de
fortune »), homme *inaccessible* lui aussi. — Vous signalerez des différences
importantes, en montrant qu'elles s'expliquent par la différence de condition entre Clitiphon et les personnages visés ici. — Étudiez l'image qui
est au centre de ce fragment : comment s'intègre-t-elle parfaitement à
la description psychologique, notamment à la fin du fragment?

jours qui sont misérables, il faut avouer aussi qu'il a un tout
autre dédommagement, qui est la gloire et la haute réputation.
Le soldat ne sent pas qu'il soit connu; il meurt obscur et dans
la foule : il vivait de même, à la vérité, mais il vivait, et c'est
150 l'une des sources du défaut de courage dans les conditions
basses et serviles. Ceux au contraire que la naissance démêle[1]
d'avec le peuple et expose aux yeux des hommes, à leur censure et à leurs éloges, sont même capables de sortir par effort
de leur tempérament, s'il ne les portait pas à la vertu[2]; et cette
155 disposition de cœur et d'esprit, qui passe des aïeuls par les pères
dans leurs descendants, est cette bravoure si familière aux
personnes nobles, et peut-être la noblesse* même.
(Éd. 5). Jetez-moi dans les troupes comme un simple soldat,
je suis Thersite[3]; mettez-moi à la tête d'une armée dont j'aie
160 à répondre à toute l'Europe, je suis ACHILLE. **(11)**

48 *(Éd. 6). Théognis* est recherché dans son ajustement[4], et
il sort paré comme une femme; il n'est pas hors de sa maison,
qu'il a déjà ajusté[5] ses yeux et son visage, afin que ce soit une
chose faite quand il sera dans le public, qu'il y paraisse tout
165 concerté[6], que ceux qui passent le trouvent déjà gracieux et
leur souriant, et que nul ne lui échappe. Marche-t-il dans les
salles, il se tourne à droit[7], où il y a un grand monde, et à
gauche, où il n'y a personne; il salue ceux qui y sont et ceux
qui n'y sont pas. Il embrasse un homme qu'il trouve sous sa
170 main, il lui presse la tête contre sa poitrine; il demande ensuite
qui est celui qu'il a embrassé. Quelqu'un a besoin de lui dans
une affaire qui est facile; il va le trouver, lui fait sa

---

1. *Démêler :* distinguer; 2. *Vertu :* valeur guerrière; 3. *Thersite :* dans *l'Iliade,*
guerrier grotesque, incarnant la couardise, par opposition à Achille, modèle du courage; 4. *Ajustement :* habillement, toilette; 5. *Ajuster :* composer, arranger;
6. *Concerté :* apprêté; 7. A droite (expression habituelle à l'époque).

QUESTIONS

---

11. FRAGMENT 41. Dans quelle tradition se replace La Bruyère
en comparant l'attachement du roturier à la vie et le mépris chevaleresque
de la mort? Citez dans des œuvres de la littérature française et des litté-
ratures étrangères des exemples qui illustrent cette idée en mettant côte
à côte un noble et un homme du peuple. — Ce fragment est-il en accord
avec le fragment 25? S'y reflète-t-il la même sympathie pour le peuple?
Les conditions dans lesquelles se recrutait alors l'armée suffisent-elles à
expliquer le point de vue de La Bruyère? — Voltaire aura-t-il pour la
vertu des nobles une telle considération? Comparez à ce texte le récit
du passage du Rhin dans *le Siècle de Louis XIV* (chapitre x).

prière : Théognis l'écoute favorablement, il est ravi de lui être
bon à quelque chose, il le conjure de faire naître des occasions de
175 lui rendre service; et comme celui-ci insiste sur son affaire,
il lui dit qu'il ne la fera point; il le prie de se mettre en sa place,
il l'en fait juge. Le client[1] sort, reconduit, caressé[2], confus,
presque content d'être refusé. **(12)**

50 *(Éd. 4). Pamphile* ne s'entretient pas avec les gens qu'il
180 rencontre dans les salles ou dans les cours : si l'on en croit
sa gravité et l'élévation de sa voix, il les reçoit, leur donne
audience, les congédie; il a des termes tout à la fois civils et
hautains, une honnêteté impérieuse[3] et qu'il emploie sans discernement; il a une fausse grandeur qui l'abaisse, et qui embar-
185 rasse fort ceux qui sont ses amis, et qui ne veulent pas le mépri-
ser. **(13)**

(Éd. 6). Un Pamphile est plein de lui-même, ne se perd pas
de vue, ne sort point de l'idée de sa grandeur, de ses alliances,
de sa charge*, de sa dignité; il ramasse, pour ainsi dire, toutes
190 ses pièces[4], s'en enveloppe pour se faire valoir; il dit : *Mon
ordre*, mon cordon bleu[5] ;* il l'étale ou il le cache par ostenta-
tion. Un Pamphile en un mot veut être grand, il croit l'être;
il ne l'est pas, il est d'après un grand[6]. Si quelquefois il sourit
à un homme du dernier ordre, à un homme d'esprit, il choisit
195 son temps si juste, qu'il n'est jamais pris sur le fait : aussi la
rougeur lui monterait-elle au visage s'il était malheureusement
surpris dans la moindre familiarité avec quelqu'un qui n'est
ni opulent, ni puissant, ni ami d'un ministre, ni son allié, ni

---

1. *Client :* protégé (par analogie avec les clients qui dépendaient des grandes
familles romaines); 2. *Caressé :* flatté; 3. Une politesse hautaine; 4. Tous les éléments
qui peuvent entrer dans ses armoiries; 5. L'ordre et le cordon bleu du Saint-Esprit;
6. Il est l'imitation d'un grand.

—————— **QUESTIONS** ——————

12. FRAGMENT 48. La composition de ce portrait : les trois images
successives de Théognis. — Les effets comiques : comment sont-ils progressivement calculés selon un procédé comparable pour aboutir à l'effet
final? Quel trait particulier rappelle le Philinte de Molière? Quel autre
trait évoque un épisode de *Dom Juan?* — La Bruyère a souvent dit dans
ce chapitre que les grands ne pouvaient faire que du mal : de quelle façon
assez originale Théognis justifie-t-il cette idée?

13. FRAGMENT 50. Dégagez de ce paragraphe l'expression qui
définit le caractère de Pamphile. En quoi se distingue-t-il de Théognis
(fragment 48)?

son domestique[1]. Il est sévère et inexorable à qui n'a point
200 encore fait sa fortune. Il vous aperçoit un jour dans une galerie, et il vous fuit; et le lendemain, s'il vous trouve en un endroit
moins public, ou s'il est public, en la compagnie d'un grand,
il prend courage, il vient à vous, et il vous dit : *Vous ne faisiez
pas hier semblant*[2] *de nous voir.* Tantôt il vous quitte brusque-
205 ment pour joindre un seigneur* ou un premier commis*; et tantôt
s'il les trouve avec vous en conversation, il vous coupe et vous
les enlève. Vous l'abordez une autre fois, et il ne s'arrête pas;
il se fait suivre, vous parle si haut que c'est une scène pour ceux
qui passent. Aussi les Pamphiles sont-ils toujours comme sur
210 un théâtre : gens nourris dans le faux, et qui ne haïssent rien
tant que d'être naturels; vrais personnages de comédie, des
Floridors, des *Mondoris*[3]. **(14)**
(*Éd. 7*). On ne tarit point sur les Pamphiles : ils sont bas
et timides devant les princes* et les ministres; pleins de hauteur
215 et de confiance avec ceux qui n'ont que de la vertu; muets
et embarrassés avec les savants; vifs, hardis et décisifs[4] avec
ceux qui ne savent rien. Ils parlent de guerre à un homme de
robe, et de politique à un financier; ils savent l'histoire avec
les femmes; ils sont poètes avec un docteur*, et géomètres
220 avec un poète. De maximes, ils ne s'en chargent pas; de principes, encore moins : ils vivent à l'aventure, poussés et entraînés
par le vent de la faveur et par l'attrait des richesses. Ils n'ont
point d'opinion qui soit à eux, qui leur soit propre; ils en
empruntent à mesure qu'ils en ont besoin; et celui à qui ils

---

1. Quelqu'un de sa maison; 2. Vous n'avez pas l'air; 3. Deux acteurs illustres
qui restaient, même longtemps après leur mort, comme les modèles de leur profession : *Floridor* (1608-1671), qui avait dirigé la troupe de l'Hôtel de Bourgogne, et
Mondori (ou Montdory) [1594-1651], qui avait dirigé celle du Marais; 4. *Décisif* :
tranchant.

━━━ QUESTIONS ━━━

14. Vous montrerez qu'en ajoutant ce paragraphe pour sa sixième
édition La Bruyère s'est souvenu à la fois des fragments 20 et 30 du chapitre VIII, « De la Cour ». — Le double jeu de Pamphile : à quoi recon-
nait-on que sa *grandeur* est simulée? Comment un grand, digne de ce
titre, se comporterait-il avec un *homme d'esprit* (ligne 194)? — Le développement qui commence ligne 200 (*Il vous aperçoit...*) fait-il double emploi
avec les lignes précédentes? Montrez qu'il ne s'agit pas d'une répétition :
vous pourrez établir, du point de vue de la composition, une comparaison
avec le portrait de Phédon (chapitre VI, « Des biens de fortune », fragment 83). — Quel est le grief principal adressé à Pamphile?

225 ont recours[1] n'est guère un homme sage, ou habile, ou vertueux : c'est un homme à la mode. **(15)**

52 *(Éd. 1).* Si les grands ont les occasions de nous faire du bien, ils en ont rarement la volonté; et s'ils désirent de nous faire du mal, ils n'en trouvent pas toujours les occasions.
230 Ainsi l'on peut être trompé dans l'espèce de culte qu'on leur rend, s'il n'est fondé que sur l'espérance ou sur la crainte; et une longue vie se termine quelquefois sans qu'il arrive de dépendre d'eux pour le moindre intérêt, ou qu'on leur doive sa bonne ou sa mauvaise fortune. Nous devons les honorer,
235 parce qu'ils sont grands et que nous sommes petits, et qu'il y en a d'autres plus petits que nous qui nous honorent. **(16)**

53 *(Éd. 6).* A la cour*, à la ville*, mêmes passions, mêmes faiblesses, mêmes petitesses, mêmes travers d'esprit, mêmes brouilleries dans les familles et entre les proches, mêmes envies,
240 mêmes antipathies. Partout des brus et des belles-mères, des maris et des femmes, des divorces[2], des ruptures, et de mauvais raccommodements; partout des humeurs, des colères, des partialités, des rapports[3], et ce qu'on appelle de mauvais discours[4]. Avec de bons yeux on voit sans peine la petite ville,
245 la rue Saint-Denis, comme transportées à V** ou à F**[5]. Ici l'on croit se haïr avec plus de fierté et de hauteur, et peut-être avec plus de dignité : on se nuit réciproquement avec plus d'habileté et de finesse; les colères sont plus éloquentes, et l'on se dit des injures plus poliment et en meilleurs termes;
250 l'on n'y blesse point la pureté de la langue; l'on n'y offense que les hommes ou que leur réputation : tous les dehors du vice y sont spécieux[6]; mais le fond, encore une fois, y est le

---

1. Pour lui emprunter des opinions; **2.** *Divorce* : mésentente; **3.** *Rapports* : récits malveillants; **4.** *Discours* : propos; **5.** Versailles ou Fontainebleau; **6.** *Spécieux* : de belle apparence, séduisant.

━━━ QUESTIONS ━━━

15. Comment La Bruyère justifie-t-il l'addition de ce nouveau paragraphe lors de la septième édition? — En s'enrichissant de traits nouveaux, le caractère de Pamphile ne dévie-t-il pas légèrement de l'image initiale?

16. FRAGMENT 52. A quelles idées, répétées en d'autres fragments de ce chapitre, le moraliste apporte-t-il ici des correctifs? — Comment reparaît sous une autre forme une idée exprimée au fragment 12 du chapitre VIII, « De la Cour ». — Faut-il prendre au sérieux la conclusion de ce fragment?

même que dans les conditions les plus ravalées; tout le bas,
tout le faible et tout l'indigne s'y trouvent. Ces hommes si
255 grands ou par leur naissance, ou par leur faveur, ou par leurs
dignités, ces têtes si fortes et si habiles, ces femmes si polies et
si spirituelles, tous méprisent le peuple*, et ils sont peuple*. **(17)**
(Éd. 4). Qui dit le peuple* dit plus d'une chose : c'est une
vaste expression, et l'on s'étonnerait de voir ce qu'elle embrasse,
260 et jusques où elle s'étend. Il y a le peuple* qui est opposé aux
grands : c'est la populace et la multitude; il y a le peuple* qui
est opposé aux sages, aux habiles et aux vertueux : ce sont les
grands comme les petits. **(18)**

56 *(Éd. 1)*. L'on doit se taire sur les puissants : il y a presque
265 toujours de la flatterie à en dire du bien; il y a du péril à en
dire du mal pendant qu'ils vivent, et de la lâcheté quand ils
sont morts. **(19) (20)**

———— **QUESTIONS** ————

17. Fragment 53. La composition de ce développement : montrez les deux mouvements successifs de la comparaison. Recherchez dans
le chapitre VII, « De la ville », les fragments qui développent le tableau
des défauts qui sévissent dans la société de la ville. — Étudiez le vocabulaire des lignes 246-254 en montrant le jeu des oppositions fondées
sur des distinctions purement verbales, qui masquent l'identité du *fond*.
— Comparez ce passage au fragment 25 du même chapitre : vous montrez que La Bruyère, en vrai satirique, emploie, pour abaisser le même
adversaire, deux argumentations inverses l'une de l'autre.

18. Ce second paragraphe est antérieur par la composition au précédent :
peut-on découvrir ici un des moyens employés par La Bruyère pour enrichir son ouvrage?

19. Fragment 56. Cette pensée est la dernière du chapitre : quel
humour suppose-t-elle après tout ce qu'on vient de lire?

20. Sur l'ensemble du chapitre IX. — Récapitulez les traits par
lesquels La Bruyère exprime le caractère irréductible de l'opposition qui
règne entre les grands et le peuple. Quels sont les torts des grands? Sont-
ils seuls responsables du malentendu qui existe sur le plan social entre
eux et les autres classes?
— Si La Bruyère éprouve de la sympathie pour le peuple, faut-il en
conclure qu'il est démocrate? Montrez qu'il se refuse à définir le peuple
comme n'étant qu'une entité politique.
— L'inutilité des grands est-elle évidente pour La Bruyère? Souhaite-
t-il leur disparition?

DOCUMENTATION THÉMATIQUE
réunie par la Rédaction des Nouveaux Classiques Larousse.

1. Le problème des langues.
   - **1.1.** L'enseignement des langues.
   - **1.2.** La traduction.

2. La Bruyère et les Anciens.
   - **2.1.** Le *Discours sur Théophraste*.
   - **2.2.** La querelle des Anciens et des Modernes.

3. La Bruyère et la critique littéraire.
   - **3.1.** Une conception de la critique.
   - **3.2.** Le métier d'écrivain : La Bruyère et Boileau.
   - **3.3.** La Bruyère, critique littéraire.

4. Synthèse : La Bruyère et Boileau (*Réflexion VII sur Longin*).

1. LE PROBLÈME DES LANGUES

1.1. L'ENSEIGNEMENT DES LANGUES

On rapprochera les textes 71 et 72 du chapitre XIV avec ce texte de Montaigne (*Essais,* I, XXVI, « De l'institution des enfants »); on fera des deux problèmes traités par La Bruyère deux sujets de discussion :

1° L'apprentissage des langues : utilité (au temps de Montaigne, à celui de La Bruyère, en tenant compte de l'emploi du latin, langue alors vivante, et, pour le XVIIe siècle, de l'emploi généralisé du français en Europe; actuellement). Les difficultés, les méthodes (efficacité de celle de Montaigne; les méthodes actuelles; le fondement des inquiétudes qu'exprime La Bruyère). L'âge idéal pour apprendre les langues étrangères : existe-t-il? adaptation des méthodes aux âges de ceux qui apprennent;

2° La connaissance des textes : utilité : méthode proposée par La Bruyère, que l'on comparera à ce que disait Descartes (sur le plan scientifique) : qu'il n'avait jamais lu un texte sans avoir auparavant essayé d'en reconstituer le contenu et la démarche. Le rôle des critiques : leurs avantages et leurs inconvénients. Le profit retiré de tels exercices.

C'est un bel et grand agencement sans doute que le grec et latin, mais on l'achète trop cher. Je dirai ici une façon d'en avoir meilleur marché que de coutume, qui a été essayée en moi-même : s'en servira qui voudra.

Feu mon père, ayant fait toutes les recherches qu'homme peut faire, parmi les gens savants et d'entendement, d'une forme d'éducation exquise, fut avisé de cet inconvénient qui était en usage; et lui disait-on que cette longeeur que nous mettions à apprendre les langues, qui ne leur coûtaient rien, est la seule cause pour quoi nous ne pouvions arriver à la grandeur d'âme et de connaissance des anciens Grecs et Romains. Je ne crois pas que c'en soit la seule cause. Quoi qu'il en soit, l'expédient que mon père y trouva, ce fut que, en nourrice et avant le premier dénouement de ma langue, il me donna en charge à un Allemand, qui depuis est mort fameux médecin en France, du tout ignorant de notre langue, et très bien versé en la latine. Celui-ci, qu'il avait fait venir exprès, et qui était bien chèrement gagé, m'avait continuellement entre les bras. Il en eut aussi avec lui deux autres moindres en savoir, pour me suivre et soulager le premier : ceux-ci ne m'entretenaient d'autre langue que latine. Quant au reste de sa maison, c'était une règle inviolable que ni lui-même, ni ma mère, ni valet, ni chambrière ne parlaient en ma compagnie qu'autant de mots de latin que chacun avait appris pour jargonner avec moi. C'est merveille du profit que chacun y fit : mon père et ma mère y apprirent assez de latin pour l'entendre, et en acquirent à suffisance pour s'en servir à la nécessité, comme firent aussi les autres domestiques qui étaient plus attachés à mon service. Somme, nous nous latinisâmes tant qu'il en regorgea jusques à nos villages tout autour, où il y a encore, et ont pris pied par l'usage, plusieurs appellations latines d'artisans et d'outils. Quant à moi, j'avais plus de six ans avant que je ne comprisse pas plus de français ou de périgourdin, que d'arabesque ; et, sans art, sans livre, sans grammaire ou précepte, sans fouet et sans larmes, j'avais appris du latin, tout aussi pur que mon maître d'école le savait : car je ne le pouvais avoir mêlé ni altéré. Si, par contrôle, on me voulait donner un thème, à la mode des collèges, on le donne aux autres en français, mais à moi il me le fallait donner en mauvais latin, pour le tourner en bon. Et Nicolas Grouchi, qui a écrit *De comitiis Romanorum,* Guillaume Guerente, qui a commenté Aristote, George Bucanan, ce grand poète écossais, Marc Antoine Muret, que la France et l'Italie reconnaissent pour le meilleur orateur du temps, mes précepteurs domestiques, m'ont dit souvent que j'avais ce langage en mon enfance si prêt et si à main, qu'ils craignaient à m'accoster. Bucanan, que je vis depuis à la suite de feu monsieur le maréchal de Brissac, me dit qu'il était après à écrire de l'institution des enfants, et qu'il prenait l'exemplaire de la mienne ; car il avait lors en charge ce comte de Brissac que nous avons vu depuis si valeureux et si brave. Quant au grec, duquel je n'ai quasi du tout point d'intelligence, mon père eut le dessein de me le faire apprendre par art, mais d'une voie nouvelle, par forme d'ébats et d'exercice : nous pelotions[1] nos déclinaisons, à la manière de ceux qui, par certains jeux de tablier, apprennent l'arithmétique et la géométrie. Car entre autres choses, il avait été conseillé de me faire goûter la science et le devoir par une volonté non forcée, et de mon propre désir, et d'élever mon âme en toute douceur et liberté, sans rigueur et contrainte : je dis jusques à telle superstition, que, parce qu'aucuns tiennent que cela trouble la cervelle tendre des enfants de les éveiller le matin en sursaut et de les arracher au sommeil (auquel ils sont plongés beaucoup plus que nous ne sommes) tout à coup et par violence, il me faisait éveiller par le son de quelque instrument ; et ne fus jamais sans homme qui m'en servît.

Cet exemple suffira pour en juger le reste, et pour recommander aussi et la prudence et l'affection d'un si bon père,

---

1. *Peloter :* faire quelque chose de peu important — en attendant mieux.

auquel il ne se faut prendre, s'il n'a recueilli aucuns fruits
répondant à une si exquise culture. Deux choses en furent
cause : en premier, le champ stérile et incommode ; car,
quoique j'eusse la santé ferme et entière et, en même temps,
un naturel doux et traitable, j'étais parmi cela si pesant, mol
et endormi, qu'on ne me pouvait arracher de l'oisiveté, non
pas pour me faire jouer. Ce que je voyais, je le voyais bien ;
et, sous cette complexion lourde, nourrissais des imaginations
hardies et des opinions au-dessus de mon âge. L'esprit, je
l'avais lent, et qui n'allait qu'autant qu'on le menait ; l'appré-
hension, tardive ; l'invention, lâche ; et après tout, un incroyable
défaut de mémoire. De tout cela il n'est pas merveille s'il ne
sut rien tirer qui vaille. Secondement, comme ceux que presse
un furieux désir de guérison se laissent aller à toute sorte de
résolution, le bon homme, ayant extrême peur de faillir en
chose qu'il avait tant à cœur, se laissa enfin emporter à l'opinion commune, qui suit toujours ceux qui vont devant, comme
les grues, et se rangea à la coutume, n'ayant plus autour de lui
ceux qui lui avaient donné ces premières institutions, qu'il
avait apportées d'Italie, et m'envoya, environ mes six ans, au
collège de Guyenne, très florissant pour lors, et le meilleur de
France. Et là, il n'est possible de rien ajouter au soin qu'il eut
et à me choisir des précepteurs de chambre capables, et à
toutes les autres circonstances de mon instruction, en laquelle
il réserva plusieurs façons particulières contre l'usage des
collèges. Mais tant y a que c'était toujours collège. Mon latin
s'abâtardit incontinent, duquel, depuis, par désaccoutumance
j'ai perdu tout usage. Et ne me servit cette mienne nouvelle
institution, que de me faire enjamber d'arrivée aux premières
classes : car, à treize ans que je sortis du collège, j'avais achevé
mon cours (qu'ils appellent), et à la vérité sans aucun profit
que je puisse à présent mettre en compte.

1.2. LA TRADUCTION

A. PROBLÈMES DE PRINCIPES.

On confrontera ce que dit La Bruyère, sur le plan théorique,
des problèmes de la traduction dans le texte du *Discours sur
Théophraste* que nous citons ci-dessous avec la querelle des
Anciens et des Modernes sur le même sujet, à propos d'Homère.
On cherchera à situer l'auteur et ses exigences, ses scrupules
face à la conception moderne de la traduction.

Il faut avouer que sur les titres de ces deux ouvrages l'embarras
s'est trouvé presque égal. Pour ceux qui partagent le dernier,
s'ils ne plaisent point assez, l'on permet d'en suppléer d'autres :
mais à l'égard des titres des *Caractères* de Théophraste, la

même liberté n'est pas accordée, parce qu'on n'est point maître du bien d'autrui. Il a fallu suivre l'esprit de l'auteur, et les traduire selon le sens le plus proche de la diction grecque, et en même temps selon la plus exacte conformité avec leurs chapitres, ce qui n'est pas une chose facile, parce que souvent la signification d'un terme grec, traduit en français mot pour mot, n'est plus la même dans notre langue : par exemple, ironie est chez nous une raillerie dans la conversation, ou une figure de rhétorique, et chez Théophraste c'est quelque chose entre la fourberie et la dissimulation, qui n'est pourtant ni l'un ni l'autre mais précisément ce qui est décrit dans le premier chapitre.

Et d'ailleurs les Grecs ont quelquefois deux ou trois termes assez différents pour exprimer des choses qui le sont aussi, et que nous ne saurions guère rendre que par un seul mot : cette pauvreté embarrasse. En effet, l'on remarque dans cet ouvrage grec trois espèces d'avarice, deux sortes d'importuns, des flatteurs de deux manières, et autant de grands parleurs ; de sorte que les caractères de ces personnes semblent rentrer les uns dans les autres, au désavantage du titre. Ils ne sont pas aussi toujours suivis et parfaitement conformes, parce que Théophraste, emporté quelquefois par le dessein qu'il a de faire des portraits, se trouve déterminé à ces changements par le caractère et les mœurs du personnage qu'il peint ou dont il fait la satire.

Les définitions qui sont au commencement de chaque chapitre ont eu leurs difficultés. Elles sont courtes et concises dans Théophraste, selon la force du grec et le style d'Aristote, qui lui en a fourni les premières idées : on les a étendues dans la traduction pour les rendre intelligibles. Il se lit aussi dans ce traité des phrases qui ne sont pas achevées et qui forment un sens imparfait, auquel il a été facile de suppléer le véritable ; il s'y trouve de différentes leçons, quelques endroits tout à fait interrompus et qui pouvaient recevoir diverses explications : et pour ne point s'égarer dans ces doutes, on a suivi les meilleurs interprètes.

Enfin, comme cet ouvrage n'est qu'une simple instruction sur les mœurs des hommes et qu'il vise moins à les rendre savants qu'à les rendre sages, l'on s'est trouvé exempt de le charger de longues et curieuses observations, ou de doctes commentaires qui rendissent un compte exact de l'antiquité. L'on s'est contenté de mettre de petites notes à côté de certains endroits que l'on a cru les mériter, afin que nuls de ceux qui ont de la justesse, de la vivacité, et à qui il ne manque que d'avoir lu beaucoup, ne se reprochent pas même ce petit défaut, ne puissent être arrêtés dans la lecture des *Caractères* et douter un moment du sens de Théophraste.

B. LA BRUYÈRE TRADUCTEUR.

La Bruyère a traduit Théophraste en s'aidant de plusieurs traductions existantes; tandis que le XVIIᵉ siècle a généralement apprécié son travail, plus fidèle que la moyenne des traductions de l'époque, les philologues actuels se sont montrés plus rigoureux à son égard. Une étude sur La Bruyère traducteur a paru dans la *Revue des études grecques* (1914), tome XXVII, p. 384-440, faite par D. Navarre, lui-même traducteur moderne de Théophraste.

{ On comparera la traduction de « l'Impertinent » de Théophraste au texte 14, chapitre V des *Caractères,* pour juger de la différence entre imitation et traduction.

DE L'IMPERTINENT OU DU DISEUR DE RIENS

La sotte envie de discourir vient d'une habitude qu'on a contractée de parler beaucoup et sans réflexion. Un homme qui veut parler, se trouvant assis proche d'une personne qu'il n'a jamais vue et qu'il ne connaît point, entre d'abord en matière, l'entretient de sa femme et lui fait son éloge, lui conte son songe, lui fait un long détail d'un repas où il s'est trouvé, sans oublier le moindre mets ni un seul service. Il s'échauffe ensuite dans la conversation, déclame contre le temps présent, et soutient que les hommes qui vivent présentement ne valent point leurs pères. De là il se jette sur ce qui se débite au marché, sur la cherté du blé, sur le grand nombre d'étrangers qui sont dans la ville; il dit qu'au printemps, où commencent les Bacchanales, la mer devient navigable; qu'un peu de pluie serait utile aux biens de la terre, et ferait espérer une bonne récolte; qu'il cultivera son champ l'année prochaine, et qu'il le mettra en valeur; que le siècle est dur, et qu'on a bien de la peine à vivre. Il apprend à cet inconnu que c'est Damippe qui a fait brûler la plus belle torche devant l'autel de Cérès à la fête des Mystères; il lui demande combien de colonnes soutiennent le théâtre de la musique, quel est le quantième du mois; il lui dit qu'il a eu la veille une indigestion; et si cet homme à qui il parle a la patience de l'écouter, il ne partira pas d'auprès de lui : il lui annoncera comme une chose nouvelle que les Mystères se célèbrent dans le mois d'août, les *Apaturies* au mois d'octobre; et à la campagne, dans le mois de décembre, les Bacchanales. Il n'y a avec de si grands causeurs qu'un parti à prendre, qui est de fuir, si l'on veut du moins éviter la fièvre; car quel moyen de pouvoir tenir contre des gens qui ne savent pas discerner ni votre loisir ni le temps de vos affaires?

2. LA BRUYÈRE ET LES ANCIENS

2.1. LE *DISCOURS SUR THÉOPHRASTE*

Voici le texte du *Discours sur Théophraste* où La Bruyère situe son ouvrage propre par rapport à son devancier et à ses contemporains que sont Pascal et La Rochefoucauld.

Enfin, dans l'esprit de contenter ceux qui reçoivent froidement tout ce qui appartient aux étrangers et aux anciens, et qui n'estiment que leurs mœurs, on les ajoute à cet ouvrage. L'on a cru pouvoir se dispenser de suivre le projet de ce philosophe, soit parce qu'il est toujours pernicieux de poursuivre le travail d'autrui, surtout si c'est d'un ancien ou d'un auteur d'une grande réputation; soit encore parce que cette unique figure qu'on appelle description ou énumération, employée avec tant de succès dans ces vingt-huit chapitres des *Caractères,* pourrait en avoir un beaucoup moindre, si elle était traitée par un génie fort inférieur à celui de Théophraste.

Au contraire, se ressouvenant que, parmi le grand nombre des traités de ce philosophe rapportés par Diogène Laërce, il s'en trouve un sous le titre de *Proverbes,* c'est-à-dire de pièces détachées, comme des réflexions ou des remarques; que le premier et le plus grand livre de morale qui ait été fait porte ce même nom dans les divines Écritures, on s'est trouvé excité par de si grands modèles à suivre selon ses forces une semblable manière d'écrire des mœurs; et l'on n'a point été détourné de son entreprise par deux ouvrages de morale qui sont dans les mains de tout le monde; et d'où, faute d'attention ou par un esprit de critique, quelques-uns pourraient penser que ces remarques sont imitées.

L'un, par l'engagement de son auteur, fait servir la métaphysique à la religion, fait connaître l'âme, ses passions, ses vices, traite les grands et les sérieux motifs pour conduire à la vertu, et veut rendre l'homme chrétien. L'autre, qui est la production d'un esprit instruit par le commerce du monde et dont la délicatesse était égale à la pénétration, observant que l'amour-propre est dans l'homme la cause de tous ses faibles, l'attaque sans relâche, quelque part où il se trouve; et cette unique pensée, comme multipliée en mille manières différentes, a toujours, par le choix des mots et par la variété de l'expression, la grâce de la nouveauté.

L'on ne suit aucune de ces routes dans l'ouvrage qui est joint à la traduction des *Caractères;* il est tout différent des deux autres que je viens de toucher : moins sublime que le premier et moins délicat que le second, il ne tend qu'à rendre l'homme raisonnable, mais par des voies simples et communes, et en l'examinant indifféremment, sans beaucoup de méthode et selon que les divers chapitres y conduisent, par les âges, les sexes et les conditions, et par les vices, les faibles et le ridicule qui y sont attachés.

L'on s'est plus attaché aux vices de l'esprit, aux replis du cœur et à tout l'intérieur de l'homme que n'a fait Théophraste ; et l'on peut dire que, comme ses *Caractères,* par mille choses extérieures qu'ils font remarquer dans l'homme, par ses actions, ses paroles et ses démarches, apprennent quel est son fond, et font remonter jusqu'à la source de son dérèglement ; tout au contraire, les nouveaux Caractères, déployant d'abord les pensées, les sentiments et les mouvements des hommes, découvrent le principe de leur malice et de leurs faiblesses, font que l'on prévoit aisément tout ce qu'ils sont capables de dire ou de faire, et qu'on ne s'étonne plus de mille actions vicieuses ou frivoles dont leur vie est toute remplie.

2.2. LA QUERELLE DES ANCIENS ET DES MODERNES

> On situera les problèmes évoqués par la querelle ; on précisera la position de La Bruyère. Comparer les deux textes suivants de Marivaux entre eux et étudier la prise de position qu'ils traduisent.

◆ Marivaux, *la Fausse Suivante,* I, 1.

Quel nectar ! Ensuite, un beau matin, je me trouvai sans un sou. Comme j'avais besoin d'un prompt secours, et qu'il n'y avait point de temps à perdre, un de mes amis que je rencontrai me proposa de me mener chez un honnête particulier qui était marié, et qui passait sa vie à étudier des langues mortes ; cela me convenait assez, car j'ai de l'étude : je restai donc chez lui. Là, je n'entendis parler que de sciences, et je remarquai que mon maître était épris de passion pour certains quidams, qu'il appelait des anciens, et qu'il avait une souveraine antipathie pour d'autres, qu'il appelait des modernes ; je me fis expliquer tout cela.

FRONTIN. — Et qu'est-ce que c'est que les anciens et les modernes ?

TRIVELIN. — Des anciens..., attends, il y en a un dont je sais le nom, et qui est le capitaine de la bande ; c'est comme qui te dirait un Homère. Connais-tu cela ?

FRONTIN. — Non.

TRIVELIN. — C'est dommage ; car c'était un homme qui parlait bien grec.

FRONTIN. — Il n'était donc pas Français cet homme-là ?

TRIVELIN. — Oh! que non; je pense qu'il était de Québec, quelque part dans cette Égypte, et qu'il vivait du temps du déluge. Nous avons encore de lui de fort belles satires; et mon maître l'aimait beaucoup, lui et tous les honnêtes gens de son temps, comme Virgile, Néron, Plutarque, Ulysse et Diogène.

FRONTIN. — Je n'ai jamais entendu parler de cette race-là, mais voilà de vilains noms.

TRIVELIN. — De vilains noms! c'est que tu n'y es pas accoutumé. Sais-tu bien qu'il y a plus d'esprit dans ces noms-là que dans le royaume de France?

FRONTIN. — Je le crois. Et que veulent dire : les modernes?

TRIVELIN. — Tu m'écartes de mon sujet; mais n'importe. Les modernes, c'est comme qui dirait... toi, par exemple.

FRONTIN. — Oh! oh! je suis un moderne, moi!

TRIVELIN. — Oui, vraiment, tu es un moderne, et des plus modernes; il n'y a que l'enfant qui vient de naître qui l'est plus que toi, car il ne fait que d'arriver.

FRONTIN. — Et pourquoi ton maître nous haïssait-il?

TRIVELIN. — Parce qu'il voulait qu'on eût quatre mille ans sur la tête pour valoir quelque chose. Oh! moi, pour gagner son amitié, je me mis à admirer tout ce qui me paraissait ancien; j'aimais les vieux meubles, je louais les vieilles modes, les vieilles espèces, les médailles, les lunettes; je me coiffais chez les crieuses de vieux chapeaux; je n'avais commerce qu'avec des vieillards : il était charmé de mes inclinations; j'avais la clef de la cave, où logeait un certain vin vieux qu'il appelait son vin grec; il m'en donnait quelquefois, et j'en détournais aussi quelques bouteilles; par amour louable pour tout ce qui était vieux. Non que je négligeasse le vin nouveau; je n'en demandais point d'autre à sa femme, qui vraiment estimait bien autrement les modernes que les anciens; et, par complaisance pour son goût, j'en emplissais aussi quelques bouteilles, sans lui en faire ma cour.

FRONTIN. — A merveille!

TRIVELIN. — Qui n'aurait pas cru que cette conduite aurait dû me concilier ces deux esprits? Point du tout; ils s'aperçurent du ménagement judicieux que j'avais pour chacun d'eux; ils m'en firent un crime. Le mari crut les anciens insultés par la quantité de vin nouveau que j'avais bu; il m'en fit mauvaise mine. La femme me chicana sur le vin vieux; j'eus beau m'excuser, les gens de parti n'entendent point raison; il fallut les quitter, pour avoir voulu me partager entre les anciens et les modernes. Avais-je tort?

FRONTIN. — Non; tu avais observé toutes les règles de la prudence humaine.

◆ Marivaux, *la Seconde Surprise de l'amour*, II, IV.

Scène IV

HORTENSIUS, LA MARQUISE

LA MARQUISE, *nonchalamment*. — Eh bien, Monsieur, vous n'aimez donc pas les livres du Chevalier?

HORTENSIUS. — Non, Madame, le choix ne m'en paraît pas docte; dans dix tomes, pas la moindre citation de nos auteurs grecs ou latins, lesquels, quand on compose, doivent fournir tout le suc d'un ouvrage; en un mot, ce ne sont que des livres modernes, remplis de phrases spirituelles; ce n'est que de l'esprit, toujours de l'esprit, petitesse qui choque le sens commun.

LA MARQUISE, *nonchalante*. — Mais de l'esprit! est-ce que les anciens n'en avaient pas?

HORTENSIUS. — Ah! Madame, *distinguo;* ils en avaient d'une manière... oh! d'une manière que je trouve admirable.

LA MARQUISE. — Expliquez-moi cette manière.

HORTENSIUS. — Je ne sais pas trop bien quelle image employer pour cet effet, car c'est par les images que les anciens peignaient les choses. Voici comme parle un auteur dont j'ai retenu les paroles. Représentez-vous, dit-il, une femme coquette : *primo,* son habit est en pretintailles; au lieu de grâces, je lui vois des mouches; au lieu de visage, elle a des mines; elle n'agit point, elle gesticule; elle ne regarde point, elle lorgne; elle ne marche pas, elle voltige; elle ne plaît point, elle séduit; elle n'occupe point, elle amuse; on la croit belle, et moi je la tiens ridicule, et c'est à cette impertinente femme que ressemble l'esprit d'à présent, dit l'auteur.

LA MARQUISE. — J'entends bien.

HORTENSIUS. — L'esprit des anciens, au contraire, continue-t-il, ah! c'est une beauté si mâle, que pour démêler qu'elle est belle, il faut se douter qu'elle l'est : simple dans ses façons, on ne dirait pas qu'elle ait vu le monde; mais ayez seulement le courage de vouloir l'aimer, et vous parviendrez à la trouver charmante.

LA MARQUISE. — En voilà assez, je vous comprends : nous sommes plus affectés, et les anciens plus grossiers.

3. LA BRUYÈRE ET LA CRITIQUE LITTÉRAIRE

3.1. UNE CONCEPTION DE LA CRITIQUE

A. LA BRUYÈRE.

La Bruyère exprime son opinion sur ce problème dans les chapitres premier, « Des ouvrages de l'esprit », textes 21, 23, 25, 26 et 28, et XV, « De la chaire », texte 27. Nous donnons ci-dessous ces deux derniers :

◆ I, 28. Un auteur sérieux n'est pas obligé de remplir son esprit de toutes les extravagances, de toutes les saletés, de tous les mauvais mots que l'on peut dire, et de toutes les inaptes applications que l'on peut faire au sujet de quelques endroits de son ouvrage, et encore moins de les supprimer. Il est convaincu que, quelque scrupuleuse exactitude que l'on ait dans sa manière d'écrire, la raillerie froide des mauvais plaisants est un mal inévitable, et que les meilleures choses ne leur servent souvent qu'à leur faire rencontrer une sottise.

◆ XV, 27. Quel avantage n'a pas un discours prononcé sur un ouvrage qui est écrit ! Les hommes sont les dupes de l'action et de la parole, comme de tout l'appareil de l'auditoire. Pour peu de prévention qu'ils aient en faveur de celui qui parle, ils l'admirent, et cherchent ensuite à le comprendre : avant qu'il ait commencé, ils s'écrient qu'il va bien faire ; ils s'endorment bientôt, et, le discours fini, ils se réveillent pour dire qu'il a bien fait. On se passionne moins pour un auteur : son ouvrage est lu dans le loisir de la campagne, ou dans le silence du cabinet ; il n'y a point de rendez-vous publics pour lui applaudir, encore moins de cabale pour lui sacrifier tous ses rivaux, et pour l'élever à la prélature. On lit son livre, quelque excellent qu'il soit, dans l'esprit de le trouver médiocre ; on le feuillette, on le discute, on le confronte ; ce ne sont pas des sons qui se perdent en l'air et qui s'oublient ; ce qui est imprimé demeure imprimé. On l'attend quelquefois plusieurs jours avant l'impression pour le décrier ; et le plaisir le plus délicat que l'on en tire vient de la critique qu'on en fait : on est piqué d'y trouver à chaque page des traits qui doivent plaire, on va même souvent jusqu'à appréhender d'en être diverti, et on ne quitte ce livre que parce qu'il est bon. Tout le monde ne se donne pas pour orateur ; les phrases, les figures, le don de la mémoire, la robe ou l'engagement de celui qui prêche, ne sont pas des choses qu'on ose ou qu'on veuille toujours s'approprier. Chacun, au contraire, croit penser bien, et écrire encore mieux ce qu'il a pensé ; il en est moins favorable à celui qui pense et qui écrit aussi bien que lui. En un mot, le *sermonneur* est plutôt évêque que le plus solide écrivain n'est revêtu d'un prieuré simple ; et dans la distribution des grâces, de nouvelles sont accordées à celui-là, pendant que l'auteur grave se tient heureux d'avoir ses restes.

> On dégagera de ces textes la conception que La Bruyère se fait de la critique et des critiques ; on la rapprochera de XIV, 72. On cherchera les justifications de ce mépris. Comparer avec ces lignes de J.-P. Sartre (*Situations*, II) :

Il faut se rappeler que la plupart des critiques sont des hommes qui n'ont pas eu beaucoup de chance et qui, au moment où ils allaient désespérer, ont trouvé une petite place tranquille de gardien de cimetière. Dieu sait si les cimetières sont paisibles : il n'en est pas de plus riant qu'une bibliothèque. Les morts sont là : ils n'ont fait qu'écrire, ils sont lavés depuis longtemps du péché de vivre et d'ailleurs on ne connaît leur vie que par d'autres livres que d'autres morts ont écrits sur eux.

B. L'ACADÉMIE.

Chapelain, rédacteur des *Sentiments de l'Académie sur « le Cid »*, fait précéder l'étude proprement dite de la pièce par quelques pages sur le rôle de la critique :

Ceux qui abandonnent leurs ouvrages au public ne doivent pas trouver étrange que le public s'en fasse le juge. Ils perdent tout le droit qu'ils y ont aussitôt qu'ils l'exposent à la lumière, ou ils n'en conservent au plus qu'autant qu'ils en ont besoin pour les réformer lorsqu'ils y reconnaîtront des fautes. La réputation n'en dépend plus de leur suffrage. Ils la doivent attendre des autres et n'estimer leurs travaux bons ou mauvais que selon le jugement qu'ils en verront faire. Or, bien qu'il y ait plus de bonté à louer ce qui est digne de louange qu'à reprendre ce qui est digne de répréhension, il n'y a pas toutefois moins de justice en l'un qu'en l'autre, pourvu qu'il paraisse que celui qui reprend y est porté par un zèle du bien commun plutôt que par malignité ou par jalousie. Il faut que les remarques des défauts d'autrui soient non pas des diffamations mais des avertissements, qui donnent moyen de se relever à ceux qui y sont tombés et retiennent les autres qui sans cela eussent couru la même fortune. Avec cette condition, on pourrait peut-être dire que la censure ne serait pas moins utile dans la république des lettres qu'elle le fut autrefois dans celle de Rome, et que supposant dans les censeurs des livres une intégrité pareille à celle des anciens Catons, il se ferait dans la première des progrès aussi glorieux qu'en a fait la seconde au temps que cette magistrature y exerçait une espèce de souveraineté. Car il s'observe par je ne sais quel destin qui accompagne les actions humaines, que la louange est d'un moindre pouvoir pour nous faire avancer dans le chemin de la vertu, que le blâme pour nous retirer de celui du vice, et qu'il y a force gens qui ne se laissent point emporter à l'ambition, mais qu'il y en a peu qui se résolvent à se laisser couvrir d'infamie. En effet, la louange, quoique juste, a cela de mauvais qu'ordinairement elle tire l'homme de la modération qui est si nécessaire pour la société, et qu'elle l'arrête au milieu de sa course comme si déjà il avait touché le but; au contraire, le blâme qui demeure dans les termes de la justice lui fait souvenir de l'infirmité de sa nature, le rappelle en lui-même et, lui découvrant combien il est encore éloigné de la fin qu'il s'est proposée, l'excite à se défaire de tout ce qui l'empêche d'y parvenir. Que s'il y a quelque matière qui soit sujette à contradiction et qui la doive recevoir pour sa perfection plus grande, il est indubitable que ce sont les productions de l'esprit, lesquelles pouvant être regardées par tant de faces différentes et ayant besoin d'une si juste correspondance de parties, comme il est malaisé que celui qui les conçoit ne se trompe jamais en aucune, il est expédient aussi, qu'au défaut des censeurs, le public les considère de près et en remarque les taches, soit pour la correction de l'auteur, soit pour sa propre instruction. Il est expédient que sur les propositions qui sont nouvelles et douteuses il naisse des débats par le moyen desquels la vérité soit éclaircie, et c'est par cette seule voie que tout ce que le monde a de plus belles connaissances est venu à se découvrir, de la même sorte que par le choc du fer et du caillou le feu vient à se produire et à se répandre en étincelles. Ces combats de doctrine se peuvent faire civilement et sans animosité. C'est une espèce de guerre paisible dans laquelle il se trouve également du profit pour le vaincu et pour le victorieux, et comme la vérité est le prix que l'on court dans cette lice, celui qui l'a emportée semble ne l'avoir poursuivie qu'afin d'en faire un présent à son compétiteur...

On discutera les deux points de vue exprimés : est-ce l'amertume d'auteur d'un côté et une tentation de se faire accepter comme juge de l'autre qui les opposent ? Quel rôle peut jouer la critique à l'égard de l'auteur, à celui du public ? Les excès à craindre. La querelle auteurs-critiques est-elle éternelle, pourquoi ?

3.2. LE MÉTIER D'ÉCRIVAIN : LA BRUYÈRE ET BOILEAU

En dépit de son mépris pour la critique, La Bruyère n'en reconnaît pas moins les bienfaits, ne fût-ce qu'à titre préventif : aussi recommande-t-il à l'écrivain humilité et exigence envers lui-même. On confrontera le moraliste aux extraits de l'*Art poétique* de Boileau que nous citons ci-dessous. On y cherchera la part des exigences proprement classiques et celle des nécessités du métier d'écrivain, quels que soient le siècle ou le genre littéraire.

A. LES QUALITÉS DE L'ÉCRIVAIN : *les Caractères*, I, 16.

◆ Craignez-vous pour vos vers la censure publique ?
Soyez-vous à vous-même un sévère critique.
L'ignorance toujours est prête à s'admirer.
Faites-vous des amis prompts à vous censurer ;
Qu'ils soient de vos écrits les confidents sincères,
Et de tous vos défauts les zélés adversaires ;
Dépouillez devant eux l'arrogance d'auteur,
Mais sachez de l'ami discerner le flatteur.
Tel vous semble applaudir qui vous raille et vous joue.
Aimez qu'on vous conseille, et non pas qu'on vous loue.
    Un flatteur aussitôt cherche à se récrier :
Chaque vers qu'il entend le fait extasier.
Tout est charmant, divin, aucun mot ne le blesse ;
Il trépigne de joie, il pleure de tendresse ;
Il vous comble partout d'éloges fastueux.
La vérité n'a point cet air impétueux.
    Un sage ami, toujours rigoureux, inflexible,
Sur vos fautes jamais ne vous laisse paisible :
Il ne pardonne point les endroits négligés,
Il renvoie en leur lieu les vers mal arrangés,
Il réprime des mots l'ambitieuse emphase ;
Ici le sens le choque, et plus loin c'est la phrase.
Votre construction semble un peu s'obscurcir,
    Ce terme est équivoque : il le faut éclaircir.
    C'est ainsi que vous parle un ami véritable.

◆ Je vous l'ai déjà dit, aimez qu'on vous censure,
Et, souple à la raison, corrigez sans murmure.
Mais ne vous rendez pas dès qu'un sot vous reprend.
    Souvent dans son orgueil un subtil ignorant
Par d'injustes dégoûts combat toute une pièce,
Blâme des plus beaux vers la noble hardiesse.
On a beau réfuter ses vains raisonnements :
Son esprit se complaît dans ses faux jugements ;
Et sa faible raison, de clarté dépourvue,
Pense que rien n'échappe à sa débile vue.
Ses conseils sont à craindre ; et, si vous les croyez,
Pensant fuir un écueil, souvent vous vous noyez.
    Faites choix d'un censeur solide et salutaire,
Que la raison conduise et le savoir éclaire,
Et dont le crayon sûr d'abord aille chercher
L'endroit que l'on sent faible, et qu'on se veut cacher.

Lui seul éclaircira vos doutes ridicules,
De votre esprit tremblant lèvera les scrupules.
C'est lui qui vous dira par quel transport heureux
Quelquefois dans sa course un esprit vigoureux,
Trop resserré par l'art, sort des règles prescrites,
Et de l'art même apprend à franchir leurs limites.
Mais ce parfait censeur se trouve rarement :
Tel excelle à rimer qui juge sottement ;
   Tel s'est fait par ses vers distinguer dans la ville
   Qui jamais de Lucain n'a distingué Virgile.

B. LE STYLE : *les Caractères,* I, 17.

> Comparer à I, 57 et à *l'Art poétique* de Boileau (I,
> vers 155-174).

◆ Surtout qu'en vos écrits la langue révérée
Dans vos plus grands excès vous soit toujours sacrée.
En vain vous me frappez d'un son mélodieux,
Si le terme est impropre ou le tour vicieux :
Mon esprit n'admet point un pompeux barbarisme,
Ni d'un vers ampoulé l'orgueilleux solécisme.
Sans la langue, en un mot, l'auteur le plus divin
Est toujours, quoi qu'il fasse, un méchant écrivain.
   Travaillez à loisir, quelque ordre qui vous presse,
Et ne vous piquez point d'une folle vitesse :
Un style si rapide, et qui court en rimant,
Marque moins trop d'esprit que peu de jugement,
J'aime mieux un ruisseau qui, sur la molle arène,
Dans un pré plein de fleurs lentement se promène,
Qu'un torrent débordé qui, d'un cours orageux,
Roule, plein de gravier, sur un terrain fangeux.
Hâtez-vous lentement, et, sans perdre courage,
Vingt fois sur le métier remettez votre ouvrage :
Polissez-le sans cesse et le repolissez ;
Ajoutez quelquefois, et souvent effacez.

C. THÉOCRINE (*les Caractères,* I, 25).

> On comparera avec Molière : 1° *le Misanthrope,* I, II (portrait
> en action : Oronte) ; 2° *les Femmes savantes,* III, III (en parti-
> culier à partir du vers 988 : Trissotin contre Vadius). On en
> rapprochera également ces vers de Boileau (*l'Art poétique,*
> I, vers 208-222) :

Mais souvent sur ses vers un auteur intraitable
A les protéger tous se croit intéressé,
Et d'abord prend en main le droit de l'offensé.
« De ce vers, direz-vous, l'expression est basse.
— Ah ! monsieur, pour ce vers je vous demande grâce,

Répondra-t-il d'abord. — Ce mot me semble froid,
Je le retrancherais. — C'est le plus bel endroit !
— Ce tour ne me plaît pas. — Tout le monde l'admire. »
Ainsi toujours constant à ne se point dédire,
Qu'un mot dans son ouvrage ait paru vous blesser,
C'est un titre chez lui pour ne point l'effacer.
Cependant, à l'entendre, il chérit la critique ;
Vous avez sur ses vers un pouvoir despotique.
Mais tout ce beau discours dont il vient vous flatter
N'est rien qu'un piège adroit pour vous les réciter.

3.3. LA BRUYÈRE, CRITIQUE LITTÉRAIRE

> A son tour, La Bruyère formule un certain nombre de juge-
> ments critiques sur les écrivains de son temps. Indépendamment
> des confrontations que nous proposons entre le moraliste et
> Boileau, on cherchera ce qui anime le critique lorsqu'il
> s'exprime et l'on tentera de voir ce qu'un homme du xxᵉ siècle
> pense des auteurs dont parle La Bruyère.

A. La Bruyère, Boileau et les écrivains.

◆ Molière (*les Caractères,* I, 38) ; Boileau, *l'Art poétique,* III,
vers 393-400 :

C'est par là que Molière, illustrant ses écrits,
Peut-être de son art eût remporté le prix,
Si, moins ami du peuple, en ses doctes peintures
Il n'eût point fait souvent grimacer ses figures,
Quitté, pour le bouffon, l'agréable et le fin,
Et sans honte à Térence allié Tabarin.
Dans ce sac ridicule où Scapin s'enveloppe,
Je ne reconnais plus l'auteur du *Misanthrope.*

◆ Ronsard (*les Caractères,* I, 41 et 42) ; Boileau, *l'Art poétique,* I,
vers 119-134 :

Marot bientôt après fit fleurir les ballades,
Tourna des triolets, rima des mascarades,
A des refrains réglés asservit les rondeaux
Et montra pour rimer des chemins tout nouveaux.
Ronsard, qui le suivit, par une autre méthode,
Réglant tout, brouilla tout, fit un art à sa mode,
Et toutefois longtemps eut un heureux destin.
Mais sa muse, en français parlant grec et latin,
Vit dans l'âge suivant, par un retour grotesque,
Tomber de ses grands mots le faste pédantesque.
Ce poète orgueilleux, trébuché de si haut,
Rendit plus retenus Desportes et Bertaut.
Enfin Malherbe vint, et, le premier en France,

> Fit sentir dans les vers une juste cadence,
> D'un mot mis en sa place enseigna le pouvoir,
> Et réduisit la muse aux règles du devoir.

◆ Corneille (*les Caractères*, I, 54). On rapprochera de la *Préface* de Corneille à *Nicomède*.

B. La Bruyère et les genres littéraires.

◆ On rapprochera *les Caractères*, I, 51, des *Préfaces* des tragédies de Racine.

◆ La Bruyère et l'opéra.

Le premier opéra véritable en France a été représenté le 2 mars 1647. H. Lyonnet dans *l'Histoire, la vie, les mœurs et la curiosité*, raconte les débuts en France du genre nouveau :

> A Venise, en 1641, on avait donné avec un immense succès pour inaugurer le *Teatro novissimo* une œuvre de Giulio Strozzi, compositeur ignoré à Paris. Cet ouvrage, appelé *La Finta pazza* (*la Folle supposée*), n'était pas précisément un opéra, mais il avait causé une stupéfaction générale à cause de ses changements à vue. Ce nouveau système de décors était dû à un ingénieur de Fano, nommé Jacomo Torelli, qui avait inventé un système de contrepoids et de leviers. La Reine voulut connaître *La Finta pazza*, dont on parlait tant en Italie, et fit venir Torelli en personne. Mais celui-ci se fâcha presque en apprenant qu'il allait passer pour le collaborateur des comédiens, et il fallut lui promettre que son nom figurerait à côté de celui de l'auteur.

C'est seulement le 14 décembre 1645 que le spectacle fut représenté dans la salle du Petit Bourbon.

> Cette pièce, qui fut un événement, à cause des machines, comportait cinq décorations avec changements à vue : une allée de cyprès, le port de Chio, une ville, un palais, un jardin, et des perspectives admirables. L'aurore s'élevait de terre sur un char, et quatre zéphirs montaient au ciel. Torelli fut surnommé le « Grand Sorcier » et Maynard composa le sonnet suivant :

> > Jules, nos curieux ne peuvent concevoir
> > Les subits changements de la nouvelle scène.
> > Sans effort, en son temps, l'art qui la fait mouvoir,
> > D'un bois fait une ville, et d'un mont une plaine.

> > Il change un antre obscur en un palais doré ;
> > Où les poissons nageaient, il fit naître des roses !
> > Quel siècle fabuleux à jamais admiré,
> > En si peu de moments tant de métamorphoses !

> > . . . .

4. SYNTHÈSE : LA BRUYÈRE ET BOILEAU (*RÉFLEXION VII SUR LONGIN*)

> En utilisant le texte suivant par référence aux différents aspects
> de La Bruyère face aux problèmes de langue et de littérature,
> on dégagera les thèmes successifs abordés, on cherchera les
> divergences et les points d'accord entre les deux auteurs ; on
> dressera un bilan : peut-on parler d'une doctrine commune ?
> dans quelle mesure ? les aspects encore actuels chez l'un et
> l'autre.

Il n'y a en effet que l'approbation de la postérité qui puisse
établir le vrai mérite des ouvrages. Quelque éclat qu'ait fait
un écrivain durant sa vie, quelques éloges qu'il ait reçus, on
ne peut pas pour cela infailliblement conclure que ses ouvrages
soient excellents. De faux brillants, la nouveauté du style, un
tour d'esprit qui était à la mode, peuvent les avoir fait valoir ;
et il arrivera peut-être que, dans le siècle suivant, on ouvrira
les yeux, et que l'on méprisera ce que l'on a admiré. Nous en
avons un bel exemple dans Ronsard et dans ses imitateurs
comme du Bellay, du Bartas, Desportes, qui, dans le siècle
précédent, ont été l'admiration de tout le monde, et qui
aujourd'hui ne trouvent pas même de lecteurs.

La même chose était arrivée, chez les Romains, à Naevius,
à Livius et à Ennius, qui, du temps d'Horace, comme nous
l'apprenons de ce poète, trouvaient encore beaucoup de gens
qui les admiraient, mais qui à la fin furent entièrement décriés.
Et il ne faut point s'imaginer que la chute de ces auteurs, tant
les Français que les Latins, soit venue de ce que les langues
de leur pays ont changé : elle n'est venue que de ce qu'ils
n'avaient point attrapé dans ces langues le point de solidité
et de perfection qui est nécessaire pour faire durer et pour faire
à jamais priser des ouvrages. En effet, la langue latine, par
exemple, qu'ont écrite Cicéron et Virgile, était déjà fort
changée du temps de Quintilien, et encore plus du temps
d'Aulu-Gelle : cependant Cicéron et Virgile y étaient encore
plus estimés que de leur temps même, parce qu'ils avaient
comme fixé la langue par leurs écrits, ayant atteint le point de
perfection que j'ai dit.

Ce n'est donc point la vieillesse des mots et des expressions,
dans Ronsard, qui a décrié Ronsard ; c'est qu'on s'est aperçu
tout d'un coup que les beautés qu'on y croyait voir n'étaient
point des beautés, ce que Bertaut, Malherbe, de Lingendes et
Racan, qui vinrent après lui, contribuèrent beaucoup à faire
connaître, ayant attrapé dans le genre sérieux le vrai génie de
la langue française, qui, bien loin d'être en son point de maturité du temps de Ronsard, comme Pasquier se l'était persuadé

faussement, n'était pas même encore sortie de sa première enfance. Au contraire, le vrai tour de l'épigramme, du rondeau et des épîtres naïves ayant été trouvé, même avant Ronsard, par Marot, par Saint-Gelais et par d'autres, non seulement leurs ouvrages en ce genre ne sont point tombés dans le mépris, mais ils sont encore aujourd'hui généralement estimés ; jusque-là même que, pour trouver l'air naïf en français, on a encore quelquefois recours à leur style ; et c'est ce qui a si bien réussi au célèbre M. de La Fontaine. Concluons donc qu'il n'y a qu'une longue suite d'années qui puisse établir la valeur et le vrai mérite d'un ouvrage.

Mais lorsque des écrivains ont été admirés durant un fort grand nombre de siècles, et n'ont été méprisés que par quelques gens de goût bizarre (car il se trouve toujours des goûts dépravés), alors non seulement il y a de la témérité, mais il y a de la folie, à vouloir douter du mérite de ces écrivains. Que si vous ne voyez point les beautés de leurs écrits, il ne faut pas conclure qu'elles n'y sont point, mais que vous êtes aveugle, et que vous n'avez point de goût. Le gros des hommes, à la longue, ne se trompe point sur les ouvrages d'esprit. Il n'est plus question, à l'heure qu'il est, de savoir si Homère, Platon, Cicéron, Virgile sont des hommes merveilleux ; c'est une chose sans contestation, puisque vingt siècles en sont convenus ; il s'agit de savoir en quoi consiste ce merveilleux qui les a fait admirer de tant de siècles ; et il faut trouver moyen de le voir, ou renoncer aux belles-lettres, auxquelles vous devez croire que vous n'avez ni goût ni génie, puisque vous ne sentez point ce qu'ont senti tous les hommes.

Qand je dis cela néanmoins, je suppose que vous sachiez la langue de ces auteurs ; car si vous ne la savez point, et si vous ne vous l'êtes point familiarisée, je ne vous blâmerai pas de n'en point voir les beautés ; je vous blâmerai seulement d'en parler. Et c'est en quoi on ne saurait trop condamner M. P..., qui, ne sachant point la langue d'Homère, vient hardiment lui faire son procès sur les bassesses de ses traducteurs, et dire au genre humain, qui a admiré les ouvrages de ce grand poète durant tant de siècles : Vous avez admiré des sottises. C'est à peu près la même chose qu'un aveugle-né qui s'en irait crier par toutes les rues : Messieurs, je sais que le soleil que vous voyez vous paraît fort beau ; mais moi, qui ne l'ai jamais vu, je vous déclare qu'il est fort laid.

Mais, pour revenir à ce que je disais, puisque c'est la postérité seule qui met le véritable prix aux ouvrages, il ne faut pas, quelque admirable que vous paraisse un écrivain moderne, le mettre aisément en parallèle avec ces écrivains admirés durant un si grand nombre de siècles, puisqu'il n'est pas même sûr que ses ouvrages passent avec gloire au siècle suivant. En effet, sans aller chercher des exemples éloignés, combien n'avons-nous point vu d'auteurs admirés dans notre siècle, dont la gloire est déchue en très peu d'années! dans quelle estime n'ont point été, il y a trente ans, les ouvrages de Balzac! on ne parlait pas de lui simplement comme du plus éloquent homme de son siècle, mais comme du seul éloquent. Il a effectivement des qualités merveilleuses. On peut dire que jamais personne n'a mieux su sa langue que lui, et n'a mieux entendu la propriété des mots et la juste mesure des périodes : c'est une louange que tout le monde lui donne encore. Mais on s'est aperçu tout d'un coup que l'art où il s'est employé toute sa vie était l'art qu'il savait le moins, je veux dire l'art de faire une lettre; car, bien que les siennes soient toutes pleines d'esprit et de choses admirablement dites, on y remarque partout les deux vices les plus opposés au genre épistolaire, c'est à savoir l'affectation et l'enflure et on ne peut plus lui pardonner ce soin vicieux qu'il a de dire toutes choses autrement que ne le disent les autres hommes. De sorte que tous les jours on rétorque contre lui ce même vers que Maynard a fait autrefois à sa louange,

> Il n'est point de mortel qui parle comme lui.

Il y a pourtant encore des gens qui le lisent; mais il n'y a plus personne qui ose imiter son style, ceux qui l'ont fait s'étant rendus la risée de tout le monde.

Mais pour chercher un exemple encore plus illustre que celui de Balzac, Corneille est celui de tous nos poètes qui a fait le plus d'éclat en notre temps; et on ne croyait pas qu'il pût jamais y avoir en France un poète digne de lui être égalé. Il n'y en a point en effet qui ait plus d'élévation de génie, ni qui ait plus composé. Tout son mérite pourtant, à l'heure qu'il est, ayant été mis par le temps comme dans un creuset, se réduit à huit ou neuf pièces de théâtre qu'on admire, et qui sont, s'il faut ainsi parler, comme le midi de sa poésie, dont l'orient et l'occident n'ont rien valu. Encore, dans ce petit nombre de bonnes pièces, outre les fautes de langue qui y sont assez fréquentes, on commence à s'apercevoir de beaucoup d'endroits de déclamation qu'on n'y voyait point autrefois. Ainsi, non seulement on ne trouve point mauvais qu'on lui compare aujourd'hui M. Racine, mais il se trouve même quantité de gens qui le lui préfèrent. La postérité jugera qui vaut mieux des deux; car je suis persuadé que les écrits de l'un et de l'autre passeront aux siècles suivants. Mais jusque-là ni l'un ni l'autre ne doit être mis en parallèle avec Euripide et avec Sophocle, puisque leurs ouvrages n'ont point encore le sceau qu'ont les ouvrages d'Euripide et de Sophocle, je veux dire l'approbation de plusieurs siècles.

TABLE DES MATIÈRES

L'Index des noms propres se trouve à la fin du second volume.

Mame Imprimeurs - 37000 Tours.
Dépôt légal Janvier 1971. – Nº 20541. – Nº de série Éditeur 14566.
IMPRIMÉ EN FRANCE (Printed in France). – 870 072 G Juin 1988.